2016年度"河北省社会科学基金项目"
《京津冀协同发展下河北省产业可持续承接发展能力与辐射效应研究》
项目编号：HB16YJ052

区域经济一体化视角下

中国产业可持续发展及辐射效应的多维度研究

◎ 谢会芹 著

电子科技大学出版社
University of Electronic Science and Technology of China Press

图书在版编目（CIP）数据

区域经济一体化视角下中国产业可持续发展及辐射效应的多维度研究 / 谢会芹著. -- 成都：电子科技大学出版社，2017.12

ISBN 978-7-5647-5407-5

Ⅰ.①区… Ⅱ.①谢… Ⅲ.①区域经济一体化–产业发展–可持续性发展–研究–中国 Ⅳ.①F127

中国版本图书馆CIP数据核字（2017）第288904号

区域经济一体化视角下中国产业可持续发展及辐射效应的多维度研究

谢会芹　著

策划编辑　李述娜　卢　莉

责任编辑　卢　莉

出版发行　电子科技大学出版社

　　　　　成都市一环路东一段159号电子信息产业大厦九楼　邮编　610051

主　　页　www.uestcp.com.cn

服务电话　028-83203399

邮购电话　028-83201495

印　　刷　北京一鑫印务有限责任公司

成品尺寸　170mm×240mm

印　　张　19

字　　数　350千字

版　　次　2018年7月第一版

印　　次　2018年7月第一次印刷

书　　号　ISBN 978-7-5647-5407-5

定　　价　68.00元

前　言

随着信息交流与交通的日益发达以及区域壁垒障碍的不断消除，全球化力量正在改变原有地理空间结构及组织形式，区域不再仅仅是地域等级结构中的组成部分，也成了不同空间尺度相交网络的产物，被赋予了不同的现实含义。

在国家尺度下，国家间经济贸易往来日益密切，形成了以区域贸易协定为基础、跨国自由贸易为目标的区域集团和组织。欧盟、北美自由贸易区、南美洲共同体等跨国区域联盟及大湄公河等次区域经济合作组织在地域上的相互嵌套，形成了全球化图景各种特殊的"马赛克"，成为新世界体系中重要的空间载体（Scott，2001）。在追求全球贸易一体化的愿景下，区域一体化已经变为地方增强竞争力的必由手段和务实选择（张京祥，2004）。在区域尺度下，世界城市、全球城市、区域性城市、国家中心城市、外围城市等成了世界或区域信息和物质流动的传输节点，在空间上将分离的生产链整合在一起，强化了地区之间的相互依赖性。

2014 年，习近平总书记亲自谋划和推动了京津冀协同发展战略，实现京津冀协同发展，是探索完善城市群布局和形态、探索生态文明建设的有效路径，是促进人口经济资源环境相协调的需要，是实现京津冀优势互补、促进环渤海经济区发展、带动北方腹地发展的需要。该战略第一次把河北全域纳入国家战略，是河北省"十三五"时期发展面临的重要机遇，而河北省也将"必须坚持协同发展"作为推进"十三五"时期发展的首要基本原则。

《区域经济一体化视角下中国产业可持续发展及辐射效应的多维度研究》正是在上述背景下，结合我国当下国情做出的论证与研究。本书分上下两篇，共十二章。上篇从相关理论综述入手，接着分析中国以及国际上产业转移与承接的现状及影响，并分别对产业可持续发展、区域产业辐射效应、产业能力提升进行分析，提出相关展望。下篇则从第八章开始，对河北省进行详细数据分析，发现当前产业承接、发展中存在的问题并对河北省未来的产业能力、产业辐射效应、产业发展方向提出了策略、建议。

笔者通过多年的学习和工作发现，目前不论我国还是我们河北省内，区域产业经济的研究主要是针对产业转移和产业承接这两个问题进行，较少关注产业承接能力如何评估以及产业承接之后的可持续发展问题。但越来越多的学者都纷纷表示，这些方向的研究也是至关重要的。因此，本书尝试做出了一些创新：1. 在京津冀协同发展背景下，构建河北省产业承接及可持续发展能力的评价指标体系，并据此进行综合评价；2. 对河北省辐射效应进行多维度博弈分析，建立博弈模型，进行均衡分析并得出结论，以此提出提升河北省产业辐射能的建议。

真诚地希望笔者这次的研究可以对我国尤其是对河北省的经济发展起到积极作用。由于作者经验、水平有限，另外撰文过程时间较长，书中或难免有些疏漏或数据更新不及时的情况，望各位读者海涵并加以指正，大家共同进步。

谢会芹

2017 年 10 月

随着信息交流与交通的日益发达以及区域壁垒障碍的不断消除，全球化力量正在改变原有地理空间结构及组织形式，使得几乎所有的地理尺度都被一种网络的关系所渗透。区域不再仅仅是地域等级结构中的组成部分，也成了不同空间尺度相交网络的产物，被赋予了不同的现实含义。

在地方尺度下，贸易和投资、生产和销售、金融以及科技等各种"流"被具有特定的历史、独特的制度和文化习俗的地方黏着，形成了集聚于地方的产业集群和地方网络（Castells，2001；Dicken，2007）。

在区域尺度下，世界城市、全球城市、区域性城市、国家中心城市、外围城市等成了世界或区域信息和物质流动的传输节点，在空间上将分离的生产链整合在一起，强化了地区之间的相互依赖性。

在国家尺度下，国家间经济贸易往来日益密切，形成了以区域贸易协定为基础、跨国自由贸易为目标的区域集团和组织。欧盟、北美自由贸易区、南美洲共同体等跨国区域联盟及大湄公河等次区域经济合作组织在地域上的相互嵌套，形成了全球化图景各种特殊的"马赛克"，成为新世界体系中重要的空间载体（Scott，2001）。在追求全球贸易一体化的愿景下，区域一体化已经变为地方增强竞争力的必由手段和务实选择（张京祥，2004）。

可见，全球化、区域化共同塑造了整个世界的经济景观，对区域一体化的分析必须从全球化的视角出发进行研究，才有可能更深刻地理解区域主义和区域一体化的理论概念。"区域"作为地理学的核心概念，最早将其定义为地球表面某一特定的且与相邻地域存在差异的物理空间。对于区域一体化而言，区域的界定不仅直接关系区域组织或集团对会员身份的认同，还深刻影响到各种协商和争端解决机制的实施效果和贸易自由化等的实现。随着区域在整个世界图谱中的地位日益突显，学者从经济、政治等不同领域就区域一体化中有关区域的定义给出了各自的解释。

经济学家普遍认为，任何旨在减少国家间贸易壁垒的政策设计所涵盖的经济空间都可以称之为区域，因此贸易协定或关税同盟所限定的范围决定了区域的边界；而在国际关系中，区域则被视为共同制度和经济联系增强的动态过程，更加强调规范、政府认同、民主团体及企业身份（O'Loughlinetal，1990）。

由此可见，有关区域的阐释按照属性可大致分为3种（Hveem，2000；Martinetal，1997）：① 地理空间单元；② 交易和联系所构建的网络或结构；③ 具有共同认知和身份认同感的群体。随着区域一体化中对地理毗邻性约束条件的放宽，国外学者大多主张以区域的功能属性来判断区域一体化的边界，将区域视为某种经济空间中的一部分（Breslinetal，2000；Edwardetal，1999；Isard，1956）。因此，区域一体化也常常被等同于区域经济一体化。

20世纪80年代以来，消除资本地域性的深度全球化影响下，国家的政治藩篱被打破，政治空间和经济空间分离；同时作为经济全球化载体的跨国公司，以全球生产链的方式在各个地方间建立纵向和横向的联系，使地方间的"细胞膜"变薄，开放性区域主义被越来越多的区域集团和区域组织所接受，这些共同构成了当今特殊全球化背景下的区域主义浪潮。在这一浪潮的推动下，长三角一体化、珠三角一体化、京津冀都市圈等成了践行区域一体化的排头兵和领头雁，对区域一体化的深入研究提出了现实需求。因此厘清区域一体化的内涵、构建适合于国内区域一体化的理论框架，有利于完善主权国家内部一体化地域分布和空间组织的基础性理论研究，加深对区域一体化演化过程的理解与把握，同时还可推进一体化演化发展阶段的识别与判断，实现区域一体化系统的评估，这对推进区域可持续发展和提升区域竞争力都具有现实意义。

《区域经济一体化视角下中国产业可持续发展及辐射效应的多维度研究》正是立足于以上理论，结合我国当下国情做出的论证与研究。本书分上下两篇，共十一章。上篇第一章为区域经济中"产业转移"与"产业承接"的相关理论综述；第二章、第三章为我国以及国际上产业转移与承接的现状及影响分析；第四章与第五章则分别从产业可持续发展和区域产业辐射效应入手对相关理论进行了探讨；第六、七章则为对第五、六章的实际国情分析。下篇则从第八章开始进入对京津冀一体化中的环节之一——河北省进行详细数据分析，并在第十章和第十一章对河北省未来的产业能力、产业辐射效应、产业发展方向做了规划与建议。

笔者通过多年的学习和工作发现，目前不论我国还是我们河北省内，区域经济方面的研究主要都是针对河北省产业转移和产业承接这两个问题进行的，很少关注产业承接能力如何评估以及产业承接之后的可持续发展问题，而对河北省在环渤海经济圈以及在整个国家的辐射方面研究更少。但越来越多的学者都纷纷表示，这些方向的研究也是至关重要的。因此，本文在以下方向做出了一些创新。

1. 在京津冀协同发展背景下，构建河北省产业承接及可持续发展能力的评价指标体系，并据此进行综合评价。

2. 对河北省辐射效应进行分析研究，建立评估模型，进行实证分析，加强相邻地区间的联系，提高京津冀的整体可持续发展能力。

真诚地希望笔者这次的研究可以对我国尤其河北省的经济发展起到正面作用。另因撰文过程时间较长，书中或难免有些疏漏或数据更新不及时的情况，望各位读者海涵并加以指正，大家共同进步。

编 者

目 录

上篇

立足经济一体化，开拓中国产业发展新时代

第一章　产业转移与产业承接的
相关理论及分析

第一节　产业转移与产业承接理论

一、产业转移理论

产业转移是国际或地区间产业分工形成的重要因素，是一国或地区为实现自身产业进步，在资源供给或产品需求条件等因素发生变化后，将处于创新、成熟或衰退等不同发展阶段的产业与行业的产品生产、销售、研究开发甚至企业总部转移到另一国家或地区的经济行为和过程。产业转移客观上表现为产业在空间上的移动，既是经济发达国家或地区调整产业结构、实现全球战略的重要手段，也是发展中国家或地区改造和调整产业结构、实现产业升级和技术进步的重要途径。

产业转移现象由来已久，但作为一种主要的长期趋势，却是在20世纪下半叶才出现的，20世纪50年代到90年代前期，国际上曾掀起四次产业转移的浪潮。进入21世纪后，随着产业转移规模的不断扩大，产业转移结构不断升级，产业转移方式也日趋多样化。西方众多学者在对产业长期发展趋势的实证分析中都触及了产业转移问题，早期研究多是以经济发达国家和经济不发达国家作为研究视角，运用产业发展理论、国际直接投资理论和跨国公司经营理论，研究国家之间和地区之间的产业转移现象及其一般规律。而随着产业转移的新发展，产业转移理论也处于不断地创新中。

（一）经济发达国家产业转移理论

早期的产业转移理论多是以经济发达国家为视角，主要研究经济发达国家的产业向其他国家转移的经济动因、产业转移的客体演化模式、产业转移的效应等同题。概而言之，主要有以下几种理论。

1.雁行模式

20世纪30年代,赤松要提出的雁行模式是较早形成的产业转移理论,他以后起工业国经济发展为视角,通过对日本第二次世界大战前工业发展的统计研究,总结出产业发展遵循的三个模式:第一个基本模式认为某一产业的发展是按照从接受转移到国内生产,再到向外出口的三个阶段,即按照"进口—国内生产(进口替代)—出口"的模式相继更替发展;第二个模式是从一般消费品到资本品或者是从低附加值产品到高附加值产品的第一模式演进,产业结构不断高度化;第三个模式是某一产品的第一模式动态演化会在国与国之间传导,工业化的后来者会效仿工业化的先行者。

雁行模式是对日本明治维新以来产业发展路径的总结,反映了日本的许多产业包括纤维产业、钢铁产业、汽车产业等的发展路径,后来很多学者如小泽辉智通过经验研究证明日本许多产业的发展是符合该模式的。康明思运用雁行模式对20世纪60—80年代东亚经济内部产业分工与转移的动态关系进行了解释。然而该理论所倡导的产业分工结构实质上属于典型的垂直型分工,处于雁阵低梯级的国家在国际分工中始终处于不利地位,同时随着许多东亚国家经济结构的趋同,该理论越来越缺乏解释力。小泽辉智在雁行模式的基础上发展出增长阶段模型,他引入了跨国公司和直接投资因素,从而使雁行模式发生了变化。该模式认为跨国公司可以在产品生命周期一开始就在国外投资生产,无须通过出口开发东道国市场,外商直接帮助东道国建立起有竞争力的消费品工业。

2.产品生命周期理论

弗农提出的"产品循环说"以发达国家为视角,阐述了产业如何由发达国家逐渐向发展中国家转移的过程。弗农将产品生命周期划分为新产品阶段、成熟阶段、标准化阶段三个不同阶段,产业转移开始于产品和技术完全标准化、国内市场基本饱和的产品成熟期,而到了标准化阶段,技术发明国的生产和出口竞争优势受到技术模仿国的劳动成本优势和其他成本优势的重大挑战,技术发明国将大规模进行产业转移。弗农认为发达国家向发展中国家转移产业的原因在于企业为了顺应产品生命周期的变化,回避某些产品在生产上的劣势。

产品生命周期理论是对美国跨国公司对外投资活动的总结,该理论将比较优势从国际贸易领域延伸到对外直接投资,引入了动态的区位条件分析,对区域间或国际产业与产品的周期性发展进程以及由此导致的产业和产品转移做出了系统描述和理论总结。但是弗农的学说主要是针对第二次世界大战之后美国的对外直接投资模式而创立的,是一种被动性产业转移行为,而随着许多主动性产业转移行为的出现，该理论无法解释存在于经济发达国家之间的投资行为以及没有技术优势的发展中国家的对外投资。

Z.A.Tan 在产品生命周期理论基础上，进一步使之动态化和系统化。他将产品分为高、中、低三个档次，并将对应的市场结构分为直接出口（DS）、中间产品出口和当地组装（IL）、当地生产（LP）三种。高档产品对应的市场结构以 DS 为主，IL 为辅；中档产品则以 IL 和 LP 为主，辅之以 DS；低档产品则以 LP 为主。市场结构相对保持不变，而高、中、低档产品系列将不断变化，新的产品不断充实到高档产品系列中，一部分高、中档产品降级并充实到中、低档产品系列中去。与 Tan 的模型相对应，就产业转移而言，外国直接投资者将高档产品的生产主要放在本国进行，辅之以中间产品出口和国外组装；就中档产品而言，产品在国外组装的同时，产业逐步向国外转移；低档产品的生产则完全转移到国外进行。

Z.A.Tan 的产品生命周期理论，实际上是从产品系列的角度来解释产业转移现象。

3. 劳动密集型产业转移理论

阿瑟·刘易斯主要研究了产业转移机制问题，他认为发达国家在 20 世纪 60 年代由于人口自然增长率的下降，导致非熟练劳动力不足，劳动力成本上升，某些劳动密集型产业的比较优势逐步丧失，于是发达国家将部分劳动密集型产业转移到发展中国家。

刘易斯的观点是建立在赫克歇尔 – 俄林的要素禀赋基础之上的，他把劳动密集型产业作为产业转移的主体，并且把产业转移与比较优势的变化相联系。但是由于历史的限制，刘易斯并没有建立起关于产业转移的完整理论，他仅仅解释了劳动密集型产业转移，而对资本密集型与技术密集型产业转移问题没有涉及。但是，他能在 20 世纪 70 年代早期注意到这一现象，说明他具有理论创新的敏锐性。

虽然刘易斯未能建立起关于国际产业转移的完整理论，但是后来的许多经济学家都循着他的理论思路深入研究国际产业转移问题。Pennings 和 Sleuwaegen 以比利时的大量企业和国际性跨国公司为研究对象，认为在工业化程度较高的开放经济体系中，劳动密集型产业比资金密集型产业更容易发生转移。公司规模和公司的创新速率对产业转移产生积极影响，而未来的不确定性对产业转移具有阻碍作用。大规模的跨国公司要比小规模的公司更容易通过对外投资进行产业转移，尤其是营利性跨国公司更容易做出产业转移行为。

4. 比较优势理论

20 世纪 70 年代，小岛清把新古典经济学原理引入到产业转移分析中，将雁行模式和产品生命周期理论结合起来，改造成为"小岛清模式"。小岛清根据日本对外直接投资的实践，在比较优势原理的基础上提出了"边际产业转移扩张理论"，该理论认为"对外直接投资应从本国（投资国）已经处于或即将陷于比较劣势的产业——可以称为边际产业（这也是对方国家具有显在潜在比较优势的产业）依次进行，通过产业的空间移动，以回避产业劣势或者说扩张边际产业，显现其潜在的比较优势"。

小岛清的理论反映了经济发达国家对发展中国家进行直接投资的动机与形式，他以日本为研究对象，为日本的对外产业转移方式进行了辩护，并借此说明了东亚的雁行模式机理。但该理论以投资国为主体而不是以企业为主体，很少考虑企业本身的因素对投资的影响，在某种程度上抹杀了企业的个性。此外，小岛清的学说所能解释的时空范围很小，仅从经济发达国家向发展中国家方向进行解释，而且时间范围局限在日本的加世纪70年代，不能解释发展中国家逆贸易导向型直接投资。

（二）经济不发达国家产业转移理论

20世纪80年代随着发展中国家的经济崛起，国际经济舞台上出现了发展中国家向发达国家进行小规模的产业转移现象，而以发达国家为研究对象的产业转移理论无法解释这种现象。因此，很多学者提出了以发展中国家为视角的新理论来分析产业转移现象。

1.中心—外围理论

普雷维什用依附理论分析了中心—发达资本主义国家和外围—发展中国家之间的经济关系。由于原材料和初级产品的需求弹性低而工业制成品的需求弹性高，导致发展中国家贸易的巨额贸易逆差，迫使发展中国家实施国内工业化替代大量进口工业品的替代战略，因此进口替代战略成为产业转移发生的根源。普雷维什借鉴了汉密尔顿、李斯特等人的贸易保护主义理论，强调了发展中国家为迅速实现工业化而产生的被迫性产业移入需求，其关于"中心"和"外围"之间的经济关系的分析反映了发达资本主义国家和发展中国家之间产业转移的现实，同时也较早地注意到产业转移的消极影响。

但是普雷维什没有认识到产业转移是区域间经济关系发展变化的必然产物，对于产业转移能够加快欠发达地区经济发展的积极影响认识不足。

2.局部创新理论

威尔斯的小规模技术理论认为，发展中国家产业的比较优势来源于拥有为小市场需求服务的小规模生产技术优势、发展中国家民族产品在海外生产的优势以及低价产品营销策略的优势，这些比较优势能够使生产者获得比较利益。由于发展中国家市场的普遍特征是规模较小，发达国家企业所擅长的大规模生产技术不仅无用武之地，而且因为资本投入较高，生产成本高昂，从而在当地市场竞争中陷入窘境。威尔斯的理论摒弃了那种只能依赖垄断的技术优势打入国际市场的传统观点，将发展中国家对外直接投资的竞争优势与这些国家自身的市场特征有机结合起来，从而为经济落后国家对外产业转移提供了理论依据。

拉奥的技术本地化优势是在对印度跨国公司的竞争优势和投资动机进行了深入的研究后提出的。他认为对成熟技术或生产工艺的应用和改进，可以使发展中国家的企业形成和发展自己的特定优势，进而实施产业转移。发展中国家跨国公司所创新的技术在小规模生产条件下具有更高的效益，能够满足中低档次的消费需求。他不仅分析了发展中国家企业形成对外投资竞争优势的可能性，而且强调了形成竞争优势所需要的企业技术创新。上述条件使得发展中国家的企业在技术发展中暗含着内在的创新活动，形成和发展自己的特有优势，从技术角度解释了经济落后国家的对外产业转移。

坎特威尔和托伦惕诺的技术创新升级理论从技术进步和技术积累的角度分析了发展中国家对外产业转移的阶段性动态演进过程。该理论的主要观点是，发展中国家的技术能力的提高是与它们对外投资的累积增长直接相关的，技术能力的积累是影响其国际生产活动的决定性因素，同时也影响着其对外投资的规模和增长速度。因此，发展中国家对外投资的产业分布和地理分布是随着时间的推移而逐渐变化的，并且是可以预测的。

利柯鲁运用产品生命周期理论的变形来解释发展中国家对外产业转移的行为。发展中国家的对外直接投资通常发生在产品周期的成熟期与学习曲线的上升期的交点，并且是倾向于到经济发展水平相对较低的国家进行跨国生产。利柯鲁的理论对发展中国家制造业部门的下游方向的投资具有一定的解释力。

威尔斯的小规模技术理论、拉奥的技术本地化优势、坎特威尔和托伦惕诺的技术创新升级理论主要是以发展中国家为研究视角，从局部创新的角度来解释产业转移现象。这些理论，对于解释当前一些发展中国家走国际化道路，通过对外直接投资进行国内产业的国际再转移现象有一定说服力。

（三）产业转移理论在中国的发展

产业转移产生的历史较长，在中国也早有发生，中国学者在借鉴国外产业转移理论的基础之上，结合中国国情，将产业转移的研究集中于产业转移的基础、产业转移的效应和产业转移的模式三个方面，其中产业转移基础与模式的研究取得了较为显著的成绩。

1. 产业转移的基础研究

卢根鑫较早地研究了产业转移问题，他认为国际产业贸易与国际产业投资所形成的重合产业是国际产业转移的基础条件。所谓重合产业，是指发达国家和欠发达国家在一定时期内，使用相似的机器设备或生产线，运用相似的技术工艺，需要相似比例的生产资料和劳动力，生产相似的商品。张可云在《区域大战与区域经济关系》中，特别提到了"区际产业转移"的概念，认为区际产业转移的基础建立在两个重要推论之中：一是经济与技术发展的区域梯度差异是客观存在的；二是产业与技术存在着由高梯度地区向低梯度地区扩散和转移的趋势。

2. 产业转移的模式研究

（1）重合产业论

卢根鑫从马克思主义经济学理论的角度研究了国际产业转移问题，提出了重合产业的概念。随着产业贸易和产业投资越是发展，重合产业越会不断出现、发育、成长和持续演变，当产业深化不能够抵消别国相对较低的成本优势，发达国家重合产业就只有一个调整方向即产业转移。重合产业的转移不仅能够摆脱重合产业绝对成本较高的不利地位，而且能够实现重合产业的再次价值增值。重合产业论是国内较早的对产业转移问题的系统研究，但其不足之处在于该研究没有实证分析的材料，也没有触及国内区域间的产业转移。

（2）梯度转移理论

梯度转移理论自20世纪70年代末80年代初被引入我国后，成为一种应用最为广泛、影响最为深远的理论。梯度转移理论在我国表述为：无论是在世界范围，还是在一国范围内，经济技术的发展是不平衡的，客观上已形成一种经济技术梯度，有梯度就有空间推移。这种产业转移和升级呈梯形，沿着劳动密集产业—资本密集产业—技术密集产业的方向进行转移和升级。

梯度转移理论是国内对产业转移模式研究的重要方向之一，主要集中在技术转移梯度和"反梯度"理论以及区域分工和区域经济联系。

（3）移植型产业成长模式

张洪增提出了"移植型产业成长模式"的概念，他通过对自由竞争的、自发型的发达资本主义国家的产业结构成长模式与市场垄断式的、移植型的后发资本主义产业结构成长模式进行了比较，认为移植型模式由于受到垄断力量的直接影响，其产业成长的步伐大大加快，一些产业能一步跨越幼稚阶段而进入成熟阶段，尤其是一些产业由于受到政府和超级财团实施的优惠的保护和培植政策的倾斜，得到了迅速的发展。但同时，这一模式也存在四大缺陷，即：产业成长基本依赖于国际产业转移、外部政策力量功过各半、缺乏生产要素的全面发展、具有产业同构性。移植型的后发资本主义产业结构成长模式，既有后发优势，又存在后发劣势。

（4）复制群居链

郑胜利从集群出发，提出了"复制群居链"的概念，其认为在当前的产业转移过程中，尤其是台商对祖国大陆的投资出现了一种产业"集群式"转移现象，即一些有着产业联系的上下游生产企业"一窝蜂"地相继由一国某一地区转移至另一国某一地区，以维持原来的生产联系。这种"群居链"复制的产业转移模式，尽管在短期内促进了产业移入地区的经济发展，但由于其对当地相关产业前向、后向关联效应差，与当地企业的交流较少，对当地的技术溢出效应和学习效应不明显，一旦当地的区位条件发生变化，这些企业又会整体性迁移，可能会造成当地产业的空心化。

（四）产业转移理论的简评及其理论研究发展趋势

1.产业转移理论简评

传统的产业转移理论或者以经济发达国家为研究视角，或者以经济不发达国家为研究方向，由于它们各有侧重，因不能较好的阐述相对方的产业转移现象而导致其理论都存在着一定的片面性；而且特定的产业转移理论产生于特定的历史时期，很多分析是基于对特定经济发展阶段的产业转移现象的研究，尽管对一定时期的产业转移现象具有较好的解释力，但随着产业转移的不断发展，传统的产业转移理论的理论阐释力不断下降；此外，以往的产业转移理论构建主要从国家层面出发，研究国与国之间的产业转移，对一国之内的区域层次产业转移研究比较少。但是，无可否认的是传统的产业转移理论有其合理性的一面，对理论产生的特定国家、特定历史阶段以及当前的很多产业转移现象还是相当有说服力的，而且以国家为视角的产业转移理论可以用于解释一国范围内的地区之间的产业转移现象。

2.产业转移理论研究的发展趋势

当前，随着产业转移规模的不断扩大，产业转移方式的日趋多样化，产业转移主体的多元化，产业转移层次的高端化，需要新的研究角度与研究方向来顺应产业转移的不断演进，产业转移的研究呈现出比较明显的新趋势。

（1）产业转移的新经济地理视角

新经济地理学主要是从产业区位、产业集聚和产业扩散角度研究产业转移问题，它以产业集聚为中心，研究产业集聚演进过程中所伴随的产业转移现象。一个产业往往是通过投入产出结构垂直联系的，相互关联的上下游产业之间容易在某一地理区位上集中，形成产业集聚。新经济地理学通过对产业集聚的形成、发展与消亡过程的研究，较完整地解释了相关产业进入与离开某一地理区位的过程，这种研究摆脱了国别与地区的限制，完全是从产业地理区位的角度进行研究。但限于国别之间产业转移的限制因素较多，因此这种基于产业集聚角度的研究更适合于解释相关产业在一国范围内地区之间的转移。

（2）产业转移的跨国公司视角。跨国公司的迅速发展和膨胀是当今国际经济发展的典型特征，其已成为产业转移的主要载体，深刻影响着产业调整和产业转移的规模和结构。20世纪90年代以前，跨国公司大多是自己开展主要业务，只转移部分劳动密集型加工装配环节；20世纪90年代以后，跨国公司不但大规模转移生产制造环节，而且将转移延伸到研究与开发、设计、采购、销售及售后服务等诸多环节。随着国际分工更加细密，由产业间分工发展到产品内分工，跨国公司纷纷采取供应链管理模式，对研发、制造、存货管理、采购、配送、售后服务等各个环节加以细致的整合。跨国公司在掌握产品设计、关键技术的条件下，利用别国的生产设备和技术，授权国外生产厂商按其要求生产产品，自己则在全球建立营销网络，进行产品的广告宣传、销售及售后服务。跨国公司对其业务进行不断地拆分，把部分业务转移到其他国家或地区，促进了产业转移。因此，对产业转移的载体——跨国公司内部经营机制的研究是产业转移理论研究的一个新方向。

（3）产业转移的价值链视角

当代产业转移除了表现为一些产业的整体转移，新型的产业转移以产品价值链为纽带，产业价值链的不同环节的转移正逐渐成为一种新的趋势。以价值链为纽带，分析各个生产环节在全球的布局及各国在国际分工中的地位问题，使得产业转移不再是某一产业的整体转移，而是产业链、供应链的区位中心转移，产业转移的环节越来越细化和分散化，最后形成涵盖产供销等全部产业链的企业集群式、组团型转移。产业转移理论不再仅仅局限于研究发达国家向发展中国家的产业转移，而且也研究发达国家之间、发展中国家之间的产业转移，以及发展中国家向发达国家的产业逆向转移问题。因此，有关产业价值链的研究是产业转移理论研究的又一新方向。

产业集聚、跨国公司经营机制与产业价值链是顺应产业转移的新趋势与新特点而出现的研究产业转移的新方向，同传统产业转移理论相比，新的研究路径与方向为整个产业转移理论体系注入了新的活力：一是从研究范围来看，当前的研究主要是从全球视角出发，理论研究同时关注经济发达国家与经济不发达国家的产业转移现象，研究的范畴更加全面完整，不仅研究发达国家向发展中国家的产业转移，而且也研究发达国家之间、发展中国家之间的产业转移，以及发展中国家向发达国家的产业逆向转移问题；二是从研究内容来看，当前的研究多是以产业链为纽带，更加关注产业转移的客观载体与微观机制，更注重深入到相关产业内部的各个环节进行研究，分析各个工序在全球的布局及各国在国际分工中的地位问题。因此，当前的产业转移理论能够为产业转移的新趋势与新特点提供较好的理论阐释力，能够对具体产业内部的各个环节是否采取转移行为提供理论指导，成为未来产业转移研究的发展方向。

二、产业承接理论

产业承接能力是一个国家承接产业转移的能力，具体表现为：发展产业的能力、支撑产业的能力、选择和吸引产业的能力。产业承接力是评价一个地区是否适合承接及发展产业转移的综合体现，具体表现在该项产业是否在该地区具有比较优势、是否具有产业竞争力。

（1）发展产业的能力：发展产业的能力是指地区发展和扩大已经承接的产业的能力，保持已承接产业规模不断扩大，产业优势地位逐渐增强推动地区产业结构优化。主要包括科学技术创新能力、经济效益、基础设施配套能力等。产业发展能力是产业承接力的核心内容，对评价一个地区是否长期有效的进行产业承接有重要作用。对已经承接的产业如果只能维持现有规模和生产状态，并不能扩大生产规模、持续发展的机会，不能推动当地产业结构优化升级，那产业承接就失去了意义。因此，一个国家或地区要想提升产业承接能力，重点应该提升产业发展能力。只有这样，产业才能扩大规模，带动当地经济社会发展，优化产业结构。发展产业的能力主要表现在科学技术创新能力、地区经济发展水平、基础设施配套建设等。

（2）支撑产业的能力：支撑产业的能力指一个国家或地区已具备的顺利接纳产业转移的能力，是使接纳而来的产业得以生存和为今后发展奠定基础的能力。产业承接在短期内会带动当地的经济发展、改善人民生活，但是长期来看，会对当地产生一些负面影响。产业接纳能力的大小主要取决于承接载体和产业承接基地的建设。接纳产业转移的能力是地区承接产业转移的关键内容，较强的接纳能力既是承接产业转移的客观要求，又是转移产业进一步发展的前提。一个国家或地区只有努力培育并不断提升接纳产业转移的能力，才能顺利地承接转移而来的产业，转移而来的产业才能生存并正常运行，才能与当地原有产业相互融合、相互渗透、相互协调。因此，提升接纳产业的能力应重点抓承接载体和承接基地的建设情况。

（3）产业选择能力：产业选择能力是指政府在对所要承接的产业的选择问题。政府要充分考虑转移产业是否适合在当地发展，会对经济、环境、资源、生态等造成的影响。政府为了提高产业选择能力通常会采取以下两种方式：一方面，要积极公开各种信息，避免由于信息不对称造成严重的后果；另一个方面，是要加大人才、技术培养，提高人口素质，加大科研投入力度，鼓励申请专利技术，充分借鉴发达地区如北京、上海等地的先进科技水平，加大引进人才力度。

（4）产业吸引力：产业吸引力是指一个多家或者地区具有发展该项产业所需的资源、技术、人力等比较优势的能力。该地区的某种产业要有比较大的市场潜力，产业聚集承接比较高，政府要给予产业政策支持。一个国家或地区转移产业能力首选地必须具有较高的产业吸引能力，是承接产业转移的前提。一个地区产业吸引力越强，就有越多的产业、企业、资金、技术转移到该地区，可选择的空间就越大，该地区就可以根据地方资源特色选择需要承接的产业，效率越高；反之，产业吸引力弱，转移的资金、技术就少，选择余地就越少，承接的产业质量不高。产业承接力必须建立在产业吸引力基础之上，如果没有产业吸引力，也就不会有产业转移的动机，就无法承接产业转移。因此要提升产业承接力，就必须首先提高地区的产业吸引力。

第二节　产业承接能力的影响因素探究

一、产业承接能力影响因素的综合分析

前文对于产业转移的相关研究成果已做了详细的分析，根据产业转移有代表性的理论研究以及对产业转移承接能力概念的深入剖析，结合近年来产业转移的实际发展情况，初步得出影响产业转移承接能力的构成要素分为四类：一是转移产业吸引能力，包括成本要素优势、市场优势、政策优势；二是转移产业选择能力，包括信息能力、论证能力；三是转移产业支撑能力，包括基础设施完善度、经济水平优劣；四是转移产业发展能力，包括科技创新能力、盈利能力、产业聚集能力等。

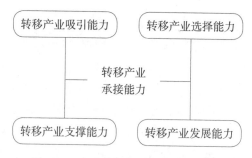

图1-1 产业转移承接能力构成要素

二、产业承接能力影响因素的具体分析

（一）区域产业转移承接吸引能力的内涵及具体分析

区域产业转移承接吸引能力是指，产业接纳地区所具有吸引某一产业聚集于此的能力。产业移出方进行产业转移的根本动力在于寻找更大的利益差，如果产业承接地对于本企业的产品或服务有需求，有广阔的销售市场；人力资源更丰富，雇佣员工更便宜；经营环境更自由等等，那么这说明该地区对此企业有足够的吸引力。即产业吸引力可以分别从市场潜力、成本吸引力、政策吸引力三个方面来分析。

市场潜力可以从两个方面来考量，一方面，是从产品的特性来看，根据弗农的产品生命周期理论可以得知，产品演进是有生命的，当一种产品在某一区域不再具有竞争优势时，可以转移到低阶梯的区域销售，那么低阶梯的承接地就相对具有了吸引产业转移到此的市场潜力，对于这需要根据移出地和承接地的发展情况和技术水平来衡量；另一方面，是从承接地的角度分析，假设区域的技术水平相差无几，那么如果人口数量多、居民收入高的区域无疑就相对具有吸引产业转移于此的市场潜力。根据实际操作，多用后一种情况来考察承接地的吸引能力。其比较容易对应的统计指标有"年末常住人口数量""居民家庭收入""居民消费性支出""社会消费品零售总额"，这些都是衡量某一区域购买力的指标，对应着市场潜力。

成本吸引能力是指，取得生产资料更容易、购买原材料价格更优惠的区域对企业经营者形成的吸引力。经济学理论把生产成本分解为土地成本、劳动力成本、生产资料成本、资本成本、管理成本。土地价值的高低与多种因素相关，不同地区间的土地成本没有可比性，而在现实生活中，土地成本和商品房价格呈正相关关系，因此土地成本可以用统计年鉴中的"商品房销售价格"表示。劳动力成本可以用"在岗职工平均工资"表示。资本成本可以用"金融机构本外币存贷差占GDP比重"表示，如果其数额越大则表示贷款相对容易，资金使用成本越低。

政策吸引力是指当地政府政策在市场运行过程中对企业是否起到积极作用的考察方面。我国各个地区整体的宏观经济政策没有区别，都遵循有中国特色的市场经济体制，但根据地方特点实行的相关优惠政策和政府运行效率是有较大不同的。经常用做政策吸引力的相对应指标为"进出口额占GDP比重""政策性收费和罚没收费占GDP比重""非国有经济固定投资额占固定投资额比重"。这些指标都可以从侧面反映地区政府对经济的干预程度，按照经济规律，出口额占比较高、政策向收费占比低、非国有市场主体与国有企业比率高，那么必然促进经济越活跃，产业投资更有效率。

（二）区域产业转移承接选择能力的内涵及构成要素

区域产业转移选择能力是指，某一区域能够根据自身经济发展水平、基础设施建设等情况，经过分析发展规划路径，选择适合本区域发展水平的产业的能力。这项能力主要包括收集信息的能力和处理信息的能力。所以经过总结概括，提出区域产业转移选择能力由信息能力和可论证能力组成。

信息能力是指某一区域信息网络基础设施成熟水平和综合获取信息的能力。具体衡量其信息能力的数据指标可以包括"硬件"和"软件"两方面。"硬件"方面可以引用"信息传输、计算机服务和软件行业固定投资额占总投资额比重"指标来衡量"软件"方面可以用"每万人从事信息传输、计算机服务和软件人员"衡量。原因显而易见，信息产业从业人员越多、产业固定资产投资额越大，相比较而言，该区域的获取信息的能力就越强。如果上述两个指标不易查找，也可以用"十万人口受教育年限""人均受教育年限"等指标衡量。

可行性论证能力是指能够综合分析某一转移到本区域的产业对当地的经济社会带来相应结果的能力。针对这项能力，可运用的指标是相关专家、学者、咨询机构的数量。但是关于类似的数据统计困难，而且对于整个区域的产业承接能力的综合评价来说，往往并不是以一种或者几种产业转移来评价，而是把某区域看作开放的承接平台，尝试各种产业发展思路，所以仅仅把相关学者或者机构数量的多少来看作可行性论证的依据却有失偏颇。地方高校的高级知识分子对于区域经济发展往往具备独特而深刻的见解，所以常见的指标为"高等学校数量"。

（三）区域产业转移承接支撑能力的内涵及构成要素

区域产业转移支撑能力是指，产业承接地能否使承接来的产业运行良好且为其发展壮大提供基础支撑的能力。产业移出方最关心的就是承接方是否有让企业能够正常的开展经营活动所必备的基础条件和良好的经济发展环境，对于产业转移支持能力往往包括基础支撑力和经济发展支撑力。

基础支撑能力是指支撑企业运作必不可少的基础设施、产业配套能力等。基础支撑能力的基础设施是交通基础设施、供水能力、供电能力等。可以容易查找的年鉴指标有"每平方公里覆盖公路里程数""工业用水量""工业用电量"等。目前，环境污染越来越严重，对区域居民的生活造成了种种消极影响，随着对环境污染管控力度的不断加大，基础支撑能力要包括"工业固体废物综合利用率""三废处理能力"等相关指标数据。

经济发展支撑力是指承接方区域的综合经济发展状况，经济规模、产业链是否完整等方面"人均GDP"是衡量经济发展水平的一个指标。"社会固定资产投资额"也可作为区域经济发展水平的影响因素。考虑到转移产业主要集中于第二产业，那么完整的产业链对于转移产业的经济发展支撑就会有重大影响，转移产业能够方便地找到上下游对接企业，自由的横向生产协作，也是极大的支撑力。所以"工业企业数量""规模以上工业增加值占GDP比重"也可以作为经济发展支撑能力的次级数量指标。

（四）区域产业转移承接发展能力的内涵及构成要素

区域产业转移发展能力是指产业承接地，能够使得落户企业快速发展且能研发创新的能力。该项能力主要是指科学技术的更新及产业间相互协作激发出来的附加增量。谋求企业平稳健康发展的能力。具体包括两个方面：科研创新能力和产业配套能力。

科研创新能力是指区域能够帮助企业通过开发新产品、研发新技术获取更多竞争优势的能力。以企业为创新主体来看，如果"高新技术企业"越多，出现创新科研技术的可能就会越大，相应的"三种专利申请授权量"也会增加。以政府为创新主体来看，如果地方政府对于科研创新的资金支持额度越高，那么该地区的技术革新能力就越强，对该区域落户企业的积极促进作用就越大，因此"R&D经费占GDP比重"也是解读区域科研创新能力的一个重要指标。

产业聚集能力是指由企业外部经济环境的溢出效应和规模经济促使落后企业持续发展的能力。产业配套能力作为产业移出方重要考虑内容，具体的影响因素是指该区域的"工业园区""开发区""高新区"的数量。产业聚集区规模越大，区域内的配套设施越齐全，产生的正向促进作用就越多。以服务业为代表的第三产业越活跃，该区域的配套能力就越发达。

第三节　产业转移与产业承接的动因理论分析

产业的转移与承接是相互作用、密切联系、不可分割的。因此，此处将从转出地和转入地两个角度全面剖析产业转移的动力机制，进一步阐明产业转移的必要性和内在规律，从而对产业转移承接能力的构建有更深刻的认识。

一、产业外向转移的经济动因

（一）效率动因

为提高企业效率而进行的产业转移，目标是利用其他地区较低的价格的要素资源，降低产出成本，增强竞争力。各地区间生产要素价格差导致产业发展的成本差异，则存在预期利润差，因而构成转移吸引力。通过向低要素成本地区的产业转移可以降低产出成本，在宏观层面可以优化产业整体的资源配置，在微观层面可以提高相关企业的运营效率。

（二）市场动因

市场导向的产业转移及为占领市场而进行的产能转移，这种类型的产业转移有多种推动因素。第一种是市场规模导向的产业转移，即由于承接地较大的市场规模而引致的产业转移。当一个国家某种产品的市场规模达到一定程度后，原来通过贸易渠道对这个市场的供应可能就不如在产业承接地投资生产来供应当地市场更为有利。第二种是贸易壁垒导向的产业转移，即为绕开目标市场当地设置的贸易壁垒而向产业承接地进行的产业转移。在贸易壁垒高到对方市场不再具有竞争力的情况下，到产业承接地进行直接投资，将产能转移到目标市场更有利于占领市场。

（三）产业移出地结构调整动因

从发达国家向发展中国家的产业转移一定是既有前者的产业转移出"供给"，又有后者承接移入产业的"需求"才能够成立。从"供给"方来说，发达国家经济发展和产业技术进步必然推动其产业结构不断升级，发达国家三次产业结构升级表现为，第一产业的比重不断下降，第二产业的比重稳中有降，第三产业比重不断攀升，其中的原因，一方面是技术推动，另一方面也有产业本身需求弹性的因素。

（四）产业移出地政策动因

产业移出地政策导向的产业转移有两种类型：污染产业规制下的产业转移

和资源保护规制下的资源开发型产业转移。政策调整对污染密集型产业的驱逐效应，对污染密集型产业实行标准越来越严格的规制，限制了这类产业的发展空间，造成对这些产业的撵出效应，迫使其外向转移。产业移出方的政策对资源型产业的国内开发限制，发达国家出于环境保护和重要资源的战略性保护目的，制定产业政策限制资源型产业国内开发，促使发达国家的这类企业转移到海外寻求发展空间。

二、承接产业转移的经济诱因

（一）资本要素转移与资本积累的诱因

产业转移过程中往往伴随着有形生产要素诸如进口零部件、机械设备等资本品、大量的资本、技术的转移，也伴随着其他无形要素诸如生产工艺、管理经验等的进入，具有综合性。因而接受产业转移能够填补产业承接地的期望投资和国内储蓄的缺口，迅速积累起相对稀缺的生产要素，为区域经济的起飞创造条件。

（二）提升承接地技术水平诱因

现代增长理论强调，技术在经济增长中起着决定性的作用。就发展中的产业承接地而言，进行技术创新和生产往往是不可行的，通过研究与开发来创造新技术的过程，无论成功与否，耗资巨大，同时，其自身也无法得到技术开发所必需的专业人员和熟练劳动力。因此，产业转移在提升承接地技术水平的潜在重要性就变得非常明显。

（三）提高承接地企业竞争力诱因

移入产业与当地产业相比，在资金、技术、人才、市场、营销手段等方面往往占据着竞争优势，这种优势使当地产业卷入竞争之中，有可能使移入产业打破承接地原有产业的低效垄断局面，改善区域产业的市场结构；另一方面，在竞争压力下，当地产业要在移入产业的阴影中生存发展，将不得不采用先进技术，或进行技术创新，加速现有企业的技术改造和技术进步，提高企业的自主开发能力，改变企业的产品结构，通过新观念、新设计、新工艺、新产品等拓展市场，创造新的消费取向，以提升产业竞争力。因此，与产业转移相伴随的内外产业间竞争，是承接地经济运行效率得以提高的重要因素。

（四）承接地就业结构变化的诱因

由于资金缺乏，产业承接地的就业往往是不充分的，产业转移可以为承接地提供更多的就业机会，提高工人的工资和生活水平。新兴产业的转移，自然会吸引一些劳动力。同时，产业转移一般都是劳动密集型产业的转移，具有较强的劳动力吸纳能力，增加劳动力就业是可能的。如果转移进入的产业比承接地的产业水平和产业等级更高，通常也会促进就业结构的变化。

（五）承接地产业结构升级的诱因

大多数承接地产业结构的特征是资源、劳动密集而技术层次低的传统产业比重大，先进产业比重小，而产业转移有利于改善国民经济的技术结构，促进新兴产业部门的建立与发展和传统产业部门的技术改造，加快产业结构的调整和优化，使产业结构更趋合理化与高度化，推动产业升级的步伐。

第二章　产业转移与产业承接的影响研究

国际产业转移无论是顺向转移、水平转移，还是逆向转移，本质上都是资源在全球范围内的转移和配置，必然会对一国经济产生巨大影响。此处旨在分析国际产业转移对转入国、转出国的宏观经济、中观经济及微观经济所产生的各种效应。其中，国际产业转移的宏观经济效应主要阐述经济增长、就业、国际收支和市场环境等四个方面；国际产业转移的中观经济效应主要阐述产业竞争力、产业结构、产业组织、产业集群和产业政策等五个方面；国际产业转移的微观经济效应主要阐述企业发展战略、企业经营管理和企业组织形态等三个方面。产业转移要素配置效率改进的作用机理见图2-1。

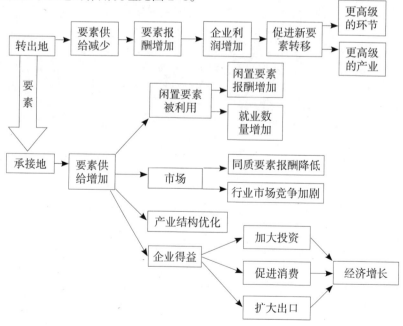

图2-1　产业转移要素配置效率改进的作用机理

第一节　国际产业转移对宏观经济的影响

一、产业转移与经济增长

经济增长可以简单地定义为一国生产的产品和劳务总量的增加，即国民生产总值的增加。更为全面的说法是，经济增长包括两个方面的含义：一方面，是指一个国家在一定时期内生产的产品和劳务的实际增加量或实际增长率；另一方面，是指一定时期内一个国家潜在的生产能力的增加。美国经济学家库兹涅茨曾给经济增长下过一个经典的定义："一个国家的经济增长，可以定义为给居民提供种类繁多的经济产品的能力长期上升。"国际产业转移将通过资本形成、技术转移等途径影响转入国、转出国的经济增长。

国际直接投资是国际产业转移的主要方式，且国际直接投资又主要发生在发达国家和发展中国家。所以，我们通过分析国际直接投资对发达国家和发展中国家经济增长的影响，来反映国际产业转移对经济增长的影响。

（一）国际产业转移对转入国经济增长的影响

（1）资本形成效应：众所周知，国际产业转移的主要载体——跨国公司，凭借其强大的经济实力和其他竞争优势，通过直接投资等各种途径增加了转入国的资本量，从而有助于弥补转入国意愿投资与国内储蓄之间的缺口。国际产业转移可以直接增加转入国的资本存量。跨国公司的海外直接投资通常采用两种方式：新建和并购。新建是指跨国公司用自有资本或中长期信贷资本在东道国直接创办新企业，以从事生产和经营活动。所谓并购（M&A），是兼并与收购的合称。企业并购是一种企业产权的资产性交易行为，通过这种形式，企业的所有权或产权得以按照市场规则实现让渡和转移。

（2）技术转移效应：技术是知识、技巧和运用生产要素的手段的总和。对转入国而言，以跨国公司海外直接投资为表现形式的国际产业转移，不仅为其带来了资本等有形资源，更为重要的是为其带来了技术，伴随着国际产业转移，跨国公司研究与开发机构的日趋分散化，必然推动转入国的科研活动，进而有利于转入国形成自己的研究与开发能力。国际产业转移可以促进生产要素在转入国国内的扩散，从而促进转入国的技术进步。

（二）国际产业转移对转出国经济增长的影响

（1）资本积累效应：跨国公司海外直接投资所获取的巨额利润可以加速转出国国内的资本积累。追求高额利润是国际产业转移的主要动因之一，跨国公司还可以从体系外部筹措资金。随着全球金融一体化的发展，跨国公司外部筹资的领域已经扩大到国际资本市场甚至是转入国的资本、货币市场，使得从外部筹措的资金乃至从转入国筹措的资金成为跨国公司海外直接投资资金来源极其重要的组成部分。

（2）资源配置效应：在国际产业转移中，跨国公司具有行之有效的优化配置生产性资源的体系。跨国公司的经营活动对转出国的资源配置效应主要表现在，国际产业转移不仅是资金在国家间的流动，而且是包括各种无形和有形的资源的移动。此外，通过利用海外研究开发能力和技术，也可增强转出国的技术力量。

二、产业转移与就业

（一）国际产业转移对转入国就业的影响

国际产业转移对转入国就业的影响表现为国际产业转移给转入国带来的就业效应主要表现在就业数量和就业质量两方面。表2-1列出了国际产业转移对转入国在就业数量、质量和区位等方面的影响。

表2-1　国际产业转移对转入国就业的影响

领域影响		就业数量	就业质量	就业区位
直接影响	积极	创造就业机会	工资较高	增加新的就业机会
	消极	"合理化"裁员	引进不受欢迎的就业惯例	加重人口不平衡
间接影响	积极	乘数效应增加就业	传播先进的工作组织方法	劳动力资源转移
	消极	挤垮现有企业降低就业水平	收入分配不平等	地区性失业

（1）国际产业转移增加了转入国的就业机会：新建企业在发展中国家的外来投资中所占比重较高，而在新建企业中，除了高级管理人员、技术人员和关键工序的熟练操作工来自投资国之外，一般管理人员、技术人员、熟练工人均来自转入国当地的劳动力，因此新建企业具有直接的就业创造效应，能够直接增加转入国的就业机会。同时，在国际产业转移中，传统产业等劳动密集型生产项目占有相当比重，能够大量增加就业机会。

（2）改善转入国的就业结构和就业质量：这是因为跨国公司海外分支机构通常较转入国国内企业提供更好的工资待遇、工作条件和社会保险福利，提高了当地劳动者的收入水平，且跨国公司海外分支机构通常对当地雇员进行培训，为员工提供了获得新知识、新技能的途径。

（二）国际产业转移对转出国就业的影响

与国际产业转移对转入国就业的影响类似，国际产业转移也会对转出国在就业数量、质量及区位方面产生积极与消极的双重影响（见表2-2）。

表2-2 国际产业转移对转出国就业的影响

领域影响		就业数量	就业质量	就业区位
直接影响	积极	在那些服务于国外附属企业的领域创造或维持转出国就业	产业重构进技能提高，生产价值也提高	有些工作可能移至国外，出现需要更高技能的工作，从而改善劳动市场状况
	消极	如果国外附属企业替代国内生产则会产生重新定位或工作出口	为了维持转出国国内就业，可能降低工资水平	受国外附属企业替代国内生产的影响，地区劳动力市场状况可能恶化
间接影响	积极	为承揽国外附属企业的任务的母国供应商或国内服务性产业创造和维持就业	刺激多种产业发展	蓝领工作的减少能被当地劳动力市场对出口或国际生产领域高附加值工作的更大需求所弥补
	消极	与被重新定位的生产或活动有关的企业和产业就业损失	供应商收到工资和就业标准方面的压力	暂时解雇工人引起当地劳动力市场需求连锁型下降，从而导致母国工厂裁员

表2-2显示的是国际产业转移对转出国在就业数量、质量和区位等方面的静态效应。国际产业转移对转出国就业的总体影响可以用"替代效应"和"刺激效应"的净额来衡量。所谓替代效应，是指国际产业转移所导致的转出国国内就业机会的损失。所谓刺激效应，是指国际产业转移所导致的转出国国内就业机会的增加。

三、产业转移与国际收支

国际产业转移对国际收支的影响，主要体现在跨国公司在转出国及转入国的资金流出和流入。

国际产业转移对转出国国际收支改善具有综合正效应。首先，尽管投资初期的资金流出对转出国国际收支有不利影响，但资金外移只是转出国一系列要素资源外移的一部分，且转出国从国际产业转移中获取的收入及其增长速度是非常高的。事实上，无论是转出国还是转入国，都对国际产业转移的国际收支效应甚为关注，只不过转出国关注的是产业转移对国际收支的短期不利影响，而转入国更关注产业转移对国际收支的长期不利影响。为此，转出国自然希望尽量控制短期不利影响，而转入国更应保持清醒的认识，并采取相应措施规避或减轻长期不利影响，可以说，两者是此消彼长的辩证关系。

四、产业转移与市场环境

市场环境是指在经济运行过程中起重要作用的法律法规、经济管理体制、会计与税收规范、仲裁制度、产业技术创新体制等相对稳定的制度因素。实践证明，国际产业转移的大量进入，会对转入国的体制改革、市场机制以及人们的思想观念产生深远的影响，从而进一步推动转入国市场环境的改善。

产业转移推动技术进步，技术进步改善市场环境，就像蒸汽机的出现推动了资本主义在英国的迅速发展一样，技术进步推动制度变迁已经成为学者们的共识；而反过来，制度变迁大大地推动生产力更成为人类社会几千年发展的写照。史实证明，制度变迁与技术进步是一个互动过程，技术进步是推动制度变迁的一个重要力量。国际产业转移将为转入国带来大量的先进技术，迅速提高当地的技术水平，从而推动制度变迁，包括市场经济法律制度、政府经济管理体制、市场运行制度（包括市场准入制度、商品及要素市场运行制度、市场中介制度、市场监管制度等）、会计与税收制度、仲裁制度、产业技术创新制度等方面，进而改善转入国的市场环境。

第二节　国际产业转移对地区产业的影响

一、产业转移与产业竞争力

产业竞争力是指某一产业或整体产业通过对生产要素和资源的高效配置及转换，稳定持续地生产出比竞争对手更多财富的能力，其实质是比较生产力。产业竞争力由产业内生竞争力与产业外生竞争力构成。从国际产业转移对转入国与转出国国际竞争力影响的作用机制看，国际产业转移可以提高两者的比较优势与竞争优势，从而实现两国的产业竞争力的提高。

首先，国际产业转移可以提高转入国与转出国的比较优势。比较优势理论是由英国著名经济学家李嘉图提出的，认为成本与价格差异是比较优势的来源。20世纪初，瑞典经济学家俄林与赫克谢尔提出了"H-O"理论，指出资源禀赋的差异是产生比较优势的原因。美国经济学家弗农提出了产品生命周期理论，认为生产要素及其动态变化的地区差异是比较优势产生的根本原因。当前国际产业转移的重点领域是资本技术密集型制造业（石化、汽车、电子信息等）和现代服务业（金融、保险、旅游和咨询等）。从产业演进的角度看，国际产业转移结构高度化、知识化呈现进一步加强趋势。面对这一趋势，转入国可以充分利用国外先进的技术、管理和生产系统，提升本国相关产业的规模、档次与竞争力，从而在国际竞争中处于较为有利的地位；转出国则可实现把本国内部处于竞争劣势的产业的对外转移。通过向外转移生产线，不仅可以实现产品生命周期的延长，在国外获得相对稳定的收益，更重要的是可以释放本国在转出产业上累积的资本、技术与人才，从事更高层次的生产与研究，占领新的产业制高点，培育和发展新的比较优势。

其次，国际产业转移可以增强转入国与转出国的竞争优势。竞争优势是指某产业在市场竞争中比其他产业更具开拓市场的能力。可以用贸易专业化指数、相对出口绩效指数和劳埃德-格鲁贝尔指数等来衡量。

对于转入国而言，通过嫁接国外的先进产业，可以提高本国相关产业的技术水平与科技含量，扩大产业规模，其结果对内体现为生产能力与产品档次的提高，对外则体现为相关产业产品出口量的增加、出口地区的扩张以及国际市场占有量的提高。显而易见，通过承接国际产业的转移，转入国在相关产业上的竞争优势得到了提高和加强。对于转出国而言，由于转出国始终掌握着转出产业和产品的关键与核心技术，该产业核心的技术仍是由转出国提供，核心部件仍由转出国生产，这样不仅可以提高本国在核心部件上的市场占有率，还利于保持在相关产业上的技术优势，获取相对稳定的技术收入，甚至可以凭借现有的技术与人才优势，从事更高层次的研究与开发，培养转出国未来潜在的竞争优势。

由此可见，国际产业转移可以增强转入国与转出国的比较优势和竞争优势，提高其产业国际竞争力。但是，国际产业转移对产业竞争力的负面影响也是存在的。

首先，对于转入国而言容易形成产业级差。由于相关产业是直接从国外嫁接的，如果不能加以正确的引导与利用，就会削弱本国企业的研发能力与研发意愿，其结果必然造成本国产业永远处于整个产业链的下游，处处受到上游产业的限制与约束，这对本国相关产业的长远发展非常不利。

其次，对于转出国而言有可能出现"产业空心化"。因为国际产业转移总是伴随着大规模的生产技术和生产线的对外转移。换句话说，越来越多的企业将主要生产和经营基地从国内转移到国外，仅在国内留下一个"空壳"。如果转出国新旧产业衔接得不好，或者说找不到新的产业支撑点，从而出现产业演进上的"青黄不接"，以致国内投资不断萎缩，就业机会大幅减少，失业问题日益严重。

二、产业转移与产业结构

产业结构是指经济总体中的产业多层次组合，其外在形态表现为经济总量的产业构成，而内在形态则表现为经济总体中各类产业的多层次有序组合。国际产业转移是产业结构升级的必然要求，国际产业转移的历次高潮都是和产业结构的升级联系在一起的。

国际产业转移对于转入国与转出国的产业结构都存在显著影响：

（一）国际产业转移会调整与优化转入国的产业结构

一方面，国际产业转移可以加速转入国新兴工业的发展，促使其产业结构的调整。由国际产业转移所调动的产业往往都是在转出国发展受到限制的"落后产业"，转出国希望通过对外转移延长这些产业的生命周期。但是对于转入国而言，这些产业往往都是转入国国内缺少的、技术发展相对比较成熟的"新兴产业"，直接引进可以立即转化为现实生产力，因此引进该产业的意愿比较强烈。国际产业转移恰恰把转出国的转出意愿与转入国的引进要求结合起来，从而使得转入国新兴工业部门的建立和发展、产业结构的重大调整成为可能，积极推动了转入国产业结构由劳动密集型向资本—技术密集型的转变。另一方面，国际产业转移使得转入国产业结构的升级成为可能。国际产业转移所带来的不仅仅是转出国先进的生产技术、管理经验和生产系统，还带来了大量的外资，这足以克服转入国在现有产业发展过程中存在的研发资金不足和固有的技术瓶颈，从而使得转入国可以充分利用国际产业转移所带来的诸多有利条件来对本国现有产业进行升级改造，提高其产业档次，从而实现产业结构的升级与优化。

（二）国际产业转移也会促进转出国产业结构的升级

从产业部类调整来看，第二次世界大战后国际产业转移顺应和强化了转出国尤其是发达国家产业部类由初级产业向制造业再向服务业调整的总趋势。

总体而言，国际产业转移对转出国和转入国的产业结构调整与升级具有正面推动作用。同时，国际产业转移也会对转出国和转入国的产业结构产生一定的负面影响。

三、产业转移与产业组织

产业组织，是指生产要素在企业内部与企业之间的动态组合方式和活动。产业组织可以用市场结构、市场行为和市场绩效来衡量。所谓市场结构，是指对市场内竞争程度及价格形成等产生战略性影响的市场组织体系。产业转移对转入国和转出国的产业组织有着显著的影响。

国际产业转移会导致输入国的垄断与竞争关系发生变化，主要表现在：

（一）跨国公司的进入将改变输入国市场上的垄断势力

这是因为作为国际产业转移的主体——跨国公司一般都拥有相当的竞争优势（技术优势、管理优势、资本优势、规模经济优势等），进入转入国后，它必定会利用其自身的诸多优势尽可能多地占有市场份额以获取超额利润，从而逐渐形成垄断势力，使原来没有垄断的市场上出现完全垄断，原来竞争充分的市场上出现寡头垄断。

（二）跨国公司的进入也会改变输入国市场上的竞争势力

因为竞争与垄断分别有不同的产业规模要求。当竞争向垄断逆转时，产业规模的集中度会越来越高，产业中会出现规模较大的企业。

国际产业转移对产业组织也有负面效应，且对转入国的影响更为明显。一方面，国际产业转移会削弱转入国企业的研发能力与研发愿望，造成技术级差固化，使其自主的生产能力逐步减弱，自主的产出水平逐步降低，在极端情况下甚至可以接近于零。另一方面，国际产业转移所造成的激烈竞争与垄断，会给本来就处于竞争劣势的民族工业带来巨大的冲击。

四、产业转移与产业集群

产业集群，是指那些以某一核心产业为中心，由产业集聚而形成的特殊经济区域形态。由于产业通过集聚产生的外部规模经济有利于提高产业的国际竞争力，从而在国际分工中获得优势地位，因此，在新一轮国际产业转移过程中，这种地理集聚或是产业集中化趋势越来越明显。

国际产业转移在转入国产业集群的形成与发展的作用，具体表现在以下三个方面：国际产业转移促进当地产业集群的形成；国际产业转移推动已有产业集群发展；跨国公司成为联结经济全球化与集群区域的纽带。在国际产业转移过程中，跨国公司不仅参与了集群区域的创新网络，而且通过自身的全球网络组织为集群区域与外界的联系架起了一座桥梁。

五、产业转移与产业政策

产业政策，是政府为了其全局和长远利益而主动干预产业活动的各种政策的总称。主要包括产业结构政策、产业组织政策和产业技术政策等。国际产业转移对转入国的产业政策存在显著影响。具体而言，主要体现在以下三个方面。

（一）从产业政策自身的特性看，产业政策具有国际性

在封闭的经济体中，谈不上国际性，但是当转入国的开放度逐步提高，参与国际分工、国际竞争，承接国际产业转移的时候，产业政策的国际性特征就会彰显无疑，产业政策的制定已经不能脱离世界经济格局及发展趋势，不能脱离与本国产业发展密切联系的国外地区及产业演进的实际情况。随着跨国公司全球战略的演化实施，必然导致以跨国公司为主要载体的大规模资金、技术、人才、管理方式在全球范围内的扩散流动，跨国公司将在更大范围和更高层次上对国际产业转入国的产业政策制定产生深远影响。

（二）从产业政策自身作用的条件看，产业政策发挥作用的基础和空间已经发生变化

对于承接国际产业转移、参与国际竞争的转入国而言，其政策的制定必须和国际接轨，符合国际惯例，转入国政府对企业的直接干预将会减少，而政府作为投资主体将逐渐让位于企业，市场在资源配置方面的作用将大大增强。因此，转入国产业政策的着重点应逐步转移到政策的导向性功能上，致力于规范交易制度和建立市场秩序，而不在于改变特定产业的资源配置状况。

（三）国际产业转移对转出国的产业政策会产生影响

随着转出国大量的资本和劳动密集型产业的对外转移，转出国在制定本国产业政策时不仅要立足本国国内环境和产业发展要求，还要关注转出国的经济发展状况及其发展前景，更要考虑到转出产业与转入国之间产业的兼容性，这是转出国能获得稳定长远收益的必需条件。因此，转出国在制定本国产业政策时往往具有一定的倾向性，倾向于选择与其技术水平相差不大的国家及产业进行投资，以便于技术升级，从而使得淘汰下来的技术可以得到有效和充分的运用，进而获取最大收益。

国际产业转移的转入国与转出国通过协调两者的产业政策，可以协调两国的经济发展，从而取得双赢。但是由于国际产业转移的多样性和各国产业政策的复

杂性，国际产业转移对产业政策的制定和效力的发挥也存在一定的制约。

首先，有可能导致转入国市场结构错位。在开放经济条件下，如果转入国在制定本国产业政策时，未考虑诸如跨国公司进入等外部因素的影响，那么决策者制定产业政策时想要实现的市场结构与跨国公司影响下的市场结构的变化方向可能会发生错位，其结果必然是削弱政策效果，甚至有可能危害转入国相关产业的建立与发展。

其次，容易导致转出国产业政策失效。因为转出国产业政策作用的效力范围一般仅限于本国，而作为国际产业转移的转出国又必须在全球范围内进行资源配置，这就超出了一国产业政策发挥效力的行政边界。如果不能进行有效协调与沟通，则很有可能导致国家产业政策失效，这对转出国相关产业的发展极为不利。

第三节　国际产业转移对我国的影响

一、国际产业转移为我国产业升级带来的机遇

（一）承接国际产业转移加快我国产业结构调整

随着高新技术产业全球转移的加快，进一步承接国际产业转移，不仅有利于我国传统产业的改造升级，而且将有力地促进我国高新技术产业的发展，推动我国高新技术产业从引进吸收再创新向自主研发制造延伸。因此，继续大力承接国际产业转移，将有助于同时从高端与低端加快我国产业结构调整升级的步伐，为转变经济增长方式和实现经济的又好又快发展奠定基础。

（二）承接国际服务业外包加快发展现代服务业

服务业是当前国际产业转移的重点领域，据统计，全球大约有2/3的国际直接投资与服务业有关。从近年对华投资的统计数据看，我国外商直接投资中只有28%投向了服务业，这一比例远低于外国直接投资投向服务业的全球平均水平。因此，抓住机遇主动承接服务业国际转移，既有利于加快我国服务业的发展，全面提高服务业的素质和水平；也有利于促进我国三次产业结构的调整与升级。

（三）承接国际产业转移实现产业集聚

产业集聚对我国中西部地区新型工业化道路的实现和产业结构升级具有尤为重要的作用。通过在具有相对比较优势的地区进行产业集聚，可以快速建立优势产业集群，从而推动中西部地区的新型工业化进程，提升产业技术水平和实现产业

结构调整与升级。从国际产业转移的趋势看，国际产业转移呈现出产业链转移的特征。面对国际产业链整体转移所带来的发展机遇，我国应在区域和产业开放方面采取更加有力的措施，鼓励和引导符合国家产业发展政策要求的、发达国家需要整体转移的产业链向有条件的地区，尤其是向中西部地区进行转移。通过主动承接国际产业链的整体转移，同时在中西部地区加快发展关联配套产业，可以促进产业集聚和实现规模经济。同时，在中西部地区，结合当地资源优势，大力吸引同类国际产业向当地进行转移，也能快速完成产业集群的发展，从而获得产业集聚效应。

（四）全面参与国际分工

由于技术水平落后等方面的原因，我国在全球分工体系中一直处于产业低端。跨国公司既是国际产业转移的主体，也是全球分工的主导力量。近年来跨国公司对外投资和产业转移方式日趋多样化，为我国广泛承接国际产业转移和全面参与全球分工带来了大量新的机遇。我国应积极引导国内企业学习、借鉴和积累开展跨国合作和经营的经验，为我国培育自己的跨国公司和全面参与全球分工逐步创造条件。我国企业的跨国经营，又会反过来促进我国产业结构的调整和升级。

二、我国承接国际产业转移促进产业结构升级的政策建议

（一）提高自主创新能力

发展先进制造业、提高服务业比重和加强基础产业基础设施建设，是当前我国产业结构调整的重要任务。我国在产业结构调整中主要依靠劳动投入和资本投入，这在一定时期是不可避免的选择，但在经济发展到一定水平后，就应开始关注企业自主创新能力的发展，致力于建立以企业为主体，以市场为导向，产、学、研相结合的技术创新体系，形成企业自主创新的基本架构。在承接当前国际产业转移的过程中，应把增强企业自主创新能力作为调整产业结构的战略基点和转变经济增长方式的中心环节。自主创新能力的发展不能仅仅局限于原始创新能力发展，在大力提高原始创新能力的同时，应努力提高集成创新能力和引进消化吸收再创新的能力，并建立起将科研成果迅速转化为现实生产力的有效机制，真正做到以自主创新提升产业技术水平。应借助国际产业转移的机会，全面强化国际产业转移的技术溢出效应，努力增强自主创新能力，努力掌握核心技术和关键技术，增强科研成果转化能力，提升我国产业的整体技术水平。

（二）借助高新技术产业推动产业升级

高新技术产业包括计算机产业、新材料、新能源产业、生物技术产业、航空航天产业等，在经济发展中起着先导与示范作用，是科学技术转化为生产力的最

初表现形态。高新技术产业对其他产业和整个国民经济的发展有较强的带动作用，对促进产业结构调整和升级具有强大的牵引作用。高新技术产业是未来的支柱产业和主导产业，一个国家和地区在未来的国际竞争中能否占据主动地位，关键是要看高新技术产业的发展程度和它的竞争力。因此，我国应利用承接国际产业转移的机会，大力培育与发展高新技术产业，尤其是那些对传统产业升级具有明显带动作用的高新技术产业。目前我国已承接了包括微电子、信息等产业在内的部分信息产业的国际转移，这为我国进一步发展信息产业奠定了良好基础，应借此机会大力发展信息及相关产业，积极推进产业结构升级，加快新型工业化道路的实现。

（三）合理引导外资流向，优化国际产业转移的吸纳结构

我国在承接国际产业转移时，应根据本国产业发展战略的需要，积极合理地引导外资流向，优化国际产业转移的吸纳结构，利用国际产业转移来加速我国产业结构的升级。长期以来，我国承接的国际产业转移主要以劳动密集型产业为主，这与我国的资源优势和扩大劳动力就业的政策目标基本上相一致，但这并不利于推动我国产业结构升级，还会因为与其他大量承接劳动密集型产业的发展中国家出现产业结构趋同而引发更为激烈的竞争和贸易条件的不断恶化。我国应实现国际产业转移接纳模式的转换，不断扩大对资本和技术密集型产业的引进和吸纳。我国应通过有关政策措施的正确引导，使外商投资流向与我国产业结构升级要求一致，积极引导外商增加对技术密集型产业的直接投资，引导外商加大对第一产业和第三产业的投资力度，尤其是要加大对一些基础薄弱的第三产业的投资，以适应我国产业结构优化升级的要求。

（四）引导产业合理布局，促进产业结构高级化

产业布局的合理与否，直接影响和决定着产业结构的调整。我国现阶段的产业布局不够合理，地区间发展很不平衡。我国在改革开放中积极承接国际产业转移，但国际产业转移过度集中于东部地区，对中西部投资的绝对数量和比重较小，导致地区间不平衡发展加剧。针对这种情况，我国应发挥不同地区的各自优势，建立不同的产业承接方式与区域发展战略。在承接国际产业转移时，各自发挥不同优势，趋利避害，扬长避短。东部沿海地区应以承接劳动密集和资本技术密集双密集型产业为主，大力吸引和发展以信息产业为代表的高新技术产业，加快金融、保险、证券、电信、商贸、运输等服务业的外资引进和产业转移，促进东部地区服务业向更高的水平发展。中西部地区具有丰富的能源，具有良好的承接资源密集型产业和劳动密集型产业的基础，可承接对成本优势和资源优势依赖程度

比较高的劳动密集型和资源密集型产业，增加劳动密集型产业的技术含量，有重点地承接发展部分高科技含量的新兴服务产业。西部大开发为西部发挥后发优势，实现跨越式发展创造了有利条件；中西部地区应积极承接技术密集和资金密集的高新技术产业，从而改变传统工业化中产业结构梯次演进的路线，跨越由劳动密集型产业向资金、技术密集型产业升级的过程。此外，中西部地区可以利用资源优势，大力培育绿色产业、生态产业、旅游产业等主导产业，以实现产业结构的优化和升级。

（五）实施"走出去"战略，努力实现双向转移

跨国公司是参与产业全球化的重要载体，也是当前国际合作与竞争最为重要的组织形式，发展和利用跨国公司的能力将成为今后促进各国经济发展和提高国际竞争力的重要因素，也是发展中国家承接国际产业转移、实现自身产业结构升级的重要契机。我国产业结构能否适应全球产业变动进程，在相当程度上取决于我国跨国公司能否成为参与国际合作与竞争的主导力量。在经济全球化过程中，我国企业应在"走出去"战略的指导下积极开拓发展空间，在国外进行投资设厂和进行跨国并购，以将我国处于比较劣势的产业转移到境外继续经营。我国要实现产业结构的升级，必须在承接国际产业转移的同时，将部分产业转移到国外去。因此，积极培育和壮大跨国公司、大力发展跨国经营对我国经济发展和产业结构调整都有着重要的长远意义和现实意义。

在此我们主要分析了国际产业转移对转入国和转出国所产生的宏观经济效应、产业经济效应及产业转移对产业结构升级的影响。其中，国际产业转移的宏观经济效应主要阐述经济增长、就业、国际收支和市场环境等四个方面；国际产业转移的中观经济效应主要阐述产业竞争力、产业结构、产业组织、产业集群和产业政策等五个方面；最后就国际产业转移对我国产业结构升级提出了政策建议。

第三章 中国产业转移及承接的现状分析

第一节 中国中西部地区承接东部产业转移的现状分析

由于我国区域产业转移的影响因素十分复杂，而且对不同的区域有不同的作用和影响。因此，我国区域产业转移的现状具有特殊性，在不同的动力机制下，产业转移也呈现出不同的特征，并出现了多元化的产业转移模式。

一、我国中西部地区产业转移的现状

产业转移是经济社会发展到一定阶段的必然产物，在多种情况下都会出现产业转移现象。我国幅员辽阔，各地区经济发展不平衡，特别是东部发达地区和中西部欠发达地区之间，经济发展水平的差距很大，同时，由于地理、气候、历史和文化传统背景上的不同，各个地区在资源禀赋上存在很大的差异，我国地区间必然存在产业转移，所以有必要对我国产业转移的现状进行描述和分析。

（一）产业转移的一般规律

在经济发展史上，出现过四次世界范围内、大规模的产业转移。每一次大规模的产业转移都是在其特殊的社会经济背景下发生的，其转移的动力机制、转移产业及产业流向都具有特殊性，呈现出不同的特征，并且具有一定的阶段性。

第一次国际产业转移。在 20 世纪 50 年代，美国的科技和经济发展水平在世界范围内已遥遥领先，在不断发展高新技术产业的同时，美国的产业结构升级要求将其不具比较优势的产业转移出去，于是通过跨国公司的海外投资、企业兼并和企业重组等形式，将劳动密集型产业转移到加拿大、西德和日本。在此期间产业转移的承接国，引进了美国大量先进的技术，进行消化、吸收和创新，成为推动产业转移承接国经济发展的重要动力源泉，并逐渐步入发达国家的行列。

第二次国际产业转移。这次产业转移发生在 20 世纪 60 年代，在第一次产业转移的过程中，日本大量地承接了来自美国的产业转移，经济迅速崛起，劳动密集型产业已不再是日本的主导产业，劳动密集型产业已进入衰退期。和美国一样，这一时期日本产业的发展偏向于汽车、化工、钢铁等资本密集型产业，为此便将棉纺织品等衰退的劳动密集型产业转移到了亚洲和拉美的部分劳动资源充裕的国家，这些国家以此为机遇，利用本国充裕的要素资源，大力发展加工制造业，成为新兴的工业化国家或地区。

第三次国际产业转移。第三次产业转移源于 20 世纪 70 年代的石油危机和由此导致的世界性经济危机，石油危机导致西方发达国家的高能耗产业发展举步维艰，发达国家开始调整产业结构，不再以资源密集型产业为主导产业，大力发展在生产的过程中能耗少的知识或技术密集型产业，将资源密集型或资源依赖性产业逐步转移到具备承接能力的新兴工业化国家。亚洲的泰国、马来西亚等国根据自身的产业发展基础，承接了来自发达国家的资源密集型和资本密集型产业。我国的长江三角洲地区和珠江三角洲地区抓住了这次产业转移承接的机遇，区域经济快速发展，我国也一跃成为世界制造业基地。

第四次国际产业转移。随着产品生命周期的演进，20 世纪 80 年代中后期美国、德国和日本等发达国家将新能源、新工艺和新材料的高新技术产业作为主导产业，经济发展的重心向信息化、技术化和高端化转移，资本密集型和部分技术密集型产业在这些国家逐渐失去比较优势，处于比较劣势的地位，为获得更高的收益，急需将这些产业转移出去。亚洲的一些产业基础好的国家是这次产业转移的主要承接地区，所承接的高新技术产业成为这些国家经济的新增长点。中国也是这次产业承接的重要地区，2002 年我国外商直接投资为 500 亿美元，2008 年便超过了800 亿美元，到 2010 年实际引用外资超过 1.1 万亿美元，我国是发展中国家实际使用外资最多的国家。

纵观国际四次大规模的产业转移，在其特殊性下仍表现出一定的规律性特征。

（1）产业转移表现出一定的阶段性

产业转移是渐进式、分层次进行的。单个产业的转移过程具有阶段性特征，不同阶段需要转移不同的产业。地区产业结构演进的阶段性决定了产业转移是一个随着经济发展而不断深入的动态化过程。一个国家或者地区的产业结构是从自然资源密集、简单劳动密集、资本密集、技术密集到知识密集的方向升级的，产业转移的产业类型也会从劳动密集型、资本密集型发展到技术和知识密集型，沿着产业结构调整升级的方向逐步演化。

（2）产业转移是从产业发展的高梯度地区向低梯度地区转移

一般而言，产业往往是由一个国家或地区经济发展的高梯度区转移到低梯度区，也就是说，一般情况下产业总是从发达地区转出，移入到欠发达地区。四次国家产业转移方向都是产业从发达国家向发展中国家转移。随着科学技术的迅猛发展和交通通信条件的改善，由发达国家或地区向欠发达国家或地区的产业转移在加快。产业从发展中国家或地区转移到发达国家或地区通常只是孤立的生产要素的转移如资本、劳动力等。从产业转移发生的条件来看，产业在转出地一定是经过一定程度的发展，并且已经进入成熟期，由于资源禀赋差异和产业结构升级等因素不得不转移到其他地区。地区间经济发展水平的差异形成了不同的产业梯度发展水平，产业便会从高梯度区转移到低梯度区。从四次产业转移中我们可以发现，产业转出国和产业转入国在经济发展水平上存在着巨大的差异，产业都是从经济发展的高梯度区转移到经济发展的低梯度区。

（3）产业转移表现为一个综合、复杂的过程

产业转移通常伴随着劳动力、资本和技术等生产要素在区域间的流动，但产业转移与单个生产要素的流动却存在很大的差异。从四次国际产业转移来看，很少有单方面的产业转移。通常，一种产业的转移同时伴有其他一系列相关产业的转移。世界范围的产业转移正向产品内分工视角下的产业链式转移发展，在整个产业链中，产品的研究、开发、测试、加工、生产与销售等各个不同的环节，都可以转移到运营成本低的地区。因此，产业转移表现出综合、复杂的特征。

（二）我国产业转移的历史及现状分析

1. 我国产业转移的历史回顾

（1）1949年以前的区域产业转移：我国第一次大规模的区域产业转移是在抗日战争时期，当时我国生产力水平发展落后，工业门类残缺不全、技术水平低下，地区分布极不均衡，工业和近代的基础设施都集中在东部的几个城市，而中西部地区的工业产值非常低，还不到全国工业产值的10%。随着我国东部沿海地区相继沦陷，东部工业纷纷内迁至西南和西北地区，如重庆、贵阳、西安、昆明和兰州等地，这些地区经济出现了暂时的繁荣，但即使这样工业产值仍远远落后于全国的平均水平。这次的产业转移源于日本的侵略，企业向内地转移是被迫做出的，不是为追求利润最大化而做出的经济决策。同时，这次产业转移保全了我国已非常薄弱的工业基础，有利于抗战的胜利和国民经济的恢复和发展。

（2）"大三线"建设时期：建国初期，由于对当时国际形势和战争危险的估计，中央为进行全面备战，将我国分为"一线""二线"和"三线"三个不同的地区，

促进全国经济发展和准备备战物质，把三线地区建设成我国经济和军事的战略后方。"四五"时期内地投资建设达959.34亿元，占全国基本建设投资的54.4%，其中"三线"11个省、自治区的投资额为690.98亿元，占全国基本建设投资总额的41.1%。可以说，这是我国第二次大规模的产业转移，也是在战争的胁迫下被迫做出的经济决策。这是我国成立后，在政府主导下的一次产业转移，将中西部地区尤其是西部地区的工业化推上了新的平台。

（3）"东锭西移"战略的实施：20世纪90年代前期，我国的纺织工业大部分企业出现亏损，经济效益迅速下滑，尤其是发展历史比较长的纺织工业基地发展更是举步维艰。为保证我国纺织工业能够从困境中走出来，20世纪90年代中后期，我国开始对纺织工业的产业布局进行调整，通过"压锭技改"和"东锭西移"两个政策的调节，使东部沿海地区和一些发展历史比较长的纺织工业基地逐步向纺织产业的原料地区转移，这是我国历史上第三次大规模的产业转移，和前两次产业转移不同的是此次产业转移是在和平时期进行的，目的是使纺织产业能够提高经济效益，从困境中走出来，此次产业转移的经济决策，推动了我国纺织产业的发展，具有一定的社会经济效益。但是这次产业转移主要是在政府的主导下完成的，政府的行政规划是推动产业转移的决定因素，产业转移的主体并不是企业，企业的自主性没有发挥出来。

（4）西部大开发与中部崛起战略推动的产业转移：我国在改革开放以后，地区的经济发展水平差距逐渐增大，为实现区域经济的协调发展，我国提出了"西部大开发"和"中部崛起"的战略，支持中西部地区的开发建设，实现我国区域经济的协调发展。政策的实施也在很大程度上推动了我国的区域产业转移。山西在承接发达地区产业转移方面成效显著，截至2012年11月底，山西省招商引资签约项目到位资金共计5 234.2亿元，从到位资金的来源上看，内资到位4 876.1亿元，占比93.2%；外资到位358.1亿元，占比6.8%。山西在第一至第四届"能博会"、第一至第七届中博会、首届世界晋商大会这12个洽谈会中，累计签约项目5 187个，引进内资54 478.4亿元人民币，投资项目主要来源于京津冀地区、长三角地区和珠三角地区及福建。二安徽近几年利用省外资金呈高速增长的态势，2007—2012年的年均增长率为49.1%，2012年实际到位省外资金达到5 283.2亿元，是2007年的2.4倍，约占安徽省固定资产投资总额的一半以上，资金主要来源于长三角地区、珠三角地区和福建。江西引用省外资金占全省引进外来资金总额的一半以上，对江西经济发展的贡献越来越大，2012年江西省累计引进省外5 000万元及以上项目2 163个，实际引用省外资金5 044.95亿元，是2009年的2.44倍，江西省引进浙江、广东、福建、上海、江苏五省市资金占全省引进省外资金的70%以上。河南省2010年共签订承接产业转移项目1 132个，引进省外资金2 429个，2011年引进省外资金突破4 000亿元，增长46%，是历年来引资总额最大、引资质量最高、成效最为显著的一年，环渤海、长三角、珠三角三大经济区是河南省引进省外项目和资金的核心来源区域。陕西省2005—2009年5年间，共签订省际联合项目6 768个，总投资1.78万亿元，实际到位资金3 763.67亿元，投资项目涉及制造业、房地产业、能源、基础设施等国民经济多个行业和领域。2011年外省在陕西投资合同项目2 390个，引进省外资金2 820亿元，同比增长16.8%。重庆2009年和2010年引用省外资金分别为1 468亿元和2 638亿元，资金主要来源于北京、广东、浙江和上海等发达地区。四川准确把握产业转移的规律，2010年引进省外资金突破5 000亿元，达到5 336.35亿元，同比增长31.3%，连续3年每年新增千亿元以上，资金主要来源于北京、浙江、上海、福建等地，到位资金占国内省外资金总额的68.9%，招商引资已成为四川经济发展的重要推动力量，成为产业集聚发展和产业结构优化升级的有力支撑。湖南省2012年承接产业转移项目3 079个，其中国际产业转移项目471个，区域产业转移项目2 608个，转移企业新增税收37.9亿元，新增就业人数33.5万人。欠发达地区的其他省区承接产业转移的增长速度也很快，宁夏承接长三角地区和珠三角地区的产业转移资金由2007年的24亿元扩大到2011年的277亿元，四年翻了三番多，云南"十一五"期间实际利用内资超过4 000亿元，是"十五"期间的7.79倍。政府在承接产业转移的过程中主要是制定适宜的政策，推动和鼓励企业在自主决策的基础上向中西部转移。这次产业转移实践是在政府宏观调控下市场主导型的产业转移，必将是一个漫长的过程。为了弥补市场的失灵，加快中西部地区产业结构升级和特色产业的发展，中西部地区应以比较优势为基础，转变思想，积极承接产业转移，政府要搭建好信息平台，引导成熟产业有序的向中西部转移，做好政策引导工作。

2. 现阶段我国产业转移的特点

（1）产业转移集群化：产业集群式转移主要体现在两个方面。一方面，产业转移的方式是集群式转移。产业集群式转移对区域的经济发展会产生乘数作用。欠发达地区作为产业承接地，承接产业转移后会加速产业发展，会对区域产业发展带来倍加效应；对于发达地区来说，以集群式的方式将产业转移出去，会对区域产业发展带来倍减效应。另一方面，产业会倾向于向同类产业集群的区域转移。也就是说，产业会转移到已具有一定产业基础的欠发达地区，或者未来有可能形成产业集群的地区。产业转移具有集群化的趋势，其根本原因在于产业集群可以产生关联效应、技术溢出效应和协作效应。集群式的发展可以大大地降低企业的生产成本和交易成本，可以提高上下游关联企业的生产效率。

（2）国内产业区域转移存在明显的极化效应：产业在梯度发展的过程中，由于产业发展的规模经济优势，会对周围地区生产要素产生强大的吸引力，劳动力、资本等生产要素不断向发达地区集中，从而使发达地区的经济得以快速发展。产业转移的过程中，发达地区拥有强大的科技力量、优越的生产协作条件、便利的地理位置、发达的交通通信系统、雄厚的资本、完备的基础设施和集中的消费市场，会吸引欠发达地区的生产要素和产业向发达地区转移，对欠发达地区就会产生这种极化效应。长三角地区、珠三角地区、京津冀地区是我国的发达地区，也是经济发展的高梯度地区。这些地区开放的时间早于内地，有国家的优惠政策，经济发展基础好，经过改革开放 30 多年的发展，经济发展水平越来越高，从规模经济和集聚经济中不断获得收益，已成为我国区域性的增长极。这种区域性的增长极，使欠发达地区的资本、劳动等生产要素不断向发达地区转移。产业转移的极化效应使欠发达地区承接产业转移更加困难，使发达地区不具比较优势的产业难以向欠发达地区顺利转移。

（3）产业转移相邻化：从我国产业转移的实践来看，发达地区的劳动密集型产业和资本密集型产业主要转向本地区的欠发达地区，或是转到周边地区，所以我国产业转移的半径总体较短。发达地区劳动密集型产业和资本密集型产业在本地区或者周边地区转移。如珠三角产业转移主要向广东省东、西两翼地区以及和广东临近的广西、湖南、江西等地转移，并呈现出由近及远的转移特点，尤其是广东省制定的"双转移"政策、共建产业转移园区等政策措施进一步推动了产业转移向广东省区域依次集聚转移。产业转移相邻化的特征是由以下原因决定的。第一，发达地区选择向周边地区转移是由产业集聚运输成本、市场条件等因素决定的，选择就近转移可以降低运输成本、更好地利用原来的市场条件。企业从降低交易成本获得利润最大化的角度出发，会更愿意选择已熟悉的周边地区或行政区域内的欠发达地区。第二，地方政府以地方利益最大化为目标。为防止产业转移后地方产业出现"空心化"，地方政府会采取一系列的措施来留住企业，例如扩大生产场地、增强生产能力以及税费等政策上的优惠，提供足够的政策吸引力，所以，产业转移首先选择向行政区域内转移，再向其他地区转移。

二、我国产业转移的动因

我国的产业转移是多方面因素和力量综合作用的结果，通常表现为大量企业从发达地区向欠发达地区进行转移的过程。为此，区域产业转移不仅取决于区域的资源禀赋差异、产业在不同地区出现的空间势差，而且取决于企业的成长和发展的过程中的空间扩张。

（一）产业转移的宏观机理

在进行工业化和城市化的过程中，往往会出现某些地区因为资源充裕、地理位置优越和政策扶持等，使得一些行业获得了充足的发展。根据消费者的需求和市场需求的导向，和消费者生活需求息息相关的消费品产业和传统服务业率先发展起来。大部分地区都处于经济发展的初级阶段，区域内经济总量和资本积累非常有限。在生产要素的流动方面，农村剩余劳动力对生产要素市场的需求更为灵敏，其流动性更为自由、灵活，同时在流动的过程中不会出现沉没成本，所以劳动力的流动先于资本的流动。当城市的产业发展规模、市场容量和经济总量不断壮大时，就会出现劳动力市场和中间产品共享的规模效应，同时信息技术的不断发展，大大降低了企业的生产成本和交易成本，尤其是当区域内的运输成本低于跨区域的运输成本时，就会使得产业和关联产业逐渐向该区域转移。产业的集聚会促使企业不断提高劳动生产率，增强竞争能力，产业的集聚也会延长产业链并深化产业分工。

20世纪90年代，我国的东部沿海发达地区大量的承接了来自于发达国家的劳动密集型和资本密集型产业，这些产业迅速成为我国发达地区的主导产业，劳动生产率的提高使得这些产业吸纳劳动力的能力逐渐降低。但产业的不断集聚和发展需要大量的劳动人口，而生活成本、家庭观念等因素使得劳动力的流动存在一定的上限，同时劳动力和企业的大量集聚，也使得我国发达地区的土地等生产要素的价格不断上升，生产要素成本的上升提高了企业的运营成本和生产成本。随着现代物流业和交通运输业的发展，企业在发达地区的生产成本超过运输成本，部分企业就会逐渐向周边生产要素成本低的地区转移。

（二）产业转移的动力机制

产业转移的有关经典理论从不同的角度和领域，将产业转移的基础、条件、动力、诱因等内在机制，进行了探讨并得出了相关结论。本文结合几次产业转移的现状和规律，并对几大主要产业转移理论进行综合提炼，可以大致将产业转移的动力机制归纳为如下几点。

1.产业级差是产业转移的基础

纵观世界经济发展的历史，各个国家和地区的经济发展在很大程度上是由产业结构的调整和升级推动的，产业和经济的发展与演变经历了从低到高的过程。

各个国家和地区经济发展中的主导产业都是从劳动密集型的纺织工业，到资本密集型的钢铁工业和汽车工业，再到技术密集型的电子信息工业，最后是知识密集型的生物工程工业。不同的国家和地区经济和技术发展水平极其的不平衡，我国是一个大国，国土资源和人口众多，特别是区域经济发展的不平衡，存在发达地区的高梯度和欠发达地区的低梯度，在区域经济发展不平衡的同时，各个地区的资源禀赋也存在很大的差异，使得企业能够向资源充裕的地区不断转移，这也成为导致产业区域转移的主要原因之一。

2. 产业的自由竞争和生产要素的流动是产业转移发生的必要条件

各个国家和地区产业级差的存在，说明了各国和地区产业发展水平存在很大差异，产业的发展处于不同阶段，但并不一定会导致产业转移。产业转移的主要形式是企业的跨区域投资，在这一过程中必然导致劳动力、资本和技术等生产要素在区域之间进行流动，改变产业的空间布局。因此，要实现产业的跨区域转移，劳动力、资本和技术等生产要素必须具有可流动性，这是产业转移的必要条件。产业能够自由竞争是产业转移的另一个重要条件，企业在垄断市场中会获得高额的垄断利润，在这种情况下，便不会出现产业转移。只有在自由竞争的条件下，产业经历了创新阶段和发展阶段的高收益回报，成熟阶段和衰退阶段收益下降，这时产业转移才能成为可能。

3. 产业利益差是产业转移的动力

在区域经济开放的体系中，产业是否要转移以及转移的方向，取决于在不同的地区产业的发展获得的收益存在差异，企业是产业转移的主体，在生产经营的过程中，企业所追求的就是利润最大化。不同的地区，其制度环境、要素禀赋、市场容量和技术水平上的差异，同样的产业在不同的地区发展，所获得的收益也不尽相同，这就是通常所说的产业利益差。产业利益差的存在，使产业总是向高收益的地区集聚或转移。产业利益差主要指的是比较利益，不同国家和地区的同一产业通过比较得出产业利益差。通过改革开放 20 多年的发展，我国沿海经济发达地区在一些劳动密集型产业中不但具备了比较优势，而且具备了竞争优势。特别是与国内欠发达地区相比，这种优势更为明显。利用自己在劳动密集型产业上的技术优势和经营优势，将企业转移到劳动资源充裕的欠发达地区，能提高企业的经济效益，实现企业利润最大化，在此动力下，发达地区不具比较优势的企业会不断向欠发达地区转移。

4. 地区间的成本压力和市场拉力是产业转移的重要原因

产业转移的主体是企业，企业在进行产业转移这一经济决策时，首先考虑的是产业转移后是否能够获得更高的收益，因此，不同地区的成本压力和市场拉力便是企业进行产业转移时的重要影响因素。首先是成本压力，成本主要包括劳动力、土地等生产要素的成本。不同的地区因为资源禀赋和经济发展水平不同，生产要素的价格也会存在很大的差异，企业便会向经营成本和生产成本低的地区进行转移。产业大量积聚在某一地区后，必然会导致生产要素市场的供不应求，导致生产要素的价格上升，同时，水、电等基础设施的供给日益紧张，水、电等基础设施的使用价格也会上升，当运输成本和交易成本小于企业的运营成本时，产业转移便应运而生。1996年英特尔公司在上海建立分公司，对软件芯片进行封装测试，将产业部分转移到我国的发达地区。但随着上海劳动力、土地等生产要素成本的不断上升，2003年英特尔公司在劳动力资源充裕的四川成都建立了第二家分公司，这是英特尔公司在我国实行的一次区域性产业转移。随着成都分公司效益水平的不断提高，英特尔公司从降低企业成本的角度出发，关闭了上海的分公司，将上海分公司的全部设备都转移到了成都的分公司。其次是市场拉力。地区需求结构的变化是产业转移的推动力，寻求更大的消费市场是产业转移的主要诱因。由于国家之间存在贸易壁垒，同时，不同的地区购买力水平和人口规模不同，产业直接转移到市场需求大的地区，可以绕过贸易壁垒，获得更高的收益。

5.产业转移同时也是企业成长的需要

我国沿海发达地区向欠发达地区的产业转移，其转移的主体大多数都是中小型民营企业，在以往的世界产业转移过程中，中小企业在产业转移中也是非常活跃的，因为中小型企业对劳动力和土地等生产要素的成本最为敏感，成本上升后企业运营的压力也最大。这些中小型企业基本上是私营企业和民营企业，经过改革开放后几十年的发展已经成为发达地区乃至我国经济发展的重要力量，将企业转移到欠发达地区最主要的目的是为了企业的发展。追求企业成长、占领更大的市场、获取更高的收益常常是这些企业发展的首要目标。通过产业转移可以率先占领欠发达地区的市场，为企业的成长开拓新的发展空间。

6.欠发达地区积极承接是产业转移的重要推动力

欠发达地区承接发达地区的产业转移会成为推动欠发达地区经济发展的新引擎。首先，在资源分布上欠发达地区充裕的生产要素是劳动力、土地和资源，而技术、知识等是稀缺的生产要素，这成为欠发达地区经济发展的制约因素之一。通过承接产业转移，欠发达地区不仅可以获得知识、技术等稀缺的生产要素，而且随之转移而来的还会有很多无形要素，欠发达地区便可以通过产业转移获得稀缺生产要素，推动欠发达地区经济的跨越式发展。其次，欠发达地区不仅会承接发达地区的转移而来的品牌、技术、资本等有形资源，还会给欠发达地区带来新观念、新思想等无形的资源，这些无形资源将会更新、融合欠发达地区落后的传统观念，为欠发达地区经济的发展带来新的发展动力。同时，欠发达地区通过承接产业转移可以扩大欠发达地区的经济总量、拉动欠发达地区的经济增长、带动就业，推动欠发达地区产业结构升级和城镇化，发达地区的高梯度和欠发达地区的低梯度，承接产业转移会促进欠发达地区产业的技术进步。基于以上分析，欠发达地区会积极承接发达地区的产业转移，采取各种措施并提供各种优惠政策，这成为我国产业转移的重要推动力。

三、欠发达地区承接产业转移的模式研究

由于产业转移的性质不同，产业转移的模式也具有特殊性。从目前的趋势来看，发达地区向欠发达地区的产业转移会进一步加强，且转移的规模会越来越大。转移产业类型主要集中在：① 劳动密集型产业转移态势明显；② 资本密集型和技术密集型产业以设立生产基地的方式向欠发达地区条件较好的地区（如湖北的武汉、四川的成都）转移；③ 在能源资源约束加大的情况下，发达地区向欠发达地区开采和加工行业转移的态势比较明显。因此，结合欠发达地区的有利条件，可以有以下几种产业承接模式。

（一）资源开发型产业转移模式

资源开发型，是指为了充分利用当地资源，降低生产成本，提高企业竞争力，部分或者全部将生产经营项目转移到承接地的一种方式。这样企业可以利用比产业转出地成本更低的原材料、价格更低的劳动力和具有某种特点和技能的人力资源等。

与自然资源禀赋密切相关的煤炭采选、石油天然气开采业、黑色金属矿采选业、有色金属矿采选业、非金属矿采选业、其他矿开采业、木材采运业、烟草种植业、中草药原料种植业、水电资源开采业等资源开发型产业，主要集中在我国欠发达地区西部地区和中部地区。总体来看，以农产品为原料的资源型轻工业从发达地区向欠发达地区的中南部和西南部转移。欠发达地区的中部地区黑色、有色以及非金属开采、冶炼业优势上升；西部地区石油开采、有色金属冶炼、烟草、饮料工业优势上升。实施西部大开发以来，西南和西北的交通、水利、能源、通信等重大基础设施建设取得了实质性进展，促进了资源型产业的发展。

西南地区包括广西、贵州、云南、重庆、四川、西藏6省市区，国土面积为258.37万平方公里，占西部地区的38.3%，占全国的26.8%。西南地区是我国西电东送的能源基地、有色金属基地、磷产品生产基地、热带亚热带农作物基地、旅

游基地。川、滇、黔三省的铝土储量占全国的 20%，铜、铅、锌、锡、锑、汞等有色金属资源和磷矿在全国也占有重要位置。云南的天然橡胶、椰子、咖啡等热带作物，滇黔优质烤烟，川黔的油菜籽，川滇的糖蔗，四川的桑蚕等农业资源十分丰富，是全国的药材、茶叶、经济林和牧业基地。资源密集型产业如冶金、化工、食品加工工业、建筑建材、烟草产业、煤、磷、铝开采加工，以及农林牧土特产品加工业等成为西南地区经济发展的支柱产业。西北地区包括陕西、甘肃、宁夏、青海、新疆、内蒙古 6 个省区，国土面积为 416.3 万平方公里，占西部地区的 61.7%，占全国的 43%。西北地区是我国煤电油气的综合能源基地、石油天然气化工基地和以镍、铝、铅、锌为主的有色金属基地，西北地区还是我国最大的商品棉基地和重要的畜产品基地、糖料作物基地、瓜果土特产基地。西北地区的机械制造和汽车工业、基本化学工业、黑色冶金工业、轻工食品纺织工业以及电子工业、旅游产业等优势产业不断发展。

欠发达地区拥有丰富的资源优势，资源密集型产业基础好，利于承接发达地区的资源密集型产业，在承接产业转移时，要注重大力发展深加工产业，延伸产业链，提高产品附加值。同时，资源的不可再生性，欠发达地区承接资源型产业要以可持续发展为原则，对传统的污染型企业要进行升级后再承接，努力调节好产业发展、资源开发和生态环境的关系。

（二）低成本型产业转移模式

对于企业来说，成本控制对企业实现利润最大化至关重要。我国发达地区因为产业发展的集聚效应，生产要素的价格要远高于欠发达地区，尤其是资源密集型产业和劳动密集型产业的发展已严重受到制约。按照产品的价值链理论，劳动密集型产品价值链中难以实现价值增值，利润空间小，而知识密集型产品价值链中价值增值较容易，能够实现较高的利润。发达地区劳动力和资源成本不断增加，进一步压缩了盈利空间，把劳动密集型、资源密集型和一般技术密集型产业转移到欠发达地区，欠发达地区劳动力和土地等自然资源充裕，成本较低，可以为企业带来更高的利润。我国欠发达地区有丰富的劳动力资源，承接劳动密集型产业，是具备一定的条件和优势的。因此，欠发达地区可以利用劳动力等生产要素的禀赋优势承接产业转移，延长产业链，承接发展潜力大、相对优势高的产业，承接该类型的产业转移，可以有效解决欠发达地区的剩余劳动力就业问题，为欠发达地区的经济发展和社会稳定做出贡献。

（三）市场拓展型产业转移模式

市场拓展型产业转移是指企业为开发、扩展新的市场而进行的产业转移，进而提高产品的市场占有率。企业在市场需求大的地方进行区位选择，可以大大地缩短生产和销售的距离和环节，降低企业的运输成本和交易成本，及时掌握市场反馈的信息，更好地满足消费者的需求，跨区域拓展市场知名度。在世界产业转移的过程中，发达国家将产业转移到我国，不仅是要利用我国丰富的劳动力资源，延长产业链，更重要的是要占领我国的市场，实现产业在全球的合理布局。不断开发新的市场，现在已是多数企业的共同行为。在开放经济条件下，企业的竞争能力更多表现在流通环节上。企业发展到一定程度之后，就要不断的采用新技术开发新产品，扩大市场的占有率。企业不必进行整体迁移，只需在购买力强的地区建立分公司或分工厂，作为企业的生产基地，大力开拓新市场，发展新的产品，同时也能促进一个地区产业结构的优化升级。

欠发达地区人均收入、消费能力远低于发达地区的水平。收入水平不高一方面隐含着伴随经济的不断发展，购买能力和发展空间是不可限量的，另一方面意味着，在发达地区一些传统产业的市场已经饱和，但在欠发达地区这些产业仍有广阔的发展空间，其未来的发展速度和经济增长空间不容忽视。因此，在欠发达地区投资有利于降低运输成本，抢占周边地区市场。例如，江苏是我国的制造业大省，近年来，越来越多的上海、江苏和浙江的企业选择到欠发达地区投资，提高和欠发达地区企业的协作水平，共同抢占市场。根据重庆2011年统计年鉴，2010年重庆利用上海、江苏和浙江的项目资金分别为260.4亿元、165.3亿元和304亿元。发达地区的企业市场开拓能力和产品设计能力明显高于重庆地区的企业，成为推动重庆经济发展的助推器。

欠发达地区可以充分利用后发优势，通过和发达地区的企业合作，借用发达地区企业的知名度和销售网络推销自己的产品，开拓并占有国内外市场，发达地区的企业负责产品的设计与开发、生产核心部件、市场营销和金融支持，欠发达地区的企业负责生产环节。

（四）集群吸引型产业转移模式

集群吸引型产业转移模式适合于欠发达地区产业集群发展已有一定基础的地区，所要求的产业类型也较为苛刻，通常是那些技术要求高、产品工艺复杂，以及系统集成性较强的产业。欠发达地区根据其产业集群优势，在不同的产业布局下，形成网络分工体系，使各个环节按专业分工形成不同的集群，集群内主体之间既有明确的分工，又有相当的规模经济效益，从而更有利于发挥各集群的核心能力。通过欠发达地区已具有一定规模的产业集群承接产业转移，优势在于可以提高集群内资本、劳动力、技术等生产要素的市场共享，大量相似的企业集中在集群内，可以产生集约经营的效果。生产要素共享的优势会吸引大量的企业不断转移到该地区，扩大企业规模，可以降低企业单位产品的固定成本，增强企业和企业之间的关联性和内聚力，降低企业的运营成本，提高企业的收益。同时，在集群内部是生产相似产品的企业，利于知识、技术的创新和扩散，可以大大降低企业开发新技术的成本，并实现劳动力、市场等经济资源的共享。因此，我国欠发达地区应凭借其产业集聚的优势、深厚的产业基础和优越的配套环境，积极地通过集群吸引型去承接发达地区的产业转移，不仅可以消化、吸收发达地区产业集群发展的宝贵经验，又可以实现欠发达地区经济发展的跨越式发展，可以作为一个较为可行的产业转移模式。

第二节　中国欠发达地区承接产业转移实证比较研究

一、模型构建

由于模型的规范性、层次性，投入产出方法在测度产业转移对承接地经济增长、技术进步、产业结构变动、经济关联强化等方面都有着一个可实施的明晰框架。本文将基于区域间投入产出表构建模型，以对一国内部一个地区（转出地）向另一地区（承接地）的产业转移规模与结构，以及产业转移对承接地经济发展的影响效果进行量化考察。

本文的实证案例是中国东部向中西部地区的产业转移，因此本文将一国划分为 S 地区与 R 地区，以构建两区域间产业转移对承接地经济效应的测算模型。

在 R–S 两区域间投入产出框架内，我们设计以下具体操作步骤。

（一）产业转移规模测算

一般文献大都采用区位熵测度产业转移规模，既不能给出产业转移的绝对数量，也无法全面刻画产业转移及其对承接地产业发展的关联效应；而基于区域间投入产出表构建的测算模型则能弥补上述不足，具有极大的适用性。

在开放经济下，R–S 两区域间投入产出的基本关系式可表示为

$$\begin{pmatrix} X_R \\ X_S \end{pmatrix} = \begin{pmatrix} X_{RR} & X_{RS} \\ X_{SR} & X_{SS} \end{pmatrix} = B * \begin{pmatrix} F_{RR}+E_R & F_{RS} \\ F_{SR} & F_{SS}+E_S \end{pmatrix}$$

式中，X_{SR}（X_{RS}）表示剔除进口因素影响后，R 地区（S 地区）最终使用引起的 S 地区（R 地区）总产出；F_{SR}（F_{RS}）为剔除进口因素影响后，R 地区（S 地区）对 S 地区（R 地区）的最终需求；ER、ES 分别表示 R、S 地区的出口量。

假设两个时间点 t 和 $t+1$，则这一期 R、S 地区的总产出变化可表示为

$$\begin{pmatrix} \Delta X_R \\ \Delta X_S \end{pmatrix} = \begin{pmatrix} \Delta X_{RR} & \Delta X_{RS} \\ \Delta X_{SR} & \Delta X_{SS} \end{pmatrix} = \begin{pmatrix} X_{RR}^{t+1} - X_{RR}^{t} & X_{RS}^{t+1} - X_{RS}^{t} \\ X_{SR}^{t+1} - X_{SR}^{t} & X_{SS}^{t+1} - X_{SS}^{t} \end{pmatrix}$$

式中，$\Delta X_{SR} (\Delta X_{RS})$ 为 R 地区（S 地区）最终需求及出口变化引起的 S 地区（R 地区）总产出变化，即 R 地区（S 地区）向 S 地区（R 地区）的产业转移规模。

进一步地，地区间产业转移规模除以分行业全国总产出可得不同产业部门在地区间的转移比例，即产业转移率。则，及 R 向 S 地区的产业转移率可表示为

$$\Delta_i^{SR} = \Delta X_i^{SR} / X_i^{t}$$

式中，Δ_i^{SR} 为 i 产业由 R 地区向 S 地区的产业毛转移率；ΔX_i^{SR} 为一个时期里 i 产业由 R 地区向 S 地区的绝对转移规模；X_i^{T} 表示 t 时期 i 产业的全国总产出。

如果同时考虑反方向的产业转移，则，R 向 S 地区的产业转移率可以表示为

$$\Delta_{inet}^{SR} = \left(\Delta X_i^{SR} - \Delta X_i^{RS} \right) / X_i^{t}$$

式中，Δ_{inet}^{SR} 为 i 产业由 R 地区向 S 地区的产业净转移率；ΔX_i^{RS} 为一个时期里 i 产业由 S 地区向 R 地区的绝对转移量。

综上，基于 R-S 区域间投入产出表，我们可利用公式计算出地区间产业转移规模、产业毛转移率与净转移率。

（二）产业转移促进承接地经济发展效果测算

1. 产业转移对承接地经济总量的增长效应测算

对承接地而言，产业转移的一个直接作用就是资金注入所转化的 GDP 增长。在区域间投入产出框架中，我们可以用产业转移对承接地经济增长的贡献值来描述产业转移对承接地经济增长的直接促进作用。

产业转移对承接地经济增长贡献值，即产业转移直接引致的承接地相应产业增加值的增长量。产业转移对承接地经济增长贡献值指标包括如下几点。

（1）产业毛转移贡献值

产业毛转移贡献值是指地区间产业毛转移过程中引致承接地相应产业增加值的增长量。用公式可以表示为

$$EC_i^{SR} = v_i^{S} * \Delta X_i^{SR}$$

式中，EC_i^{SR} 为 i 产业由 R 地区向 S 地区转移产生的毛转移贡献值；v_i^{S} 为一个时期里 S 地区 i 产业的平均增加值率。

（2）产业净转移贡献值

产业净转移贡献值是指地区间产业净转移过程中引致承接地相应产业增加值的增长量。用公式可以表示为

$$EC_{inet}^{SR} = v_i^S * \left(\Delta X_i^{SR} - \Delta X_i^{RS} \right)$$

式中，EC_{inet}^{SR} 为 i 产业由 R 地区向 S 地区转移产生的净转移贡献值。

综上，基于 R-S 区域间投入产出表，从产业细分的角度，可利用公式测算出产业毛转移对承接地经济总量的增长效应。

2. 产业转移对承接地产业结构的优化效应测算模型

基于区域间投入产出模型，对平衡增长公式进行结构分解，可构建转出地最终需求变动对承接地各产业部门增长离差（产业结构变化）影响的测算公式。

S 地区在一定时期内各产业部门发展产生的总离差为

$$\begin{aligned}
\delta X_S &= X_{t+1}^S - \lambda X_t^S \\
&= B_{t+1}^* \left(F_{t+1}^{SR} + E_{t+1} + F_{t+1}^{SS} \right) - B_t^* \left(F_t^{SR} + E_t + F_t^{SS} \right) \\
&= \left(B_{t+1}^* F_{t+1}^{SR} - B_t^* F_t^{SR} \right) + \left(B_{t+1}^* E_{t+1} - B_t^* E_t \right) + \left(B_{t+1}^* F_{t+1}^{SS} - B_t^* F_t^{SS} \right)
\end{aligned}$$

式中，λ 为平衡增长假设下期末总产出与期初总产出之比 $\lambda = \dfrac{X_{t+1}^S}{X_t^S}$，即；$\delta X_S$ 为 S 地区各产业部门发展产生的总离差，即

$$\delta X_S = \left(\delta X_{S1}, \ \delta X_{S2} \cdots \delta X_{Si} \cdots \delta X_{Sn} \right)$$

若 δX_{Si} 为正值（负值），则表明 i 产业的实际发展快于（落后于）S 地区产业发展的平均速度，且该值愈大（愈小）则 i 产业的发展愈快于（落后于）S 地区其他产业；$\left(B_{t+1}^* F_{t+1}^{SR} - B_t^* F_t^{SR} \right)$ 为一定时期内由于 R 地区对 S 地区最终需求变动而引致 S 地区产业部门发展产生的离差，可表示为成 $\delta X_{Si}^{SR} = \left(\delta X_{s1}^{SR}, \ \delta X_{s2}^{SR} \cdots \delta X_{sn}^{SR} \right)$；$\left(B_{t+1}^* E_{t+1} - B_t^* E_t \right)$ 为一定时期内出口需求变动而引致 S 地区产业部门发展产生的离差，可表示为 $\delta X_{Si}^{SE} = \left(\delta X_{s1}^{SE}, \ \delta X_{s2}^{SE} \cdots \delta X_{sn}^{SE} \right)$；$\left(B_{t+1}^* F_{t+1}^{RR} - B_t^* F_t^{RR} \right)$ 为一定时期内由于地区内最终需求变动而引致 S 地区产业部门发展产生的离差，可表示为 $\delta X_{Si}^{SS} = \left(\delta X_{s1}^{SS}, \ \delta X_{s2}^{SS} \cdots \delta X_{sn}^{SS} \right)$。

进一步地，在上述公式的基础上，我们可以推导出 S 地区 i 产业发展的离差效应，以及 R 地区对 S 地区最终需求变动引起的 S 地区 i 产业发展的转移离差效应，用公式分别表示为

$$\ell_{si} = \frac{\delta X_{si}}{X_{si}^t}, \quad \ell_{si}^{SR} = \frac{\delta X_{si}^{SR}}{X_{si}^t}$$

式中，ℓ_{si} 为 S 地区 i 产业发展的离差效应，反映了 i 产业相较于 S 地区各产业的发展态势，若为正值（负值），则说明 i 产业的发展快于（落后于）S 地区产业发展平均速度，且该值愈大（愈小）则 i 产业发展愈领先于（落后于）S 地区其他产业；ℓ_{si}^{SR} 为 R 向 S 地区的产业转移引致 S 地区 i 产业发展的离差效应，反映了产业移入引致 S 地区 i 产业相较于 S 地区各产业的发展态势，若其为正值（负值），则说明

产业移入引致了 S 地区 i 产业更快于（更慢于） S 地区产业发展平均速度，且该值的大小决定引致效果的大小；为期初 S 地区 i 产业的总产出。

综上，基于 R-S 区域间投入产出表，可利用公式计算出产业移入对 S 地区产业发展态势的影响，由此判断产业转移对承接地产业结构的作用。

3. 产业转移对承接地经济发展的技术溢出测算

在投入产出表中，一般用反映投入结构的直接消耗系数或完全消耗系数的时间序列变化来表示技术进步[®]。具体而言，我们可以从产业消耗高级中间品（装备、服务）、劳动力及能源的程度来综合判断某个产业是否存在技术进步。

（1）完全技术系数

完全技术系数，即产业的单位产出对装备品及服务的完全消耗量。其他条件给定情况下，该系数越大，说明产业的技术密集度越高。用公式可以表示为

$$\theta_{\text{jtech}}^{S} = \sum_{i(i \subseteq k)} C_{ij}^{S}$$

式中，$\theta_{\text{jtech}}^{S}$ 为 S 地区 j 产业的完全技术系数；C_{ij}^{S} 为 S 地区 j 产业对 i 产业的完全消耗系数；k 为生产装备品或提供服务的产业，在本文中，k 产业包括"电气机械及电子通信设备制造业""交通设备制造业""机械制造业""其他制造业"以及"商业运输业"与"其他服务业"等六个部门。

（2）完全劳动消耗系数

完全劳动消耗系数，即产业的单位产出中的完全劳动报酬支出。其他条件给定情况下，该系数变小，说明产业存在劳动节约型技术进步。在两地区投入产出表中，用公式可以表示为

$$\theta_{\text{labor}} = \begin{bmatrix} \theta_{\text{labor}}^{S} & \theta_{\text{labor}}^{R} \end{bmatrix} = A_{v} B^{*}$$

其中，$\theta_{\text{labor}}^{S} = \left(\theta_{\text{1labor}}^{S}, \ \theta_{\text{2labor}}^{S}, \cdots \theta_{\text{jlabor}}^{S} \cdots \theta_{\text{nlabor}}^{S} \right)$；式中，$\theta_{\text{labor}}$ 为完全劳动消耗系数矩阵，其中，$\theta_{\text{jlabor}}^{S}$ 为 S 地区 j 产业的完全劳动消耗系数；A_{v} 为直接劳动消耗系数矩阵；B^{*} 为剔除进口影响的里昂惕夫逆阵。

（3）完全能耗系数

完全能耗系数，即产业的单位产出对能源产品的完全消耗量。其他条件给定情况下，该系数变小，说明产业存在节能型技术进步。用公式可以表示为

$$\theta_{\text{jenergy}}^{S} = \sum_{i(i \subseteq g)} C_{ij}^{S}$$

式中，$\theta_{\text{jenergy}}^{S}$ 为 S 地区 j 产业的完全能耗系数；g 为能源产业，在本文中，g 产业包

括"化学工业""非金属矿物制品业""金属冶炼及制品业""电力、煤气及水的生产供应业"四个部门。

最后，通过重点对比每一时点上主要转移产业的完全技术系数、完全劳动消耗系数以及完全能耗系数的地区差距变化，可初步判断产业转移过程中是否存在明显的技术溢出。产业转移过程中的技术溢出将极大地促进承接地产业技术系数趋近于转出地产业技术系数。

4. 产业转移对承接地经济关联的强化效应测算

影响力系数、感应度系数是利用投入产出模型进行经济关联（即产业间经济关联）分析的常用指标。在 $R-S$ 区域间投入产出分析中，我们定义地区间经济关联指标，即地区间产业影响力系数及地区间产业感应度系数，并通过观察产业转移过程中该类系数的变化来分析判断产业转移对承接地经济关联的强化效应。

（1）地区间产业影响力系数

地区间产业影响力系数是指某地区的某一产业增加一单位最终使用时，对本地区外的其他地区各产业所产生的需求波及程度。用公式可以表示为

$$IC_{jinter}^{S} = \frac{\sum\limits_{R(R \neq S)} \sum\limits_{i} b_{ij}^{RS}}{\frac{1}{n} \sum\limits_{R(R \neq S)} \sum\limits_{i} \sum\limits_{j} b_{ij}^{RS}}$$

式中，IC_{jinter}^{S} 为 S 地区 j 产业的地区间产业影响力系数。

（2）地区间产业感应度系数

地区间感应度系数是指当某地区各产业均增加一单位最终使用时，对本地区外其他地区某一产业产生的特定需求影响。用公式可以表示为

$$RC_{iinter}^{S} = \frac{\sum\limits_{S(S \neq R)} \sum\limits_{i} b_{ij}^{RS}}{\frac{1}{n} \sum\limits_{S(S \neq R)} \sum\limits_{i} \sum\limits_{j} b_{ij}^{RS}}$$

式中，RC_{iinter}^{S} 为 R 地区 i 产业的地区间产业感应度系数。

最后，通过重点对比地区间产业关联系数的变化，可初步判断产业转移是否强化了承接地与转出地之间的经济关联，以及承接地在区域经济中的地位。

二、数据来源及调整

我国东部向中西部地区的产业转移并非近些年的事情，早在 20 世纪 40 年代末就开始了。按照产业转移的主导方划分，新中国成立以来，中国东部向中西部

的产业转移可划分为两个阶段：阶段一（1949—2000 年），行政主导迁移是这一阶段的最显著特征；阶段二（2001 年至今），市场力量则主导了这一阶段的产业转移。那么，我国东部向中西部的产业转移主要表现为哪些产业迁移？东部产业移入对中西部地区经济发展产生了怎样的影响，是否促进了内地产业结构的调整升级、产业技术进步，以及地区经济联系的强化？下面，我们将从实证角度，逐一分析。

本文关于东部产业转移对中西部地区经济发展影响的原始分析数据来自于《2016 年中国区域间投入产出表》《2016 年中国 30 省区市区域间投入产出表》《中国 2016 年 30 省区市区域间投入产出表》。由于不同部门编制，现有区域间投入产出表在地区以及产业划分上存在明显的差别，其中，2016 年中国区域间投入产出表按 8 地区 30 部门编制，2016 年中国区域间投入产出表按 30 省区市 21 部门编制，2016 年中国区域间投入产出表按 30 省区市 17/6 部门编制。

我们关注东业西进对中西部地区经济发展的影响，因此，本文将地区划分为东部地区、中西部地区，将产业部门归类为 17 个。其中，东部地区为：北部都市（北京与天津）、北部海岸（山东与河北）、中部海岸（上海、浙江与江苏）、南部海岸（海南、广东与福建）；中西部地区为：东北（黑龙江、辽宁与吉林）、中部（江西、山西、安徽、河南、湖南与湖北）、西北（新疆、内蒙古、青海、甘肃、陕西与宁夏）以及西南（西藏、云南、四川、贵州、重庆与广西）；产业部门为：1- 农业、2-采掘业、3- 食品饮料烟草制造业、4- 纺织皮革服装制造业、5- 木材加工制造业、6-造纸及文教用品制造、7- 化学工业、8- 非金属矿制品业、9- 金属制品业、10- 机械制造业、11- 交通设备制造业、12- 电子产品制造业、13- 其他制造业、14- 电气、煤及水供应、15- 建筑业、16- 商业运输业及 17- 其他服务业。

三、实证分析

（一）东部向中西部地区的产业转移规模与结构

采用产业转移规模测算模型，我们首先分析 2007—2017 年的总体情况，其次将这一时期划分为 2007—2012 年、2012—2017 年前后两阶段进行对比分析。

1. 2007-2017 年总体情况

我们从产业毛转移与产业净转移两个角度依次展开描述。

其中，如图 3-1 所示，从产业毛转移率看，即仅考虑东部地区向中西部地区的单向产业转移，这一阶段产业区域转移表现如下。

（1）东部地区的各产业均呈现了向中西部地区转移的态势。

（2）"采掘业"向中西部地区转移程度最高，毛转移率突破90%。其余依次是"金属冶炼及制品业""电力、煤及水供应""商业运输业""交通设备制造业""化学工业"及"木材加工及家具制造业"等。"建筑业"的转移率最低。

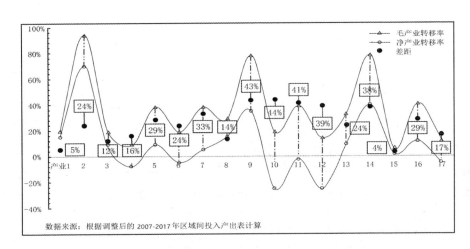

数据来源：根据调整后的 2007-2017 年区域间投入产出表计算

图 3-1　中国东部向中西部地区的产业转移情况

而从产业净转移率看，即同时考虑东部地区向中西部地区及中西部地区向东部地区等两个方向的产业转移，则有如下结论。

（1）东部地区的大部分产业都呈现了向中西部地区转移的态势，但"其他制造业""机械制造业""纺织皮革服装制造业""造纸及文教用品制造""其他服务业"以及"交通设备制造业"等六个产业由中西部向东部的转移规模高于由东部向中西部的转移规模，呈现产业净转移率为负的现象。

（2）即使考虑了中西部地区向东部地区这一反方向产业转移的影响，"采掘业"的转移程度仍然很高，产业净转移率约为70%。其余依次是"电力、煤及水供应""金属冶炼及制品业""农业"以及"商业运输业"等。

2.前后阶段对比分析

我们就产业转移规模及结构对 2007—2012 年与 2012—2017 年前后两阶段展开对比分析。

其中，如图 3-2 所示，从产业毛转移率看，尽管 90 年代中后期是以"东锭内移"为核心的产业区域转移，但"纺织皮革服装制造业"毛转移率却极低。分析其中原因，主要是该转移由政府主导，并非市场竞争条件下纺织企业的自主决策，使得整体效益没有发挥出来。此外，在这一阶段，"食品饮料烟草制造业"及"建筑业"跨区域转移规模极低，转移率在 0 ~ 1% 之间。

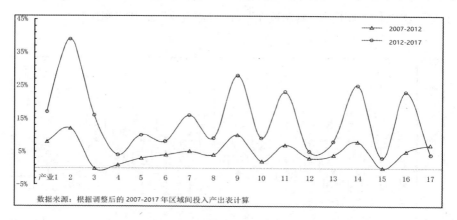

数据来源：根据调整后的 2007-2017 年区域间投入产出表计算

图 3-2　分阶段东部向中西部地区的产业毛转移情况

到 2010 年以后，市场开始替代政府在产业转移中的主导地位。相比于前一阶段，2012—2017 年东部向中西部地区的产业转移呈现以下特点：

（1）"其他服务业"由东部向中西部地区的转移略低，转移率由 7% 降至 4%；

（2）东部其余产业向中西部的转移规模扩张明显。其中，"商业运输业""机械制造业""纺织皮革服装制造业"等产业的转移率是 2007—2012 年的 4 倍左右。

而从产业净转移率看，如图 3-3 所示，则分析如下。

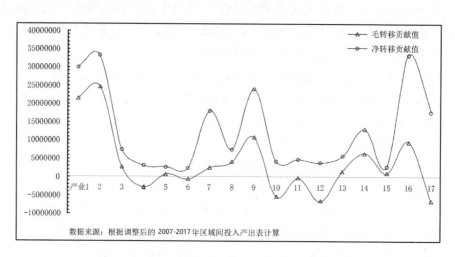

数据来源：根据调整后的 2007-2017 年区域间投入产出表计算

图 3-3　分阶段东部向中西部地区的产业净转移情况

（1）2007—2012 年，一些产业主要由中西部向东部地区转移，包括"其他服务业""造纸及文教用品制造""木材加工制造业""其他制造业""电子产品制造业"等产业，其向中西部地区的净转移率为 0% ~（-7%）。

（2）2002—2007 年，"其他服务业"由东部向中西部地区的转移规模略超过由中西部向东部地区的转移规模，"采选业""农业""电力、煤及水供应""食品制造及烟草加工业""商业运输业""金属冶炼及制品业"以及"交通设备制造业"等则呈现由东部向中西部地区加速转移态势。但"机械制造业""其他制造业""电子产品制造业"等产业由中西部向东部地区的转移规模远远高于反方向的转移规模，使得这些产业向中西部地区净转移率在 -10% 及以下。

综上分析，2007 年以来，东部大部分产业都呈现了向中西部地区转移的态势，其中"采掘业"移入规模最高。尤其是 2012 年以后，东部产业向中西部转移规模扩张明显，"农业""电力、煤及水供应""商业运输业"等基础产业加速向中西部转移；而"机械制造业""其他制造业""电子产品制造业"等装备产业以及"纺织皮革服装制造业"虽然也存在由东部向中西部地区转移的态势，但这一转移规模却低于由中西部向东部地区转出的规模。

（二）东部产业移入对中西部地区经济总量的增长效应

采用产业转移对承接地经济总量增长贡献的测算模型，我们首先分析 1997—2007 年这一时期的总体情况，其次将这一时期划分为 1997—2002 年、2002—2007 年前后两阶段进行对比分析。

1. 2007—2017 年总体情况

图 3-4 显示了 2007—2017 年东部产业移入而直接引致中西部产业增加值增长的情况。其中，从毛转移看，东部产业移入对中西部经济总量增长的影响表现如下。

（1）东部各产业移入均引致了中西部地区相应产业的增加值增长。

（2）"采掘业""商业运输业"以及"农业"移入对中西部地区相应产业增加值增长的引致效果最明显，使得这些产业的增加值增长约 3 000 ~ 3 500 万元；"金属制品业""化学工业""其他服务业""电气、煤及水供应"等四个产业移入对中西部地区相应产业的引致效果也较大，使得这些产业增加值增长量均在 1 000 万元以上；东部其余产业移入对中西部地区相应产业增加值增长的引致效果则较小，这些产业移入引致的增加值增长量多在 500 万元以下。

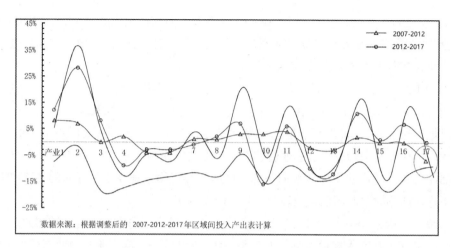

图3-4　中国东部产业移入对中西部地区经济增长的贡献(元)

而从产业净转移对经济总量增长的贡献看，则分析如下。

（1）"采掘业""农业"移入对中西部地区相应产业增加值增长的引致效果最明显，其次是"金属制品业""商业运输业"及"电气、煤及水供应"。可见，产业净移入的贡献情形大致与毛转移的贡献情形一致，只不过贡献规模明显较低。

（2）一些产业转移不仅没有给中西部地区创造经济增长效应，反而导致了经济利益流出。如"其他服务业""电子产品制造业""机械制造业""纺织皮革服装制造业""造纸及文教用品制造"，单个产业增加值流失规模达到500万元。分析其中原因，主要是这些产业均为净外移状态。

2.前后阶段对比分析

我们也关注不同阶段产业移入的增长效应差别。图3-5、图3-6分别显示了2007—2012年、2012—2017年东部产业移入对中西部经济总量增长的贡献情况。

如图3-5所示，从产业毛转移看，分阶段东部产业毛转移对中西部地区相应产业增加值增长的贡献具有以下特点。

（1）2007—2012年，东部各产业移入均引致了中西部地区相应产业增加值的增长。其中，"农业"移入引致中西部相应产业增加值的增长量最高，为1 256万元，"食品饮料烟草制造业"移入引致的增加值增长量最低，不到10万元。

（2）2012年以来，东部各产业移入引致的增加值增长规模明显高于前一阶段。其中，"农业""商业运输业""其他服务业""采掘业""金属制品业""化学工业""电气、煤及水供应"移入对中西部地区产业增加值增长贡献最突出，最大贡献值接近4 000万元。这呼应了图3-4所示的重要结论之一"2002年以后东部产业向中西部转移规模扩张明显"，同时，也反映了这一阶段中西部地区承接产业具有了更明确的导向性，更加突出农业、基础设施、原材料工业等产业的承接与发展。

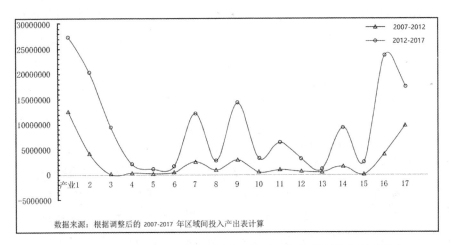

图 3-5　分阶段东部产业毛转移对中西部地区经济增长的贡献（元）

而从产业净转移看，如图 3-6 所示，相比于产业毛转移情形下，东部产业移入对中西部地区经济总量增长的贡献规模明显较小。

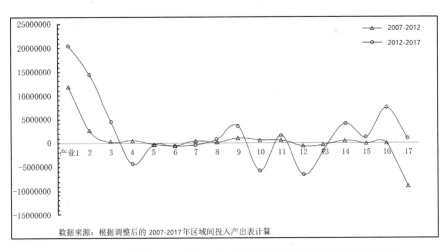

图 3-6　分阶段东部产业净转移对中西部地区经济增长的贡献（元）

（1）2007—2012 年，只有"农业"移入引致的增加值增长达到 1 000 万元，其次相对较高的是"采掘业"（接近 300 万元），其余产业引致的增加值增长量十分小，甚至一些产业引致了增加值流失，如净转移率为负的产业——"其他服务业",其双向转移的结果是中西部地区该产业增加值流失近达1 000万元。

（2）2012—2017年，"农业"移入引致的增加值增长量达3 000万元，"采掘业"移入引致的增加值增长量达1 500万元，"商业运输业"移入的贡献值也较高（约750万元）。与此同时，产业净转移为负的产业，如"电子产品制造业""机械制造业""纺织皮革服装制造业""其他制造业""造纸及文教用品制造""化学工业""木材加工制造业"，则引致了中西部地区增加值增长量的流失。

综上分析，2007—2017年东部产业移入直接促进了中西部地区经济增长。尤其是2012年以后，伴随着产业移入规模的扩张以及产业移入结构的优化，产业移入对中西部地区经济总量的增长效应更加显著。从具体产业看，"采掘业""农业""商业运输业""金属制品业""化学工业"等产业移入对中西部经济总量增长的贡献十分突出。分析其中原因，主要是：产业移入规模大，典型代表产业是"采掘业""金属制品业"等；移入产业具有较强的基础产业属性，具有服务于多个产业部门的能力，典型代表产业是"农业""商业运输业"等。

（三）东部产业移入对中西部地区产业结构的优化效应

采用产业转移对承接地产业结构优化效应的测算模型，我们就2007—2017年东部产业移入对中西部地区产业结构变动的影响进行实证分析。

如图3-7所示，从产业离差效应可以看出，2007—2017年中国中西部地区各产业发展态势差异明显，其中，"其他服务业""金属制品业""电气、煤及水供应""交通设备制造业"等产业发展明显快于中西部地区的其他产业；"农业""非金属矿制品业""纺织皮革服装制造业""食品饮料烟草制造业""其他制造业""造纸及文教用品制造""木材加工制造业"的发展则落后于中西部地区各产业的平均发展速度，尤其是"农业"的发展相对最落后。

从产业毛转移离差效应看，我们发现，一方面，绝大多数产业移入对中西部地区相应产业的发展都起到了明显加速作用，尤其体现在"金属制品业""商业运输业""化学工业""农业""交通设备制造业""采掘业""其他服务业"，这些产业移入的离差效应在5% ~ 13%之间；另一方面，"其他制造业""纺织皮革服装制造业"的移入不但未发挥积极作用，反而在一定程度上促使中西部该类产业的发展进一步相对落后于各产业的平均发展速度。

再从产业净转移离差效应看，除"纺织服装业"外，其余产业移入对中西部地区相应产业地发展也都起到了不同程度加速作用，尤其体现在"金属冶炼及制品业""采选业""商业运输业""化学工业""电力、煤及水供应"，这些产业移入的离差效应在2% ~ 8%之间。

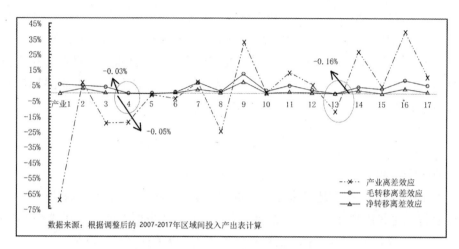

数据来源：根据调整后的 2007-2017年区域间投入产出表计算

图 3-7 中国东部产业移入对中西部地区产业结构变动的影响

综上分析，2007—2017 年东部地区产业移入对中西部地区各产业发展产生了不同程度的促进或抑制作用，倾向于促使中西部地区更快地发展重工业产业（如"金属制品业""化学工业""采掘业""交通设备制造业"）及部分基础产业（如"商业运输业""电气、煤及水供应""农业"），但从中西部地区整体产业结构受影响的程度看，这一时期东部产业移入主要推动了中西部地区原主导产业更快发展，尚不足以使得中西部地区确立新的主导产业。

（四）东部产业移入对中西部地区经济发展的技术溢出效应

采用产业转移对承接地经济发展的技术溢出测算模型，我们依次从地区间完全技术系数差距、地区间完全劳动消耗系数差距及地区间完全能源消耗系数差距等三个方面展开对 1997—2007 年东部产业移入的技术溢出效应的实证分析。

1. 地区间完全技术系数差距

在 2007 年，中西部仅在"农业"和"食品饮料烟草制造业"具有与东部地区相近的完全技术系数，其余产业的高级中间品（装备、服务）投入力度均落后于东部，尤其表现在"电子产品制造业""交通设备制造业""机械制造业"等装备制造业。

到 2012 年，"电子产品制造业"的地区间完全技术系数差距扩张显著，中西部地区该产业与东部地区的技术差距进一步拉大。与此同时，"其他制造业"的技术系数开始趋同。

进入 2017 年，除"电子产品制造业"外，地区间产业完全技术系数趋同进一步扩展到其余产业，这些产业的高级中间品投入力度不再明显落后于东部地区。

可见，2007—2017年这一时期，东部"电子产品制造业"移入并未产生明显的技术溢出效应，反而加大了中西部与东部地区间的相对技术差距。分析其中原因，主要是该产业由东部移入中西部的规模远小于由中西部向东部的转移规模，并且东部移入多为技术含量较低的加工制造环节。但总体上，中西部地区其余产业都加大了高级中间品投入，促使产业技术在不同程度上追赶东部相应产业。

2. 地区间完全劳动消耗系数差距

在2007年，中西部地区多数产业较东部更具有劳动密集型属性，表现为完全劳动消耗系数的领先，尤其以"其他服务业"最为突出。

到2012年，中西部地区多数产业的完全劳动消耗水平都被东部地区以不同程度赶超，尤其体现在"电子产品制造业"。此时，中西部地区仅在"其他制造业""电气、煤及水供应""商业运输业"等产业上略消耗更多劳动力。

但到2017年，这一态势再次发生逆转，该时点上地区间产业完全劳动消耗系数十分接近，中西部所有产业消耗的完全劳动均赶超东部相应产业，尤其体现在"采掘业""电子产品制造业""金属制品业""机械制造业""建筑业"等产业。

地区间完全劳动消耗系数差距的变化刻画了2007—2017年我国东部、中西部地区的产业结构变化概况。在20世纪90年代，中西部地区发展十分落后，严重缺乏资金与技术，只能用劳动力部分替代资金技术，使得多数产业较东部地区更具有"劳动密集型"属性；进入21世纪，凭借地理优势及廉价劳动力资源，东部大力发展加工贸易业，雇用了大量本地以及中西部劳动力扩大生产，使得整体上产业完全劳动消耗明显提升；但伴随着能源、土地等要素告急以及中西部开发政策出台，东部企业（尤其是出口导向的"电子产品制造业"，原材料导向的"采掘业""金属制品业"等）内移步伐显著加快，最终促使地区间产业完全劳动消耗逐步趋同。

3. 地区间完全能耗系数差距

在2007年，中西部地区在"化学工业""金属制品业"上的单位产出完全耗能略高于东部地区，在"商业运输业""其他服务业""农业"上的单位产出完全耗能与东部地区十分趋近，而在其余多数产业上的单位产出完全能耗均低于东部相应产业，如"纺织皮革服装制造业""木材加工制造业""造纸及文教用品制造""电子产品制造业""交通设备制造业"等。

到2012年，相较于东部地区，中西部地区在"木材加工制造业"及"造纸及文教用品制造"上的单位产出完全耗能有不同程度增长。

进入2017年，中西部地区较多产业的完全能耗系数仍保持低于东部的水平，尤其体现在"非金属矿制品业""机械制造业""食品饮料烟草制造业""纺织皮革服装制造业""造纸及文教用品制造";但一些产业的单位产出完全能耗逐步赶超东部,如"电子产品制造业""其他服务业""交通设备制造业""建筑业"。

可见,在承接东部产业转移中,随着市场需求的扩大及产业规模的扩张,相较于东部同类产业,中西部地区一些产业的单位产出完全耗能存在不同程度的增长。

综上分析,在2007—2017年这一时期,中西部地区各产业都增加了高级中间品投入,但另一方面,多数产业对劳动力以及能源的消耗量增长迅速,甚至逐步赶超东部相应产业的单位产出完全劳动与能源消耗水平。由此,可以初步判断,在东部向中西部的产业转移过程中并未产生明显的技术溢出效应。分析其中原因,既是产业移入环节的技术含量较低,也是移入产业类型多为重工业所决定了的。

（五）东部产业移入对中西部地区经济关联的强化效应

采用产业转移对承接地经济关联测算模型,我们从地区间影响力系数和感应度系数的角度展开对1997—2007年东部产业移入的经济关联强化效应的分析。

1.地区间产业影响力系数

由图3-8可以看出,在2007年,按系数值从高到低排序,地区间产业影响力系数在平均水平（1.0）以上的产业依次是"电子产品制造业""交通设备制造业""机械制造业""金属制品业""纺织皮革服装制造业"。其中任何一产业增加单位最终使用,都会对东部各产业产生较大的需求波及程度,进而拉动东部地区经济发展;中西部地区其余产业对东部经济的拉动作用相对较小,尤其体现在"农业""食品饮料烟草制造业""商业运输业""其他服务业""采掘业"等产业。

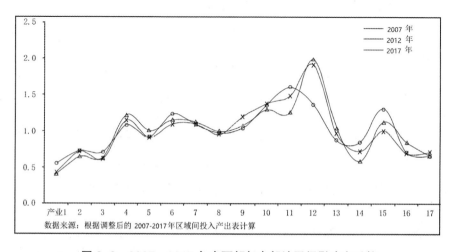

图3-8 2007—2017年中西部与东部地区间影响力系数

到 2012 年，中西部"造纸及文教用品制造""建筑业""化学工业""其他制造业"与东部地区的后向经济关联联系提升，对东部各产业所产生的需求波及程度提升到平均水平以上；而"电气、煤及水供应"对东部经济的拉动力相对下降。

进入 2017 年，"其他制造业"与东部地区的后向经济关联联系下降明显，对东部各产业所产生的需求波及程度回落到平均水平之下。

总体而言，在承接东部产业转移过程中，中西部地区更多产业开始向东部各产业部门形成较大的需求波及，对东部经济发挥了相对较大的拉动作用。但其中，较多产业由东部移入规模都低于向东部转出规模，这些产业包括"电子产品制造业""交通设备制造业""机械制造业""纺织皮革服装制造业"。

2.地区间产业感应度系数

从图 3-9 中可以看出，在 2007 年，按系数值从高到低排序，地区间产业感应度系数在平均水平（1.0）以上的产业依次是"金属制品业""采掘业""化学工业""商业运输业""其他服务业"。当东部地区各产业均增加单位最终使用时，这些产业将会形成较强的需求感应程度，进而为东部地区经济发展提供产出量；中西部地区其余产业受东部产业影响的程度相对较小，尤其体现在"建筑业""造纸及文教用品制造""木材加工制造业""电子产品制造业""交通设备制造业""纺织皮革服装制造业""食品饮料烟草制造业"等产业。

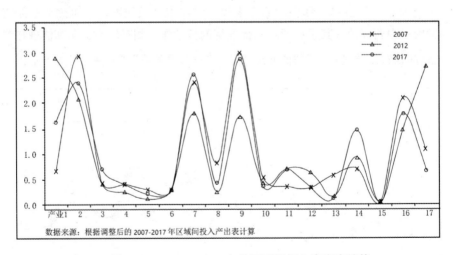

数据来源：根据调整后的 2007-2017 年区域间投入产出表计算

图 3-9　2007—2017 年的区域间投入产出表计算

到 2012 年，中西部"农业"与东部地区的前向经济关联联系提升程度十分显著，取代"金属制品业"成为该时点对东部经济感应力最强的产业；与此同时，

"其他服务业"的前向地区经济关联提升也比较明显，在该时点上感应力仅次于"农业"。此外非金属矿制品业"对东部各产业需求的感应程度相对略有下降。

进入 2017 年，"金属制品业"与东部地区的前向经济关联联系提升明显，取代"农业"重新成为对东部各产业需求感应最大的产业；中西部"电气、煤及水供应"对东部地区的感应度也略有上升，达到平均水平以上。

可见，在 2007—2017 年这一时期，中西部地区对东部各产业需求感应比较敏感的产业主要是原材料工业、农业及服务业，这些产业的一个关键共性就是由东部移入规模明显高于由中西部移出规模。可以说，在某种程度上东部产业移入使得这些产业成为中西部与东部地区间经济关联的重要媒介。

综上分析，我们可以判断，2007—2017 年中国东部向中西部地区的产业转移使得地区间的经济关联在一定程度上提升，主要体现为中西部地区与东部各产业的前向关联强化，中西部地区在支撑东部经济发展上进一步发挥了支撑作用。

第三节　中国承接国际产业转移的现状与对策

入世后，我国经济的崛起引起世界各国的关注，国际产业向我国转移的趋势日益明显，幅度越来越大，层次也越来越高，我国已成为国际产业转移的主要承接地，产业转移在一定程度上推动我国经济进一步发展。但是，尽管如此，承接国际转移的过程也带来了一些负面效应，例如：承接产业大多处于价值链低端，影响产业升级；产业空心化严重，忽视质量；过度依赖国际产业转移，技术创新动力不足；等等。因而，我们必须认清国际产业转移的发展趋势，厘清我国承接国际产业的特征及存在的问题，正确对待，趋利避害，拓展我国承接国际产业转移的新思路，充分利用其优势为我国经济发展服务。

一、国际产业转移的新趋势

新一轮国际产业转移随着经济全球化加速、信息与生物等新技术兴起而呈现新趋势，既体现在制造环节的转移也体现在服务业外包和高技术产业的转移。这次转移呈现出以下新趋势。

（一）跨国公司成为国际产业转移的主体

随着国际产业转移步伐的加快，跨国公司得到迅速发展，其地位的重要性也逐步显现。跨国公司凭借其雄厚的经济实力、先进的技术和管理优势，大规模转移生产制造环节。随着国际产业转移规模和形式多样化的发展，跨国公司扩充了以往单纯劳动密集型加工、装配业务，将转移的范围延伸至开发、设计、销售、服务等一系列环节。相关资料显示，跨国公司完成了全球一半以上的国际技术贸易、4/5 的国际技术转让以及 90% 的国际投资和科学研发工作量，足以证明跨国公司控制着几乎产业转移的整个过程，成为产业转移的主要载体，推动着产业转移的发展。

（二）产业转移的集群效应日益凸显

产业集群是指具有某种联系的企业，通过某些方式联系在一起，在空间上集聚量，从而产生明显的群体竞争优势和规模效应，这种优势和效应是其他企业、产业无法比拟的，能够对转移区域内的经济发展产生重大影响。从目前来看，有竞争力的产业大都选择这种方式。比如，在我国山东半岛地区，是韩国产业转移的重点区域，仅烟台就有韩国企业 3 000 多户，青岛也有 2 000 多户；江苏省的苏州同样也聚集了大量的台商企业，轻纺制造业得到港澳台资本的偏爱，形成明显的产业集群效益；而浙江宁波则是东南亚国家或地区的华侨产业转移重点区域。这些地区承接的产业集群呈现出明显的国家或区域产业集群效应，并且这种效应表现得越来越显著，有进一步扩大的趋势。

（三）项目外包成为国际产业转移的主流

随着产业分工的不断深化，项目外包成为目前国际产业转移的重要内容。绝大多数项目外包的企业，为了浓缩企业规模，优化配置资源，利用发展中国家或地区廉价的生产资源，将公司非核心的研发设计、生产、销售等环节转包给其他成本较低的企业，以此降低自身的生产、经营成本，挖掘企业竞争优势，截取价值链的核心、高附加值环节，享受项目外包所带来的最直接、最明显的收益。因此，越来越多的企业倾向于将自己不具优势的项目转包给"合适"的外国企业，实现全球资源优化配置。与此同时，项目外包加强了外包企业与为其提供配套生产服务企业的战略合作，带动了这些企业随同转移，有助于承接产业转移的发展中国家培育并发展自己的配套企业和产业。以产业为例，全球软件业的年均增长率一直保持在 15% ~ 20% 之间，近几年全球应用软件外包服务市场每年平均以 30% 左右的速度增长。2009 年中国软件出口协议金额 101.5 亿美元，承接服务外包协议金额 200.1 亿美元；2010 年 1 ~ 5 月，软件出口协议金额 33.9 亿美元，同比增长 33.7%，承接服务外包协议金额 74.8 亿美元，同比增长 112.6%。

（四）产业链整体转移

为满足全球市场的技术、产品、服务各种需求，国际产业转移的关联产业协同转移趋势越发明显。跨国公司从规模经济和降低成本的角度出发，改变以前单一的产业转移模式，转而对与转移产业相关的配套产业也进行投资，如在产业转移承接国投资设立跨国公司所需的生产服务企业和供应商，实现产业的整体转移。这种全球化网络体系的构建，有利于跨国公司在全球范围内寻求生产资源，提高企业国际竞争力，也使得国际产业转移规模空前扩大。以我国珠三角地区的 IT 业为例，不再是单个产业的转移，而是以跨国公司为核心，大力发展配套产业，从而使得该地区形成了我国产业转移的 IT 产业集群区域。

（五）产业结构梯度转移转变为价值链梯度转移

一方面，国际产业结构转移的层次不断提高。以往的国际产业转移主要集中于初级产品加工、原材料获取领域，是价值链中的低附加值环节的转移。20 世纪 90 年代以后，这种转移的趋势越来越被弱化，逐渐被新兴工业、服务业等高附加值的产业转移所代替，使得国际产业转移的层次越来越高级化。另一方面，国际产业梯度转移逐步演变成价值链的梯度转移，以跨国公司的价值链分解转移最具代表性。跨国公司为了在全球范围内优化配置资源，降低生产成本，将价值链延长、分解，然后按照承接国或地区的资源优势和市场特点进行全球配置，以增强价值链各个环节的竞争力。

二、中国承接国际产业转移的现状

国际产业转移将世界经济扭合在一起，互相影响、互相促进。国际产业转移对我国的产业结构调整有积极的推动作用，有助于我国工业品的质量的提高，工业结构的升级，产业结构的优化，促进企业体制创新等。纵观国际产业在我国的转移趋势，有以下特点。

（一）中国成为国际产业转移的重点

我国经济发展突飞猛进，投资环境不断改善，综合国力逐步增强，对国外投资有着巨大的吸引力，逐渐成为国际产业转移的主要承接地。从 2002 年开始，我国进入承接国际产业转移新的高速增长阶段，外商直接投资当年突破 500 亿美元，2004 年又突破了 600 亿美元。2005 年，世界 500 强企业中已有 450 家在中国投资。目前，我国吸引外商投资额，高居发展中国家和地区实际使用外资金额的首位，占发展中国家吸收外资总额的 1/4。美国商会调查数据显示，美国有近 90% 的企业有在我国扩大投资的愿望，三成左右的跨国公司锁定中国，将中国定为下一个投资目标；日本东京交易所上市的企业中，欲将生产基地迁出的企业的 70%，打算把中国作为主要的转移地。发达国家将已经发展成熟的技术密集、资本密集型产业，如电子信息、家用电器、汽车、石化产业等，向中国东部沿海地区大规模转移，更多的国际资源和生产要素向我国东部沿海地区集中，市场规模、产业链、企业群、城市群的良性互动越来越明显。

（二）制造业仍是我国承接国际产业转移的重要部分

受我国的经济政策、国有产业结构特点、开放政策以及国际产业转移规律的共同影响和作用，制造业一直是我国承接国际产业转移的主导产业。数据显示，制造业吸纳的外商投资占我国利用外商投资的比重超过了 60%。从制造业承接国际产业的具体领域来看，以往主要集中在轻工业，现在逐步向重工业转变，特别是集中在高耗能产业和加工业。以我国重要的制造业聚集区——长三角地区为例，该区域内的新产品产值中，70% 以上是由交通运输设备业、通用设备业、电子通信设备业完成的，而这些产业都属于目前重点发展的高技术制造业，也是外商直接投资的核心产业。

（三）服务业成为我国承接国际产业转移的新领域

从全球范围看，服务业的发展备受关注，成为经济发展的重要推动力量，也是突出特征之一。我国服务业近几年开放程度大大提高，跨国公司投资的热点也随之转移至与服务业相关的产业，投资目标转移到银行、证券、电信、保险、批发零售等行业，服务业成为招商引资的新兴行业。2010 年，我国服务业利用外资金额为 487.1 亿美元，同比增长 28.6%，占同期我国吸收外资总量的比重为 46.1%。许多跨国公司如 IBM、微软、惠普、英特尔、通用电气、大众、SKF、摩托罗拉等，都将研发中心设在中国，在一定程度上吸纳了我国部分劳动力，缓解了就业压力，推动了国内服务业发展的步伐。

（四）新能源产业的吸引力增强

能源是全球经济发展的根本动力，也是制约全球经济发展的因素。能源的不可再生性带来的危机，使得各国都在努力开发利用新能源，寻找资源市场。特别是金融危机以来，以美国为首的发达国家纷纷投入巨资争夺新能源，以此作为新的经济增长点。目前，发达国家凭借先发优势，在新能源开发这一领域，已处于领先地位。我国幅员辽阔，拥有大量的资源，自然成为发达国家国际产业转移新趋势下争先投资的目标市场。2010 年 4 月，发改委发布《国务院关于进一步做好利用外资工作的若干意见》，强调要优化外资投资结构，鼓励外资投向高端制造业、高新技术产业、现代服务业、新能源和节能环保等产业，同时要严格限制"两高一资"类的项目。加快新能源的开发利用，实现节能减排，把承接国际新能源产业转移与自身新能源产业开发利用相结合，使优化资源配置成为我国转变经济增长方式、保障经济高速稳定增长、提升我国整体竞争力的重要途径。

三、我国承接国际产业转移存在的问题

（一）忽视承接质量，促使产业空心化

在承接国际产业转移的过程中，由于机制体制等方面建设的不健全，只注重国际产业转移规模、数量的增加，而忽视质量，使得一些产业出现结构失衡、质量下降的局面，造成产业结构升级的退步，甚至是低级化，折射出我国承接产业转移的负面效应。另外，由于中国承接的国际产业中，高新技术产业所占比例少之甚少，有些国际产业利用我国是发展中国家急需发展的心理，以投资高新技术产业为幌子，发展低技术含量的劳动密集型传统产业，却享受我国提供的高新技术产业的相关特权和优惠政策，从中谋取暴利。承接这类产业转移不但没有为我国产业发展带来真正意义上的促进作用，还在一定程度上降低了跨国公司在我国的竞争成本，促使同类民族产业遭受损失。

（二）承接方式单一，威胁本土企业和行业发展

中国承接国际产业的模式以直接引进国际投资为主。这种单一的承接方式，使得我国承接国际产业转移的过程中，存在着盲目承接的现象，产业结构在很多区域出现雷同，严重影响了我国产业结构布局的优化。跨国公司具有本土企业无法比拟的竞争甚至是垄断优势，这种优势对我国本土企业来说，具有现实和潜在的威胁性。跨国公司在转移的过程中，获取价值链中高附加值部分的利润，而我国本土的企业，最初获得的只是初级的加工利润，或者是原材料的成本费用，与跨国公司的差距始终存在。同时，跨国公司一般会通过股权、技术、成本等方式，对我国行业的生产技术、设备、经营方式、管理理念、产品市场、行业一体化进程等，进行不同程度的控制，甚至是垄断控制，影响我国行业的整体发展。

（三）过度依赖国际产业转移，新技术研发和技术创新受到阻碍

从国际发展趋势来看，虽然产业链出现整体转移的趋势，跨国公司在一定程度上将其研发机构设立在我国，但是涉及核心技术的甚少。从跨国公司全球战略和比较优势的角度考虑，其核心技术的研发重点必然设立在母国，并没有也不可能将巨额的研发资金重复投入到我国。即使有新技术转移到我国，这种新技术也具有相对性和适用性，并不一定符合我国技术创新、科技进步发展的需要；或者，相对于发达国家来说，这种新技术已经不再先进，甚至是衰退的技术。目前，许多跨国公司在我国境内设立了研发中心或者其他设计开发机构，但是，我国企业对于这些承接来的高新技术的参与度是非常低的，所从事的研发工作也都仅仅是围绕核心技术所需要或者衍生的非核心技术展开。这种国际产业转移在一定程度

上增加了本土企业对承接产业的依赖性，削弱了我国本土企业的科研创新能力，也将阻碍我国产业结构的升级，甚至是经济的发展。汽车产业被世界各国公认为是最具代表性的、具有高关联性的工业。我国是汽车消费大国，但是，在我国的汽车产业的火热，主要依赖国外品牌，而并非真正靠自己的技术和品牌。如一汽集团旗下的一汽大众、上汽集团旗下的风神汽车、长安旗下的长安福特、北汽旗下的现代和切诺基等，都是来自跨国公司，他们虽然在我国投资建厂，却没有把产品开发技术传给我国，使我国汽车产业形成核心技术空白的现象。

四、我国应对国际产业转移的新思路

（一）提高产业承接质量，优化产业结构

目前我国承接的国际产业，大多属于低附加值、非核心技术、劳动密集型产业。今后，要逐步减少对劳动密集型外资企业的优惠待遇，限制非核心技术产业大规模转移到国内；对有些已经没有竞争优势的技术的转移要有所限制，比如船舶制造业中的产业转移；而对高技术、知识密集产业提供更多的优惠条件和政策，吸引更多的高附加值产业到国内投资等。这种方式，既可以吸收国外资金和先进技术，为我国经济发展服务，也能起到保护本土产业的作用。

同时，承接国际产业转移必须与我国产业协调发展相结合，加快产业结构的优化和升级。第一，要坚持以市场为导向、企业为主体，把增强自主创新能力作为中心环节，继续发挥劳动密集型产业的竞争优势，调整优化产品结构、企业组织结构和产业布局，提升整体技术水平和综合竞争力，促进工业由大变强，向资本密集型、技术密集型产业发展；第二，要统筹区域产业发展布局，缩小地区差距，完善配套产业建设。目前，我国东部沿海地区较为发达，长三角地区以石化工业、汽车制造业、钢铁工业为主，大型跨国公司投资的重工业也较为密集；珠三角地区则以轻工业为主，如医药行业、建材行业均较发达。但是由于资源的限制，这些产业的大规模转移在所难免。中部地区作为后发区域，优势比较明显：首先，中部地区在交通运输上，具有连接南北区域、承东启西的区位优势；其次，中部地区具有巨大的能源储备优势，原材料、农产品、现代装备制造和高技术产业、科技资源等均较为丰富，具有巨大的发展潜力。中部地区已经形成良好的承接国际产业转移的基础，有望成为国际产业转移的理想承接地，对我国产业结构的调整与发展具有巨大的保障和推动作用。

（二）加大服务业的承接力度，提高我国现代服务业水平

20世纪90年代以来，美、日、德等国对外直接投资的50%以上均投向服务业，服务业外包蓬勃发展，出现了职业全球化现象。服务业外包和转移充实了国

际产业转移的内容，成为经济全球化中新的亮点。我们也要加大服务业承接国际产业转移的力度，扭转其长期滞后的局面。一是要改变市场准入限制过严和透明度低的状况，特别是对关系国民素质和国家发展潜力的教育、科技等基础服务业，要加大扶持力度；二是有步骤地扩大对外开放，促进服务业管理体制、企业机制、组织形式以及服务品种的创新；三是多渠道增加服务业投入，中央和地方各级政府都要适当安排一定数量的资金，作为加快发展服务业的引导资金，同时，适当吸收国外投资；四是要加快第三产业基础设施建设，运用高新信息技术改造和提升传统的第三产业，通过财政贴息、税收优惠等政策引导私营企业、外国企业参与基础设施投资建设等；五是要针对服务业承接国际产业转移的特点，借鉴发达国家服务业引进外资的先进经验，把政府的优惠政策和促进措施进一步深入到投资项目评估、建设和经营的全过程，并针对外资企业遇到的文化障碍、信息障碍，适时提示，为外资引入创造更为人性化的管理和服务，切实提高各级政府招商引资的实效；六是要建立服务业企业园区，有针对性地开展招商引资，吸引关联度强的企业共同进驻，形成有区域特色的产业集群，发挥服务业承接国际产业转移的产业集聚效应。

（三）将技术引进与技术创新有效结合，建立支撑民族企业技术创新的动力机制

科学技术是决定一个国家国际地位的重要力量，尤其是知识经济时代，技术的创新与进步对经济发展的推动作用越来越明显。技术创新是发达国家在国际竞争中保持优势的武器，也是发展中国家有效承接国际产业转移的必要手段。我国的技术创新水平与发达国家相比存在着一定差距，要缩小差距，并在国际经济竞争中取得竞争优势，就必须持续不断地进行技术创新，使技术创新成为增强综合国力的核心动力。首先，要改变以往的引进技术不消化－消化吸收率低－再引进的恶性循环模式，在自身不断创新的基础上，有选择地引进有助于我国产业协调发展的产业和技术，择其善者而学之、改之；其次，要重视科技人才的培养。跨国公司转移到我国的产业中，研发投资相对集中，北京、上海两地的研发机构数量占全国总数的90%以上，正是因为北京和上海是我国两大科技人才聚集地，可以为跨国公司提供最需要的科技人才。这也充分显示了人才的重要性。因此，我们也要将培养科技人才作为推动技术创新的决胜力量。

（四）积极发展低碳产业和绿色产业

伴随着经济的发展，能源的巨大消耗，我国也面临着经济的发展与能源制约、环境污染相矛盾的问题，国家产业政策的主流也转移至低碳、环保、减排。发展

低碳经济已经成为全球经济发展共同的目标取向。在全球节能、减排的大趋势下，低碳化成为中国承接国际产业转移必须遵循的模式和现实的选择。中国在应对国际产业转移的过程中，要严格把好生态标准、社会标准关，不能走先污染后治理的老路；在承接的产业中，积极发展低碳产业和绿色产业，加强对生产全过程环保标准的监控；对部分高污染产业进行低碳化改造；要引进、开发低碳高新技术、绿色环保技术，推动国内产业低碳化创新和战略性新兴产业的发展；同时，在产业转移过程中，要建立科学的政绩评价体系，引导官员树立可持续发展的政绩意识，不以规模、数量为准绳，注重提高质量，兼顾生态平衡，促进经济社会全面协调可持续发展。

总之，国际产业转移加强了各国之间的联系，也推动了各国经济的进步和发展。但作为发展中国家，适应国际经济发展新形势，在承接国际产业转移的过程中，必须依靠本国的科学技术，不断进行技术创新，优化产业结构，有选择、有重点地承接国际产业，真正发挥国际产业转移带来的经济效益。

第四章　产业可持续发展的相关理论

我国已经进入全面建设小康社会、加快推进社会主义现代化的新的发展阶段。基本实现工业化，既是全面建设小康社会的重要内容，又是实现现代化的必要前提。无论实现工业化还是实现现代化，都要走可持续发展道路。可持续发展包括生态可持续发展、产业可持续发展和社会可持续发展。产业可持续发展在可持续发展系统中占据核心地位。因此，研究中国产业可持续发展问题，具有重要的理论价值和实践意义。为了阐述中国经济可持续发展问题，首先应对产业可持续发展作一些基本分析。

第一节　可持续发展与产业可持续发展研究

一、可持续发展

在西方发达国家工业化进程中，社会经济活动一直沿袭资源开采、加工制造、废弃物排放、产品流通消费、废旧产品抛弃的线性过程。资本主义私人资本在满足社会消费需求创造利润而实现自身不断增值的同时，也使其对资源的无序开发和抛回自然界的废弃物按指数形式上升。其直接后果是，我们赖以生存和发展的自然环境不断恶化。20世纪60年代，发达国家开始进入后工业化时期。在全世界仅有不到五分之一人口进入现代化社会的情况下，资源的短缺和生态环境问题已经成为经济继续增长的重大约束。

1972年，联合国在瑞典首都斯德哥尔摩召开的人类环境会议是一次具有划时代意义的盛会，它是世界各国政府第一次聚集在一起共同讨论环境问题。会议通过的《联合国人类环境宣言》呼吁各国政府和人民为维护和改善人类环境，造福全体人民，造福后代而共同努力。1987年，世界环境与发展委员会主席、挪威首相布伦特兰夫人领导下的一个写作班子向联合国提出了一份题为《我们共同的未来》的报告。强调：今天的发展使得环境问题变得越来越恶化，并对人类的持续发展产生严重的消极影响，因此，我们需要有一条新的发展道路，不是一条仅能在若干年内、在若干地方支持人类进步的道路，而是一条一直到遥远的未来都能支持全人类进步的道路，是一条资源环境保护与经济社会发展兼顾的道路。也就是可持续发展道路。1992 年，联合国环境与发展大会在巴西里约热内卢召开，这次会议虽然距 1972 年环境大会仅有 20 年，但一个明显的事实是在这 20 年间，国际关注的热点已经由单纯重视环境保护问题转移到了环境与发展的大课题。大会通过了《里约热内卢环境与发展宣言》和《全球 21 世纪议程》，第一次把可持续发展由理论和概念推向行动。

1980 年，世界自然保护联盟发表了《世界自然保护战略》，首先提出了可持续发展的概念。该文件指出："可持续发展强调人类利用生物圈的管理，使生物圈既能满足当代人的最大持续利益，又能保护其后代人需求与欲望的潜力。"

国际社会普遍接受的可持续发展定义分为两个层次：一个是简单的可持续发展定义；一个是具体的可持续发展定义。前者是 1987 年世界环境与发展委员会在《我们共同的未来》中给可持续发展下的定义："可持续发展是指既满足当代人的需要，又不对后代人满足其需要的能力构成危害的发展。"后者是 1989 年联合国环境规划署理事会在《关于可持续发展的声明》中给可持续发展下的定义："可持续发展，系指满足当前需要而又不削弱子孙后代满足其需要之能力的发展，而且绝不包含侵犯国家主权的含义。环境署理事会认为，要达到可持续发展，涉及国内的合作和国际的均衡等，包括按照发展中国家的国家发展计划的轻重缓急及发展目的，向发展中国家提供援助。此外，可持续发展意味着要有一种支援性的国际经济环境，从而导致各国特别是发展中国家的持续经济增长与发展，这对于环境的良好管理也是具有很大重要性的。可持续发展还意味着维护、合理使用并且提高自然资源基础，这种基础支撑着生态抗压力及经济的增长。再者，可持续发展还意味着在发展计划和政策中纳入对环境的关注与考虑，而不代表在援助或发展资助方面的一种新形式的附加条件。"

可持续发展概念从 1980 年被提出后，全球范围内对可持续发展问题的讨论形成阵阵热潮。经济学家、社会学家和自然科学家分别从各自学科的角度对可持续发展进行了阐述，给出了各自的定义。① 从自然属性定义可持续发展。可持续性这一概念是由生态学家首先提出来的，即所谓生态可持续性。1991 年 11 月，国际生态学联合会和国际生物学联合会联合举行了关于可持续发展问题的专题研讨会。

该研讨会将可持续发展定义为："保护和加强环境系统的生产和更新能力"。② 从社会学属性定义可持续发展。1991 年，由世界自然保护同盟、联合国环境规划署和世界野生生物基金会共同发表了《保护地球——可持续性生存战略》。该书中提出的可持续发展定义为："在生存不超出维持生态系统承载能力的情况下，提高人类的生活质量"。③ 从经济学属性定义可持续发展。这类定义虽有不同的表达方式，但都认为可持续发展的核心是经济发展。《经济、自然资源、不足和发展》的作者巴比尔把可持续发展定义为："在保持自然资源的质量和提供服务的前提下，使经济的净利益增加到最大限度"。皮尔斯的定义为："自然资本不变前提下的经济发展，或今天的资源使用不应减少未来的实际收入"。

二、可持续发展的内容

在上述具体的或复杂的可持续发展定义中，已经包含着自然资源、经济增长、环境、社会公平各种要素。无论在全球范围内围内，现代发展是生态、经济、社会诸方面都得到发展，还是在一国范围内，现代发展是生态、经济、社会诸方面都得到发展，可以概括为生态发展、经济发展和社会发展三个方面。可见，可持续发展是生态可持续发展、产业可持续发展和社会可持续发展三者的有机统一，也是建立在生态可持续性，经济可持续性，社会可持续性基础之上的经济与社会和人与自然的协调发展。人们既不能将可持续发展理解为只是生态可持续发展，也不能理解为只是产业可持续发展，而是产业可持续发展、生态可持续发展和社会可持续发展三者的协调发展。在可持续发展系统中，以生态可持续发展为基础，以产业可持续发展为主导，以社会可持续发展为保证。

生态可持续发展是指按照生态经济学的观点，现代经济社会系统是建立在自然生态系统基础之上的巨大的开放系统，以人类经济活动为中心的社会经济活动都是在大自然的生物圈中进行的。任何经济社会活动，都要有作为主体的人，作为客体的环境，这两者都是以生态系统运行与发展作为基础和前提条件的。同时任何社会生产，不论物质生产，还是精神生产，以至于人类自身生产，所需要的物质和能量，无一不是直接或间接来源于生态系统。所以，在生态系统和人类经济社会活动中，生态系统是经济社会活动的基础。人类社会的发展必须以生态系统为基础。现在，越来越多的人认识到，随着现代经济社会的发展，必须考虑到生态环境改变对社会经济的决定作用。现代经济社会发展必须以良性循环的生态系统及其生态资源的持久、稳定的供给能力为基础，使现代经济社会的发展绝对地建立在它的生态基础上，并确保这种基础受到绝对保护和健全发展，使其能够长期地、稳定地支撑现代经济社会的健康发展。

产业可持续发展是指发展不以伤害后代人的利益为前提来满足当代人的需求，保障人类发展的长期利益或后代人的持续收入。经济可持续发展，虽然着眼要解决当代的发展与后代的发展之间的协调关系，保障子孙后代的利益；但要从这个基本立足点出发，优化社会总资源配置，从而解决好当代发展过程中经济社会发展和生态环境改善之间的协调关系，并形成相互适应的良性循环，不断提高保证人民群众目前需要和长远需要的供给能力，这就把人类发展的长远利益和眼前利益、局部利益和整体利益结合起来，以便满足当代人的需求和后代人的需求。因此，产业可持续发展的一个重要方面，就是经济增长和人们生产经营活动的可获利性，它要求国民经济系统保持它的产出水平等于或大于它的历史平均值的能力，是个产出没有负增长趋势的系统，而且经济增长既重视数量增加，又重视质量改善，还要降低消耗，节约资源，减少废物，提高效率，增进效益，力求经济增长和经济收益的变异性较低或最低，从而保证国民经济持续、稳定、协调发展。

社会可持续发展是指这种发展既能保障当今社会多因素、多结构的全面协调发展，又能为未来社会多因素、多结构的全面协调发展提供基本条件，至少不削弱这种发展能力。这是一种长时期促进社会公正、文明、健康发展的社会全面进步过程。社会可持续发展的中心是以人为本的发展，它强调人的全面发展，人类物质、精神生活多种需要的满足，生存与生活质量的不断提高和社会公正的实现。

在国际上，发达国家和发展中国家对可持续发展的界定存在争议。发达国家强调环境持续优先原则，把可持续发展看成是保护与改善环境质量和资源，似乎可持续发展就是生态可持续发展。发展中国家强调经济持续优先原则，认为可持续发展更要注重经济发展，似乎可持续发展就是经济可持续发展。可持续发展之所以能为发达国家和发展中国家普遍认可和接受，原因在于发达国家和发展中国家之间存在一个结合点，即南北双方都希望生态环境与经济社会协调发展，实现它们之间的紧密结合和有机统一。一个国家的发展不仅要追求经济效益，而且要讲究生态环境效益和社会效益，强调经济活动的生态合理性和公平性，摒弃有害于环境保护和资源永续利用的经济活动方式，达到经济效益、生态效益和社会效益的统一。这样，既能满足人类的各种要求，又能保护生态环境和资源，不危及后代人的生存和发展能力。

三、可持续发展的原则

（一）可持续性原则

可持续性原则的核心是人类的经济和社会发展不能超越资源与环境的承载能

力。资源与环境是人类生存与发展的基础条件，离开资源与环境人类的生存与发展就无从谈起。资源的永续利用和生态系统的可持续性保持是人类持续发展的首要条件。可持续发展要求人们根据可持续性的条件调整自己的生活方式，在生态可能的范围内确定自己的消耗标准。这一原则从某一侧面也反映了可持续发展的公平性原则。

（二）共同性原则

鉴于世界各国历史、文化和发展水平的差异，可持续发展的具体目标、政策和实施步骤不可能是唯一的。但是，可持续发展作为全球发展的总目标，所体现的公平性和可持续性原则，则应该是共同遵从的。实现这一总目标，必须采取全球共同的联合行动。布伦特兰在《我们共同的未来》的前言中写道："今天我们最紧迫的任务也许是要说服各国认识回到多边主义的必要性。""进一步发展共同的认识和共同的责任感，这对这个分裂的世界十分需要的。"共同性原则也反映在《里约宣言》之中："致力于达成既尊重所有各方的利益，又保护全球环境与发展体系的国际协定，认识到我们的家园——地球的整体性和相互依存性。"可见，从广义上讲，可持续发展战略就是要促进人类之间及人类与自然之间的和谐。如果每个人在考虑和安排自己的行动时，都能考虑到这一行动对其他人（包括后代人）及生态环境的影响，并能真诚地按共同性原则办事，那么人类及人类与自然之间就能保持一种互惠共生的关系，也只有这样，可持续发展方能实现。

（三）需求性原则

传统发展模式以传统经济学为支柱，所追求的目标是经济增长，主要通过国民生产总值 GNP 来反映，却忽视了资源的代际配置。这种发展模式不仅使世界资源环境承受着前所未有的压力而不断恶化，而且人类的一些基本物质需要自然不能得到满足。可持续发展则坚持公平性和长期的可持续性，要满足所有人的基本需求，包括物质的、精神的，还有生态的需求，向所有的人提供实现美好生活愿望的机会。进入 20 世纪以后，科学技术迅猛发展，生产方式发生根本变革，人类生存环境遭受空前破坏，生态状况逐渐成为影响人类生存的越来越重要的因素，生态需求成为最基本的生存需求。满足所有人的基本需求成为可持续发展的一项重要原则。

（四）公平性原则

可持续发展的公平性原则包括三层意思：一是代内平等，即当代人之间的横向平等。它强调任何地区任何国家的发展不能以损害别的地区和国家为代价，特别要注意到欠发达的地区和国家的需求。当今世界的现实是一部分人富足，另一部分人——特别是占世界人口 1/5 的人口处于贫困状态。这种贫富悬殊、两极分化的世界，不可能实现可持续发展。因此，要给世界以公平的分配和公平的发展权，应把消除贫困作为可持续发展进程特别优先的问题来考虑。二是代际间的平等，即世代人之间纵向平等。人类赖以生存的自然资源是有限的，它强调当代人不能因为自己的发展与需求而损害人类世世代代满足需求的条件——自然资源与环境，应给世世代代以公平利用自然资源的权利。就环境与自然资源而言，代际公平要从质量和数量上加以理解。在质量上，要求环境和自然资源不至于发生代际退化。在数量上，要求自然资源存量至少保持稳定。三是公平分配有限资源。针对目前富国在利用地球资源上拥有优势的状况，这一原则要求各国拥有按本国的环境与发展政策开发本国自然资源的主权，并负有确保在其管辖范围内或在其控制下的活动不致损害其他国家环境的责任。目前，占全球人口 26% 的发达国家消耗的能源、钢铁和纸张等，都占全球的 80% 以上。

可见，可持续发展不仅要实现当代人之间的公平，而且也要实现当代人与未来各代人之间的公平，向所有的人提供实现美好生活愿望的机会。未来各代人应与当代人有同样的权利来提出他们对资源与环境的需求。可持续发展要求当代人在考虑自己需求与消费的同时，也要对未来各代人需求与消费负起历史的和道义的责任。各代人之间的公平要求任何一代都不能处于支配地位，即各代人都应有同样多的选择发展的机会。

可持续发展并不是某个国家的事情，而是全世界、全人类的事情，实现可持续发展，就必须在全球范围内实现真正的国际公平，建立真正的全球伙伴关系。联合国环境规划署在《关于可持续发展的声明》中说：可持续发展意味着走向国家和国际的公平，包括按照发展中国家的国家发展计划的轻重缓急及发展目的，向发展中国家提供援助。

发达国家对造成全球环境严重污染负有主要责任。发达国家在过去推进工业化时并没有顾及可持续发展。那时许多发展中国家尚未开发，发达国家滥用和掠夺资源无所顾忌。就环境污染来说，发达国家大量消耗矿物燃料造成了跨越国界的大面积酸雨。造成温室效应的废气大多出自发达国家，其中 1/4 是美国排放的。发达国家还向发展中国家倾倒包括有毒废料在内的工业垃圾。现在发展中国家开始发展时，许多可耗竭性资源已经被发达国家使用后所剩无几。发达国家过去谋取增长所没有承担的代价现在要由发展中国家来承担，发达国家造成经济不可持续发展的后果，现在却要发展中国家来承担可持续发展的责任，显然这是不公平。

就发展中国家来说，环境恶化的根源在于贫困。由于资金的紧张，发展中国家为了求得经济增长，顾不上环境保护，发展中国家也缺乏环境保护的技术。贫困也迫使人们滥用自然资源。为解决燃料、粮食和住房等燃眉之急，人们往往滥伐森林、滥捕野生动物，于是造成水土流失，破坏生态平衡。贫困也迫使这些国家为求得增长不惜进口有毒废料，引进污染严重的投资项目。这意味着，在低收入阶段，可持续与发展之间的矛盾尤为突出。这个矛盾在人均 GDP 达到中等收入水平时可能会得到缓和。尽管发展中国家在保护环境保护资源方面责任重大，但从其最为紧迫的摆脱贫困的目标来说，发展中国家不能牺牲自身发展来承担全球性的保护资源和环境的责任。从公平考虑，从发达国家过去的发展所造成的不可持续发展的后果考虑，发达国家更应该承担起推动全球可持续发展的责任。

从历史上看，造成目前一系列全球环境问题的主要责任在发达国家，他们至今仍是一些污染物的最大排放者，但它们却试图要发展中国家与其共同承担历史责任和现实义务，这显然是不公正的，也是影响建立真正的全球伙伴关系的。发达国家对发展中国家在环境与发展领域的援助、优惠、技术转让，并不是什么恩赐，而是对可持续发展的必要投资和南方北方国家为保护地球的合作和互相帮助，也是它们应尽的义务和责任。发展中国家要始终警惕某些发达国家打着维护可持续发展的旗号，在为了后代人利益的谎言掩盖下，损害发展中国家的主权和利益。在实现、维护可持续发展这一目标上。国家无强弱之分，但在责任上，则必须弄清谁轻谁重，只有实现真正的国际公平，建立起真正的全球伙伴关系，可持续发展才有可能实施并成为现实。

二、产业可持续发展

上述分析表明，产业可持续发展是可持续发展整个系统的重要组成部分，它在可持续发展系统中占据核心地位。生态可持续发展是经济可持续发展的自然基础，社会可持续发展是产业可持续发展的重要保证；经济可持续发展为生态可持续发展和社会可持续发展提供物质条件。只有做到经济可持续发展，才能形成整个系统的可持续发展。

（一）产业可持续发展的概念

由于产业可持续发展在可持续发展系统中处于核心地位，有些可持续发展研究者给出了产业可持续发展的定义。不过，西方学者给出的经济可持续发展定义隐含在可持续发展的经济学分析中，国内学者却把经济可持续发展从可持续发展中分离出来，并对产业可持续发展作了明确的界定。

英国经济学家巴比尔从经济学角度把可持续发展定义为："在保持自然资源的质量和提供服务的前提下，使经济净利益增加到最大限度。"该定义强调在保持自然资源质量和数量的前提下，实现经济净利益的最大化，其关键在于把环境污染和生态破坏的补偿费用于环境和生态建设。在这个定义中虽然没有明确代际间的经济利益关系，但是，当代人获取最大限度的经济净利益，就不会损害后代人的经济利益。

英国经济学家皮尔斯的定义为："自然资本不变前提下的经济发展，或今天的资源使用不应减少未来的实际收入。"该定义中的经济发展已不是传统的以牺牲资源和环境为代价的经济发展，而是不降低环境质量和不破坏世界自然资源基础的经济发展，并且这种经济发展能够保证当代人的福利增加时，也不应使后代人的福利减少。

刘思华教授给产业可持续发展下的定义是："我们所说的可持续发展经济可以表述为，可持续经济发展，应该是经济发展的生态代价和社会成本最低的经济。"这是给可持续发展经济下的定义，并且作为可持续经济发展的定义，也可以视为产业可持续发展的定义。该定义包含两个基本观点：一是资源环境持续利用达到国民生产净值的最大化；二是人类经济福利水平随着时间推移不断增长，至少能做到下一代同前一代持平。

杨文进教授把产业可持续发展作为可持续发展的一个方面，并把它定义为："在一定的资源环境基础上使当代人的经济福利不断改善的同时，能保证后代人所得到的经济福利不小于当代人所享受的经济福利。"该定义突出了产业可持续发展的特殊规定性，一是强调产业可持续发展是资源和环境限定，以不破坏它们的持续利用基础上的发展；二是强调代与代之间的平等。

国内外学者对产业可持续发展的解释是基本一致的。在他们给经济可持续发展所下的定义中，都包括两个基本点：一是当代人在发展经济过程中必须保持自然资源的质量和数量，或者说，当代人的经济发展不应以资源浪费和环境污染为代价；二是满足当代人经济发展的需要必须考虑后代人经济发展的需要，使当代人和后代人拥有同样的资源基础、发展机会和福利产出。我们同意国内外学者对产业可持续发展的解释。不过，国内外学者的产业可持续发展定义，既适用于一国范围的产业可持续发展，又适用于全球范围内的产业可持续发展。在这里，为了适应本文研究对象的需要，运用国内外学者解释产业可持续发展的基本观点，就一国范围内的经济可持续发展，作一个新的表述。这就是：一国经济以保持自然资源质量和数量为前提的、既满足当代经济发展需要又不损害后代经济发展需要的发展过程或发展状态。

产业可持续发展的定义，或者说，产业可持续发展的质的规定性，要求人们正确处理两个关系：一个是经济发展与资源环境的关系，另一个是当代经济发展与后代经济发展的关系。从经济发展与资源环境的关系来看，既不以牺牲生态环境为代价片面强调经济发展，又不以牺牲经济增长为代价片面强调保护资源环境，而是把保护资源环境和加快经济发展结合起来，使两者相互适应和相互促进，实现经济的可持续发展。从当代经济发展与后代经济发展的关系来看，对发展中国家，特别是对低收入国家来说，保障后代人发展的可持续发展问题固然重要，但解决现代人生存和福利的发展问题同样也很重要。

（二）产业可持续发展的内容

第一，产业可持续发展要以自然资源为前提，同环境承载能力相适应。产业可持续发展强调经济持续发展的资源基础的维持、发展和能力建设，它特别强调环境承载能力和资源永续利用对经济发展进程的重要性和必要性。如果未来人口不增长，产业可持续发展意味着未来人拥有与当代人同样的资源基础，以获得同样的福利产出。如果人口将持续一段时期的增长和生活质量的上升，产业可持续发展就意味着人类的资源基础必须获得相应的发展。

第一，产业可持续发展的实现，要运用资源修复原理，增强资源的再生能力，引导技术变革使再生资源替代非再生资源，并运用行之有效的政策，限制非再生资源的利用，使其趋于合理化。在经济发展的同时必须保护环境，必须改变以牺牲环境为代价的生产和消费方式，控制环境污染、改善环境质量，同时要保护生命保障系统、保持地球生态的完整性，使人类的发展保持在地球承载力之内。传统经济核算中被称为利润的那部分产出中有一部分应被视为资源转移或资源折旧，利润的这一部分只能用于资源的维持和替代资源的开发，只有这样的经济发展才是可持续的。

第二，产业可持续发展并不否定经济增长，但要重新审视实现经济增长的方式。产业可持续发展反对以追求最大利润或利益为取向，以贫富悬殊和资源掠夺性开发为特征的经济增长，它所鼓励的经济增长应是适度的，注重经济增长质量提高。产业可持续发展是以低度消耗资源的国民经济体系为运行机制和基本途径。以耗竭资源为基础的消耗型经济，只能是暂时的、不能持续的。产业可持续发展强调资源再生能力，合理开发与利用资源，降低资源的消耗，提高资源利用率和人口承载力；反对掠夺开发与恶性开发，制止高消费与恶性消费，杜绝挥霍浪费。这样，才能实现经济效益最佳、生态效益最好、社会效益最优的有机统一。

第三，产业可持续发展要求实现公平与效率的统一。公平主要指人类在分配资源和获取收入或积累财富上的机会的均等。产业可持续发展要求给世界同代人以公平发展的机会，改变富国利用发展中国家的资源来实现自己的经济增长，要求在国家的范围内给予人民全面参与政治、经济和社会生活的权力，创造制度条件使人们在市场竞争中处于同一起跑线上，采用经济政策消除悬殊的贫富差距。同时，应该认识到全人类赖以生存的自然资源是有限的，一代人不能为了自己的发展和需求而损坏后代人利用自然资源和生态环境的权力，而应自觉地考虑到资源的代际公平分配，明智地担负起代际间合理分配资源和占有财富的责任。效率是指资源的有效使用和有效配置，它是产业可持续发展的内在要求。在经济发展过程中，有限的资源必须得到优化配置和合理利用。在公平与效率的关系问题上，产业可持续发展认为两者相辅相成、互相促进和高度统一。一方面，增加效率，提高生产力为公平地分配资源和收入再分配提供物质基础；另一方面，发展机会的均等必须导致人们生产积极性的提高，从而促进效率的增力口。

第四，产业可持续发展与知识经济有着自然的联系。随着部分发达国家完成了其工业化进程，知识经济的雏形已在少数发达国家中产生，知识在经济中的作用显著增强，从而为人类经济活动减轻对资源、环境的压力提供了可能。产业可持续发展促进知识经济的诞生，为知识经济的形成和发展提供了一个人与社会，经济与自然协调发展的环境。反过来，只有发展知识经济才能实现产业可持续发展。在农业经济和工业经济时代，自然资源是经济发展的主要物质资源，而在知识经济中，知识减少了人们对原料、劳动、空间和资本的需要而成为经济发展的主要资源。知识使得人们把自然资源的潜力充分发挥出来，并加以有效合理地利用。知识和技术进步又是原材料革新的动力源泉，不可再生资源的利用越来越被新的物质所代替。知识与技术对环境的影响也是巨大的。环境污染本身主要是当代工业生产对资源的滥用引起的，而以环境清洁技术为标志的环保产业的迅猛发展正是知识经济发展的结果。知识经济本身就是促进人与社会，经济与自然协调的可持续发展的经济。

第五，产业可持续发展以提高生活质量为目标，同社会进步相适应。产业可持续发展要满足现代人的基本需要，包括物质的、精神的和生态的需要，提高人的素质，实现物质文明、精神文明和生态文明的高度统一与协调发展。产业可持续发展是一个涉及经济、社会、文化、技术及自然环境等的综合性概念。实行产业可持续发展，不能把经济、社会、技术和生态因素割裂开来。

（三）产业可持续发展的实质

产业可持续发展或可持续经济发展，是在保持自然资源与环境质量和其提供生态服务的前提下实现的经济发展。产业可持续发展的实质是：经济发展不能超过资源和环境的承载能力，也就是经济与资源环境的协调发展。产业可持续发展反映经济系统和环境系统之间对立统一关系。经济系统的运行离不开生态环境系统的支持，而且生态环境系统与经济系统之间一直进行着错综复杂的物质与能量的变换。这种变换包括由环境要素利用支撑的经济生产过程和环境物品与服务能力的再生产过程。这两种相互交替的生产过程循环往复，共同支撑着人类社会经济的发展。

1. 自然资源的有限性特点

经济增长离不开自然资源的供给。土地资源为农业提供劳动对象，为经济增长提供食物和原料。矿产资源为经济增长提供能源和原材料。环境也是重要的自然资源。清洁的地面、洁净的水和新鲜的空气不仅有益于健康，还能使经济增长超出环境容量所设置的限度。

联合国环境规划署对资源下的定义是："所谓资源，特别是自然资源，是指在一定时间和地点的条件下能够产生经济价值的，以提高人类当前和将来福利的自然环境因素和条件。"马克思指出："外界自然条件在经济上可以分为两大类：生活资料的自然富源，例如土壤的肥力，渔产丰富的水等等；劳动资料的自然富源，如奔腾的瀑布、可以航行的河流、森林、金属、煤炭等等。在文化初期，第一类自然富源具有决定性意义；在较高的发展阶段，第二类自然富源具有决定性意义。"

与其他经济增长的因素相比，自然资源有以下明显的特点：一是稀缺性，不仅资源储量有限，而且可替代资源的品种有限。二是整体性，各种自然资源在生物圈中相互依存、相互制约，构成完整的资源生态系统。其中，任一资源的变化都会引起其他资源的相应变化。三是地域性，自然资源在地域分布上极不平衡，由此形成地区的相对资源优势。四是多用性，同一种资源可以作为不同生产过程的投入因素。

自然资源可以有多种分类方式。根据可持续发展研究的目的，资源可分为耗竭性资源和非耗竭性资源两类。耗竭性资源是指越用越少，直至耗竭的资源。耗竭性资源有两种情况：一种是即使没有人类的行为，资源也可能耗竭，如金属的氧化等。另一种是由于人类的行为所导致的资源耗竭。正是这种资源的可耗竭提出了经济学的新问题。现有的经济学是面对资源的有限性提出资源的有效配置。现在面对资源的可枯竭性，就提出了资源的代际有效配置问题。

可耗竭性资源又可以分为：① 可再生资源，即可以通过繁殖、生长而自我更新的生物资源。包括动物、植物、微生物及其相应的生存环境；② 不可再生资源，即无法更新，随着使用而逐渐耗减的资源。如矿产资源、化石资源；③ 环境介质资源，指人类活动所处的基本环境状态。要以生存在其中的人类生活质量来刻画其存量的资源，比如大气环境、湿地生态环境。这三类资源相互依存，相互交错。它们之间的界限很模糊。例如，大气环境有时可被看成可再生资源，因为有些环境恶化后能很快恢复。有时又被看作不可再生资源，因为有些环境恶化后不能很快恢复。所有的经济都面临共同的基本经济问题是资源的稀缺性。经济资源是稀缺的，同时自由取用的资源，如空气并不像人们想象的那样丰富也是稀缺的。一旦环境被污染，同样质量的人类生活环境就会减少，人类只能生存在低质量的环境中。

实行产业可持续发展对可再生和不可再生两类自然资源除了提出节约和防止浪费的共同要求外，还会根据各自的特点提出特殊的要求。可再生资源不等于可持续供给。生态平衡遭到破坏，动植物的生物环境遭到破坏，这些可再生资源可能不再生。因此，实行产业可持续发展，对可再生资源的要求是促使其保障永续性，防止生态的破坏和动物的灭绝等。不可再生资源意味着资源会最终被耗尽。因此不可再生资源是制约经济长期发展的主要因素，根据短边原理，不可再生资源也制约着可再生资源在长期内可以利用的程度。实行产业可持续发展必须对不可再生资源进行代际公平配置和寻找替代。

2.自然资源对经济的作用

自然资源是产业可持续发展的重要基础。自然资源的供给条件越好，劳动生产率越高，生产者提供的剩余劳动越多。

第一，自然资源是影响劳动生产率高低的重要因素。劳动生产率是由多种因素决定的，其中包括：工人的平均熟练程度、科学技术的发展水平和它在工艺上应用的程度、生产过程的社会结合、生产资料的规模和效能、自然资源和自然环境等。一般说来，在其他条件相同而自然资源优劣不同的情况下，人们即使花费了等量劳动，但劳动生产率是不同的。美国经济之所以在 19 世纪末 20 世纪初得到迅速发展，一个重要因素就是它拥有丰富的自然资源。西部地区的开发，使它获得广阔而肥沃的耕地，大面积的森林和丰富的矿藏，这些都为美国经济发展提供了优越的条件。20 世纪 60 年代以后，中东石油国家经济能够迅速发展，靠的也是优越的自然资源。

二是自然资源是形成产品实体的物质源泉。物质产品是社会物质财富的基本形式，经济发展归根到底表现为产品形式社会财富的增加，而物质产品则是人们劳动作用于自然资源的结果。自然资源作为构成产品实体的物质要素，不仅是形成物质产品不能缺少的，而且对产品的性质、种类和数量影响极大。

三是自然资源是制约产业结构的重要因素。产业结构一般是指各产业之间的比例关系。产业结构的合理与否，对经济发展的影响很大。产业结构受多方面因素的制约，除了消费结构、市场需求、科学技术水平等因素外，自然资源是一个重要因素。一般地说，不同国家或不同地区的自然资源结构不同，则由此形成与之相适应的不同产业部门。此外，自然资源的种类和数量状况对产业结构的类型特征也有一定影响。如果一国自然资源种类比较齐全，数量较多，那么该国就有可能建立一个产业部门比较完整的、各产业协调发展的产业结构体系；反之，如果一国资源贫乏，就无法形成产业部门较完整的产业结构体系。日本是一个自然资源贫乏的国家，由于资源的严重短缺，一方面造成日本90%以上的矿产资源要从国外进口，另一方面决定日本国内的经济必然是以生产制成品为主的加工厂型的经济。可见，自然资源的状况对产业结构有重大影响。

（四）产业可持续发展的特点

1. 产业可持续发展与经济持续增长比较

产业可持续发展是一种立足于自然资源和环境的经济长期发展模式。经济持续增长是指一个国家在较长时期内，经济规模在数量上的扩大，即商品和劳务产出量的增加。由经济持续增长到产业可持续发展反映人们对经济发展的认识程度不同。经济持续增长对经济发展的认识还处于表层，而产业可持续发展对经济发展的认识已进入深层。产业可持续发展思想使全人类普遍认识到工业革命以来所取得的经济高速增长，人类创造的巨大的物质财富，付出了极大的生态代价和社会成本。人类必须寻求一条与工业文明的不可持续发展道路根本不同的、全新的发展道路，这就是生态文明的产业可持续发展道路。

经济持续增长没有指出为实现持续增长所支付的代价。实现增长需要耗费各种要素，不仅有人力物力和财力消耗的代价，还有自然资源的耗费。从许多发展中国家谋求经济增长的现实看，为了谋求高速度，资源开发过度，生态平衡遭到破坏，环境受到严重污染，其结果是人类的生存条件遭到破坏。虽然由于经济增长人们的收入增加了，但健康水平下降了。显然，这种付出了沉重代价的经济增长实际上是不可持续的。

产业可持续发展不仅强调经济持续增长，还有公平的要求。首先是发达国家与不发达国家间的公平。如果发达国家的发展以掠夺不发达国家的资源为代价，如果不发达国家的发展除了消耗自然资源外没有其他资源可以获得，由此造成的不公平就可能导致不可持续发展。其次是代际公平。经济持续增长基本上涉及当代人的要求，谋求当代人的福利。应当指出的是，相当部分的自然资源具有可耗竭及不可再生的特点。这些资源为了实现当代人的福利而被滥用、被耗竭，就会牺牲后代人的发展条件，因而牺牲后代人的福利。这种牺牲后代人的发展条件为代价的经济持续增长，显然是不可持续的。

产业可持续发展的重要标志是资源的永续利用和良好的生态环境。自然资源的永续利用是实现产业可持续发展的物质基础。产业可持续发展要求保护环境、资源永续利用的条件下进行经济和社会建设，保持经济发展的持续性和良好势头。只有把经济发展与资源环境协调起来，把当前发展与长远发展结合起来，才能使国民经济逐步走上良性循环的道路。因此，产业可持续发展是可以持续不断的，不会再有朝一日被限制或中断的发展，它既满足当今的需要，又不致危及人类未来的发展。

2. 产业可持续发展模式与经济不可持续发展模式比较

产业可持续发展模式就是以经济与环境协调发展为特征的可持续发展经济模式。经济不可持续发展模式就是以资源浪费和环境污染为特征的不可持续发展经济模式。迄今，各国经济发展的现实是，经济在持续增长，但自然资源的供给条件越来越恶劣，环境越来越恶化。由此，人们寻求到一条新的发展道路，即产业可持续发展道路。这不是一条仅能在若干年内、在若干地方支持人类进步的道路，而是一直到遥远的未来都能支持全球人类进步的道路。

产业可持续发展模式与经济不可持续发展模式的根本区别在于：经济可持续发展模式不是简单的开发自然资源以满足当代人类发展的需要，而是在开发资源的同时保持自然资源的潜在能力，以满足未来人类发展的需要；产业可持续发展模式不是只顾发展不顾环境，而是尽力使发展与环境协调，防止、减少并治理人类活动对环境的破坏，使维持生命所必需的自然生态系统处于良好的状态。

从工业化的历史来看，世界许多国家由于在经济发展中没有重视生态和环境，社会经济活动违背客观规律，经济增长的粗放和对资源的过度开发，加之过快的人口增长和消费，对经济建设和资源环境产生巨大的压力，从而造成资源的浪费、环境的污染和生态的恶化，反过来又影响了社会经济的进一步发展，从而也就破坏了经济建设和人类生存的基本条件。为了实现产业可持续发展，必须摒弃发达国家工业化过程中所实行的不可持续发展经济模式。

产业可持续发展主要涉及农业和农村的可持续发展，能源原材料工业的可持续发展，资源和环境的可持续发展。为此，需要转变经济发展模式，最为突出的是改变传统的片面追求产值、偏重工业偏废农业的发展模式。改变曾极大地提高生活水平的以矿物燃料为基础、以汽车工业为核心、一次性物品充斥的西方工业模式。从对自然资源竭泽而渔的做法转向以再生能源为基础、重复或循环利用资源的经济。在处理经济发展与治理环境污染方面，由先发展后治理转向边发展边治理并进一步转向先治理后发展。

第二节　产业可持续发展的支持系统

产业可持续发展支持系统是产业可持续发展能力评估指标基础，而产业可持续发展能力也是该支持系统各要素综合作用的结果。因此，构建产业可持续发展能力评估指标体系首先要构建产业可持续发展支持系统。

一、产业发展基础支持系统

该系统主要包括以下四个构成要素。

（一）自然资源禀赋

其中最为重要的是与产业发展密切相关的耕地、水资源、能源状况以及矿产资源储量情况。因此，在评价体系中可以采取以下几项指标衡量产业可持续发展的资源基础：① 人均耕地面积，人均耕地面积的多少既是人口与资源矛盾状况的直接体现，又是影响农业产业发展的关键因素之一；② 人均水资源拥有量；③ 人均能源拥有量；④ 人均矿产资源拥有量，可用几种重要的矿产资源人均拥有量经主成分分析法降维之后得到的综合结果表示。

（二）生态基础

森林、湿地、海洋是地球的三大生态系统，其中对于所有区域产业可持续发展具有普遍性影响的主要是森林和湿地状况（人工生态保护区也可部分改善生态环境）。此外，农业自然灾害成灾率等则可以从反面体现区域产业可持续发展的生态承载能力。因此，反映产业可持续发展生态基础的评价指标主要有：① 森林覆盖率；② 湿地面积比率，以区域湿地面积占国土面积比例表示；③ 生态保护区面积比率，即生态保护区面积与国土面积之比；④ 农业自然灾害成灾率，用农业成灾面积占农地总面积比例表示。

（三）产业发展基础

原有产业发展基础构成了下一阶段产业的总体发展环境，是影响产业可持续发展的重要因素。产业发展基础可以用产业发展规模、速度、结构、效益等来衡量，因此可以构建以下评价指标：① 人均 GDP 该指标反映产业发展的总体规模；

② 三大产业增长速度，该指标反映产业发展速度；③ 第一产业全员劳动生产率；④ 第二产业全员劳动生产率；⑤ 第三产业全员劳动生产率（后三个指标反映各产业发展的生产效率和技术水平）；⑥ 非农产业结构系数，该指标反映产业的结构，它由各非农产业产值在产业总产值中所占的比例来表示；⑦ 财政收入占 GDP 比重，该指标反映产业发展的总体效益。

（四）社会发展基础

产业可持续发展既强调产业发展与自然资源、生态环境（人与自然）的关系，也注重产业与社会（人与人）的关系，因为产业的可持续发展必须建立在良好的社会发展基础之上。社会发展基础具体体现为人本身的发展，包括人口的数量、人口的质量以及人们的社会生活水平等。在此采用以下指标来衡量产业可持续发展的社会发展基础：① 人口自然增长率，该指标反映人口的数量变化；② 人口素质指数，以每万人大专以上学历人数比例表示；③ 恩格尔系数，采用城乡综合恩格尔系数反映人们的生活水平；④ 医疗服务水平，用每万人医生数和床位数的加权平均值表示；⑤ 社会福利水平，用城乡社会福利覆盖率表示。

二、产业协调能力支持系统

该系统包括以下几个要素。

（一）产业 – 资源协调能力

产业与资源协调能力的大小是产业能否实现可持续发展的基本标志之一。衡量产业 – 资源协调能力的主要指标有：① 单位面积粮食产量，该指标主要反映农业与耕地资源协调状况；② 单位工业增加值耗水量，该指标反映工业产业与水资源协调状况；③ 电力消费弹性系数，反映产业发展与电力消耗的协调状况。

（二）产业 – 生态协调能力

产业 – 生态协调能力的大小主要体现在产业对生态环境破坏程度的高低和由产业发展所支持的生态环境抗逆水平的强弱上。前者可以大致用以下指标衡量：① 单位工业增加值废水排放量；② 单位工业增加值废气排放量；③ 单位工业增加值固体废物排放量。后者则主要表现为对环境治理投资的多少，指标为：④ 工业污染治理投资占 GDP 比重。

（三）产业 – 社会协调能力

产业与社会的和谐发展是实现产业可持续发展的基本保障，要求产业的发展必须保证尽量实现人与人之间的公平，包括收入分配合理化、缩小城乡差距、增加就业机会等。因此衡量产业 – 社会协调能力的主要指标有：① 社会就业状况，主要用非农产业就业比例表示；② 产业就业综合弹性指数，该指标反映就业对于产业发展的敏感性，动态地刻画产业与就业之间的关系，用一定时段内就业增长率与三大产业增长率之比表示；③ 城市化偏差度指数，该指标反映产业发展对于城市化的推动作用，用城市化水平与非农产业化程度的比率表示，比率越大，说明二者偏离度越小，产业发展与城市化进程协调能力较强；反之则结果相反；④ 城乡收入差距，该指标反映产业的发展对人们收入的影响，是衡量收入分配公平程度的指标之一，用城乡基尼系数反映；⑤ 社会性支出占财政支出比重，该指标反映产业发展对社会发展的总体支持作用。

三、产业可持续性支持系统

产业可持续发展最重要的支持系统就是可持续性支持系统，包括以下几个要素。

（一）科学技术支持能力

产业可持续发展的关键在于优化产业结构，实现产业与资源、生态、社会的协调发展。从这个意义上讲，产业可持续发展就是在将资源、生态、社会等约束条件纳入生产函数之后，生产可能性边界持续向外推进的过程，而生产可能性边界向外推进的最重要的原因在于技术进步，所以科学技术的发展与技术创新对于产业发展的可持续性能力起着不可替代的促进作用。科学技术发展与技术创新是一个内涵丰富的概念，衡量方法与指标是多种多样的，在此仅选择对于产业发展可持续性能力有直接作用的四个指标：① 万人专利申请数；② 技术成果转化率，该指标反映产业发展利用技术创新成果的能力，具体计算时采用技术市场交易量来近似地衡量；③ 专业技术人员占总人口比例，该指标从科学技术主体角度反映科学技术支持能力；④ 信息化水平，在知识社会背景下，一个区域的信息化水平既是过去产业发展积累的结果，又是下阶段产业发展的前提与基础，而且对于产业的结构和产业发展的方式起着决定性作用，因此，信息化水平是衡量科学技术对产业支持能力大小的重要综合性指标。

（二）区域开放度

产业可持续发展是在开放系统中的发展，某区域的产业能否实现可持续发展，在一定程度上取决于该区域开放度的大小以及与其他区域（或者是外国）的经济关系。在此采用以下五个指标来衡量区域开放度：① 铁路网密度，用区域铁路运营里程与国土面积比率表示；② 公路网密度；③ 人均邮电业务量；④ 外资利用能力，用外商直接投资占 GDP 比率表示；⑤ 对外依存度，用进出口总额占 GDP 比率表示。

（三）产业综合组织能力

产业可持续发展除了外部支撑条件之外，能保证其长期持续发展的力量在于自身的综合组织能力，这是产业可持续发展区别于其他系统可持续发展的重要标志。反映产业综合组织能力大小的主要指标如下：① 产业竞争力值，这是反映产业综合组织能力最终效果的一个指标，可预测区域产业未来的发展前景；② 产业市场绩效，用工业企业经济效益综合指数表示，反映产业组织绩效的高低；③ 产业结构高度化水平，用一、二、三产业所占比例的加权值计算；④ 产业结构合理化系数，用产业二元结构系数表示，该指标既是衡量产业结构协调与否的重要指标，也可在一定程度上揭示产业结构高度化水平，其计算方式为农业产业增加值比例和就业比例乘积的平方根与非农产业增加值比例和就业比例乘积的平方根之比；⑤ 产业布局均衡度，用各省（市区）所辖地市经济标准差系数替代；⑥ 产业综合管理能力，反映政府在一定时段内"可以持续"的产业管理能力，采用人均财政收入与人均 GDP 弹性系数表示。

第三节　产业可持续发展能力评估指标体系与综合评估

可持续发展是当今世界的热门话题，但可持续发展不是空洞的口号，而应转变为具体的实现机制和实现模式，产业可持续发展能力的提升就是一种可持续发展的实现机制。科学构建产业可持续发展能力评估指标体系，将有助于我们从提升产业可持续发展能力入手，寻求环境、资源和产业的合理配置，推动社会经济的可持续发展。

一、产业可持续发展的内涵

产业可持续发展的内涵可概括为：在可持续发展思想指导下，通过技术创新，促进产业发展和资源永续利用、生态环境优化之间的良性互动，实现产业系统整体效应最大化，强调从产业层面实现人口、资源、环境三要素以及生态、经济、社会三大系统的协调发展，注重发展的可持续性。

从这个定义可以看出，产业可持续发展既具备可持续发展的共性，也有其个性特征。

1.产业可持续发展的共性。产业可持续发展强调产业发展与生态环境保护及社会发展相协调，遵循可持续发展所要求的持续性和公平性两条基本原则，其目标与可持续发展的基本目标一致。

产业可持续发展需要确保产业发展不能超过资源和环境的承载能力，而且必须与之相适应，即坚持持续性原则。产业可持续发展的公平性原则表现为：一方面，通过就业的比例调配、资源在不同产业间的投向调整，让当代人尽量平等地享受当前产业规模扩大和效益提高所带来的利益；另一方面，又不以牺牲后代人的利益为代价——保障代内公平与强调代际公平两者并重。这是产业可持续发展区别于传统的产业发展模式的一大特征。

必须注意的是，坚持持续性和公平性原则应始终注重可持续发展的层次性和非线性特点。处于不同经济发展阶段、不同经济发展水平的地区，由于其经济实力和需求层次以及技术水平的差异，加之面对所急需解决的主要问题不同，可持续发展的道路各有特色，各有侧重，即产业可持续发展也必须坚持差别性原则。

（2）产业可持续发展的个性特征。作为具有同类属性的企业经济活动的集合，"产业"这一概念从一开始就具有一种内在"结构性"产业发展的规律就体现在结构性的调整和变动之中。毫无疑问，产业可持续发展也必须满足这种结构性要求，以符合产业发展的内在规律。产业结构调整是实现可持续发展的最具可操作性的对象，同时产业结构又有来自产业内部的优化要求与冲动，所以产业结构优化是与可持续发展状态"距离"最短甚至合为一体的经济现象。因此，产业可持续发展是产业发展本身的自发要求和总体方向，具有独特的结构性调整实现途径。产业内部要维持适宜的企业间关系，产业和产业之间也要相互协调。

二、产业可持续发展能力评估指标体系

依据产业可持续发展支持系统指标，我们利用层次分析法（AHP）具体地构建包括权重在内的产业可持续发展能力评估指标体系。

（一）建立层次结构模型

在本文中，我们将产业可持续发展划分为以下四个层次：最高层是目标层，即产业可持续发展，用 A 表示；第二层为准则层，即产业可持续发展三大支持系统，用 B 表示；第三层为子准则层，共有 10 个子准则，用 C 表示；第四层为指标层，共有 47 个指标，用 D 表示。

（二）构造判断矩阵

根据层次结构，我们构造了产业可持续发展判断矩阵。具体方法是：每一个具有向下隶属关系的准则作为判断矩阵的第一个元素，隶属于它的各个元素依次排列在其后的第一行和第一列。填写判断矩阵的原则是遵循判断矩阵的准则，将其中两个元素进行比较，哪个重要，重要程度如何，对重要性程度按表 4-1 赋值。

表 4-1 重要性标度含义

标度	含义
1	表示两个因素相比，具有相同重要性
3	表示两个因素相比，前者比后者稍重要
5	表示两个因素相比，前者比后者明显重要
7	表示两个因素相比，前者比后者强烈重要
9	表示两个因素相比，前者比后者极端重要
2、4、6、8倒数	表示上述相邻判断的中间值 若因素 i 与因素 j 的重要性之比为 a_{ij}，那么因素 j 与因素 i 的重要性之比为 $a_{ji}=1/a_{ij}$

如果判断矩阵中所有元素都能完全满足传递性要求，即 $a_{ij} \times a_{jk}=a_{ik}$ 则该判断矩阵为一致性矩阵。

（三）层次单排序与一致性检验

进一步计算每一个判断矩阵各因素对其上一层准则的相对权重，每一列归一化后就得到相应的权重列向量 Wi（权重的近似值）。

为保证单排序权重的相对准确性，即使其尽量满足步骤 2 中所述传递性要求，需对得出的产业可持续发展模型的单排序权重作一致性检验。步骤如下：

1.计算一致性指标 CI

$$CI = (\lambda \max - n)/(n-1)$$

其中 $\lambda_{\max}$ 是判断矩阵对应的最大特征值，n 是判断矩阵阶数。

2.查表确定相应的平均随机一致性指标 RI

采用层次分析法的发明者 Saaty 教授对 $n=1，2，\cdots，9$ 给出的具体的 R 值，如表 4-2 所示。

表 4-2 平均随机一致性指标 R 值

n	1	2	3	4	5	6	7	8	9
RI	0.00	0.00	0.58	0.90	1.12	1.24	1.32	1.41	1.45

3.计算一致性比例

$$CR=CI/RI$$

其检验原则是：若 CR < 0.1，则认为判断矩阵的一致性是可以接受的；若 CR > 0.1，则认为判断矩阵不符合一致性要求，需要重新构造判断矩阵。

（四）层次总排序与一致性检验

为最终确定各准则层及指标层对于总目标的权重及保证其相对准确性，需进一步进行层次总排序与一致性检验。层次总排序的方法是：列出 k 层元素对于总目标的总排序计算公式：

$$W^k=P^k \times W^{k-1}$$

其中，W^k、W^{k-1} 分别为第 k 和第 $k-1$ 层元素对于总目标的总排序权重列向量，P^k 表示第 k 元素对第 $k-1$ 层各元素的单排序权重行向量。

总排序一致性检验的方法是：

$$CI^k = CI^k \times W^{k-1}$$
$$RI^k = RI^k \times W^{k-1}$$
$$CR^k = CI^k / RI^k$$

其中，CI^k 表示第 k 元素对于总目标的一致性指标，CI^k 表示第 k 元素对于第 $k-1$ 层元素的一致性指标行向量，W^{k-1} 分别为第 $k-1$ 层元素对于总目标的总排序权重列向量，CR^k 表示第 k 层元素对于总目标的一致性比例，其余指标含义以此类推。

总排序一致性检验的原则是：若 CR^k < 0.1，则认为判断矩阵的整体一致性是可以接受的。

表 4-3 就是对产业可持续发展能力评估一级指标的计算过程。

检验中 CR=0.007 9，小于 1，表明判断矩阵的一致性可以接受。利用上述方法，经综合计算，得出产业可持续发展层次模型及单排序权重信息。具体结果见表，4-4。

表4-3 产业可持续发展模型各层判断矩阵

A	B_1	B_2	B_3	W_i
B_1	1	1/2	1/3	0.163 8
B_2	2	1	1/2	0.297 3

续　表

A	B_1	B_2	B_3	W_i
B_3	3	2	1	0.539 0

CI=0.004 6，RI=0.580 0，CR=0.007 9

表 4-4　产业可持续发展评价层次及单排序权重

A 层	B 层及单排序权重	C 层及单排序权重	D 层及单排序权重
产业可持续发展	发展基础（0.163 8）	资源基础（0.109 3）	人均耕地面积（0.141 1） 人均水资源拥有量（0.454 7） 人均能源拥有量（0.263） 人均矿产资源拥有量（0.141 1）
		生态基础（0.350 7）	森林覆盖率（0.363 6） 湿地面积比率（0.363 6） 生态保护区面积比率（0.090 9） 农业自然灾害成灾率（0.181 8）
		产业基础（0.350 7）	人均 GDP（0.058 9） 三大产业增长速度（0.098 5） 第一产业全员劳动生产率（0.172 2） 第二产业全员劳动生产率（0.172 2） 第三产业全员劳动生产率（0.172 2） 非农产业结构系数（0.296 5） 财政收入占 GDP 比重（0.029 5）
		社会基础（0.189 2）	人口自然增长率（0.109 4） 人口素质指数（0.368 3） 恩格尔系数（0.206 4） 医疗服务水平（0.206 4） 社会福利水平（0.109 4）
		产业—资源（0.122 6）	单位面积粮食产量（0.163 8） 单位工业增加值耗水量（0.539） 电力消费弹性系数（0.297 3） 单位工业增加值废水排放量（0.285 7）

A 层	B 层及单排序权重	C 层及单排序权重	D 层及单排序权重
产业可持续发展	协调能力（0.297 3）	产业—生态（0.557 1）	单位工业增加值废气排放量（0.285 7） 单位工业增加值固体废物排放量（0.142 5） 工业污染治理投资占 GDP 比重（0.285 7） 社会就业状况（0.076 9）
		产业—社会（0.320 2）	产业就业综合弹性指数（0.153 8） 城市化偏差度指数（0.307 7） 城乡收入差距（0.307 7） 社会性支出占财政支出比重（0.153 8）
		科技支持能力（0.297 3）	万人专利申请数（0.205） 技术成果转化率（0.066 5） 专业技术人员占总人口比例（0.107 7） 信息化水平（0.620 8）
	可持续性（0.539 0）	区域开放度（0.163 8）	铁路网密度（0.076 2） 公路网密度（0.076 2） 人均邮电业务量（0.076 2） 外资利用能力（0.287 9） 对外依存度（0.483 6）
		产业综合组织能力 （0.539 0）	产业竞争力值（0.276 2） 产业市场绩效（0.091 5） 产业结构高度化水平（0.276 2） 产业结构合理化系数（0.145 3） 产业布局均衡度（0.065 4） 产业综合管理能力（0.145 3）

三、对产业可持续发展能力评估指标体系的说明

本文利用 47 个指标分别从发展基础、协调能力和可持续性三个方面构建了产业可持续发展能力评估指标体系。

从表 4-4 中可见，一级指标中，可持续性指标为 0.539 01 是最重要的指标；而其中的产业综合组织能力所占比重又达到 0.539 0 再进一步分析，产业竞争力和产业结构高度化水平所占的比重最高（前者是从市场角度强调，后者是从发展阶段和发展水平方面界定）。据此我们可以认定：一个地区的产业可持续发展能力并不决定于该地区的资源拥有量，而决定于该地区的产业组织能力。这与今天世界上

许多资源丰富的国家和地区更多的是经济发展落后的国家和地区的现实相一致。

现实中，不同的区域往往具有不同的经济功能，因此国家将不同区域划分为不同的功能区，本套指标在不同功能区具体使用时也就具有相应的局限性。我们认为，本套指标以及相应的权重具有一般性，指出了提升产业可持续发展能力的具体方向，指标系统具体区域应用的局限性并不排斥本套指标系统所给出的产业可持续发展能力的方向性判断。

第五章 区域区域产业辐射效应的相关理论

本章探讨的区域产业辐射的基本原理，是后续研究的基础。首先对区域产业辐射的几个概念进行界定，其次对区域产业辐射媒介特性以及区域产业辐射媒介流动机理进行了分析，在此基础上研究了区域产业辐射体系中的产业关系，分析了区域产业辐射的基本特性，最后对区域产业辐射效应的测度方法进行了分析。

第一节 区域产业辐射效应的内涵

一、区域产业辐射的相关概念

（1）区域产业辐射：指产业通过物质、资金、技术、信息、劳动力等交换发生经济能量的转移而引起相关产业或区域经济的发展变化。

（2）辐射源：辐射源是指一个区域产业辐射体系中刺激、拉动其他产业发展的动力点。

（3）辐射媒介：进行"经济能量"的传递的介质称为辐射媒介。"经济能量"传递要用一定的介质做载体来实现，媒介传递使产业之间发生联系，它是由具有一定使用价值的产品、资金、技术和信息等构成，是区域产业辐射体系构成的基础。

（4）辐射层次：由于媒介交换的渠道相同，接受辐射方式相同所形成的产业圈称为辐射层次。辐射体系中产业之间媒介交换有的直接进行，有的间接进行，导致它们之间相互影响程度不同，在辐射体系中的作用不同，直接交换影响大，间接交换影响小，由此产生不同的产业群体，构成不同的辐射层。

（5）辐射梯度：将区域产业辐射体系中辐射强度和层次出现台阶性变化的现象称为辐射梯度。受辐射源距离远近及产业之间辐射方式的影响，辐射媒介传递方式及"经济辐射能量"传播方式会发生急剧变化，引起辐射关系发生质的变化，形成区域产业辐射梯度。

（6）直接辐射和间接辐射：受到辐射源直接影响而形成的辐射关系称为直接辐射；受到辐射源间接影响而形成的辐射关系称为间接辐射。

（7）辐射网络：辐射体系中产业之间进行经济能量传递而形成的网状关系称为区域产业辐射网络。区域产业辐射所形成的辐射枝、辐射链是一个抽象简化的概念，其由相互关联的上下游产业组成，除辐射枝、辐射链上产业之间发生联系外，还与其他产业发生各种联系，有的是直接联系，有的是间接联系，它们之间相互进行经济能量传递而形成辐射网络。

二、区域产业辐射媒介的特性

此处主要从区域产业辐射媒介的作用、替代性、流动性以及媒介之间的关系与地位等方面分析了区域产业辐射媒介的特性。

（一）区域产业辐射媒介的作用

区域产业辐射媒介的主要作用如下：① 区域产业辐射媒介是进行经济能量转移的载体。产业之间进行经济能量交换的过程，就是价值转移的过程。价值不能进行自我转移，必须以区域产业辐射媒介作为载体进行。② 区域产业辐射媒介是企业进行生产活动的手段、工具和加工对象。区域产业辐射媒介（包括原材料、信息、资金、劳动力等）是企业生产活动的基础，离开它企业就无法正常生产。

（二）区域产业辐射媒介的运转机理

搞清区域产业辐射媒介的运转机理是研究区域产业辐射媒介的关键，此处从两方面进行了分析：① 区域产业辐射媒介的种类；② 区域产业辐射媒介的效用及使用价值。

1. 区域产业辐射媒介的种类

区域产业辐射媒介的种类分析如下。

（1）按其使用范围分为如下三种：第一种是通用性媒介。指对所有产业都有用，能满足任何产业需求的媒介，如水、电、资金等。这类媒介流通广泛，在大量供求情况下，能独立创办企业或产业；在各个产业供求量小的情况下，由于其具有同质性，许多产业供求量叠加后也能达到创办企业或产业的规模，如发电厂粉煤炭，虽然一个电厂不适合建立粉煤灰砖厂，但是许多电厂粉煤灰集中在一起就可以创办粉煤灰砖厂。第二种是共性媒介，指能在几个不同产业中流动的媒介。共性媒介只是为几个产业所需要，相对来讲，创办产业或企业的概率较小。第三种是专用性媒介，指只适合于某个产业使用，离开这个产业就失去使用价值的媒介。以这种媒介需求为依托建立起来的产业对核心产业的依赖性较强，受其辐射影响程度较大。

（2）按其用途来分可分为以下五种：第一种是产品。指企业所生产出的各种有形或无形产品，它构成区域产业辐射媒介的主体。第二种是劳动力。这种辐射媒介流动性强，可塑性强。劳动力可分为通用型劳动力，其所掌握技能可在各个行业中应用；专用型劳动力，其所掌握劳动技能只在某个行业使用。劳动力的用途具有暂时性的特征，即某个特定的劳动者通过一定培训和教育能够改变其劳动技能，从事其他领域工作，改变劳动力的用途。劳动力的这一特点决定了其能够在任何产业领域内进行流动，其在区域产业辐射中传播经济能量的作用巨大。第三种是资金。资金是经济能量转移的常用媒介，尤其在经济能量对等交换中，其作用是不可替代的。第四种是技术。技术媒介分为通用型技术、共用型技术和专用性技术三种，在区域产业辐射中起着其他辐射媒介不可替代的作用。技术媒介在进行经济能量交换的同时能推动产业进步，并且也能促使其他辐射媒介进行改进，如性能、流动方式以及流动手段的改进，引起产业辐射范围变化，甚至引起产业的兴起或淘汰，导致整个区域产业辐射体系的变化。第五种是信息。信息媒介对产业之间辐射起着联系和沟通的作用。具体到某个产业来讲，产业媒介的种类会更加详细，其用途更加明确。由于篇幅所限，不再详细分析。

2.区域产业辐射媒介的效用及使用价值

同种媒介具有多种用途，满足产业的同种需要又可使用不同媒介。研究各种媒介的效用或使用价值（功能），有助于进行产业结构优化和产业结构升级，更有助于循环经济的研究，实现副产品和废弃物的循环利用。媒介效用（功能）主要研究每种资源用途及主要应用领域，具体见表5-1。

表5-1　产业辐射媒介效用（功能）分析表

媒介名称	媒介主要用途（功能）	主要应用产业领域
媒介1	用途1；用途2；用途3；……	领域1；领域2；领域3……
媒介2	……	……
……	……	……
媒介 n	……	……

（三）区域产业辐射媒介替代分析

对区域产业辐射媒介的替代性进行分析，将有助于提高资源利用率，减少资源的浪费。这里首先对区域产业辐射媒介替代性进行了分析，然后研究最佳替代问题。

1.辐射媒介替代性分析

发展循环经济就要提高次级资源利用量和利用效率，其途径之一是通过区域产业辐射中媒介替代研究探讨用哪些副产品、废弃物能替代正在使用的"正品"；哪些无毒、无害、无污染的资源能替代哪些有毒、有害、对环境有污染的资源；哪些存量多、流量大的资源能替代哪些存量少、流量小的资源；哪些再生速度快、再生规模大的资源能替代哪些再生速度慢、再生规模小的资源；哪些价格低、效益高的资源能替代哪些价格高、效益差的资源。开展区域产业辐射媒介（即资源、替代性研究将有利于上述方法的实施。资源替代性分析用矩阵表进行，具体见表5-2。

表5-2　产业辐射媒介替代分析

原有媒介 替代媒介 用途1		媒介1			媒介2			......			媒介 m		
		用途2	......	用途1	用途2	......	用途1	用途2	......	用途1	用途2	......	用途1
媒介1	用途1	Y	Y	......	Y	N	......	N	Y	......	Y	N	......
	用途2	N	Y	......	N	N	......	N	N	......	N	Y	......
	......	......											
......													
媒介 n	用途1	Y	N	......	N	N	......	N	N	......	Y	N	......
	用途2	N	N	......	N	N	......	N	Y	......	N	Y	......
	......	......											

表的纵向列出所有用于替代媒介名称，在各种用于替代媒介右方列出用于替代媒介的用途，在表的上方横向列出各种已用媒介，在各种已用媒介的下方列出已用媒介的用途，然后用一一对应方法寻找用于替代媒介与被替代媒介相同的用途，并在相应方格中用 Y 表示用途相同，能替代，N 表示用途不同，不能替代。

2.辐射媒介最佳替代分析

通过上面的分析，能发现同一种被替代辐射媒介能被多种替代媒介所替代，同一种用于替代媒介能替代多种被替代媒介，即替代方法有多种，用哪种替代媒介替代被替代媒介，或者被替代媒介用哪种替代媒介替代，可以通过系数计算，列表选出最佳替代配置。

首先计算替代参数，需要计算以下几个参数：

$$替代媒介成本 = 替代媒介综合价格 \div 单位耗量$$
$$单位耗量 = 替代媒介总耗量 \div 总产出$$
$$被替代媒介成本 = 被替代媒介综合价格 \div 单位耗量$$
$$单位耗量 = 被替代媒介总耗量 \div 总产出$$
$$媒介替代参数 = 被替代媒介成本 \div 替代媒介成本 \times K$$

式中，K为综合加权系数，考虑媒介可再生性，存量多少，流量多少，对生态环境影响程度，对社会可持续发展影响程度，采用专家打分法给出。替代媒介重要，K就给大一些；反之，则小。媒介替代参数越大替代效应越好，反之，则差。

其次列表分析。根据媒介替代参数大小，由小到大进行排序并填入表中，具体见表5-3。

表5-3 媒介替代排序表

被替代媒介 1	用于替代媒介	媒介$_1$	媒介$_2$	……	媒介$_n$
	替代参数	R_{11}	R_{12}	……	R_{1n}
被替代媒介 2	用于替代媒介	媒介$_1$	媒介$_2$	……	媒介$_n$
	替代参数	R_{21}	R_{22}	……	R_{2n}
……	……	……	……	……	……
被替代媒介 n	用于替代媒介	媒介$_1$	媒介$_2$	……	媒介$_n$
	替代参数	R_{n1}	R_{n2}	……	R_{nn}

最后选择替代媒介。从"媒介替代排序表"中选择替代参数最大的，就是最佳替代配置（注意替换成本）。

（四）区域产业辐射媒介流量分析

辐射媒介流量大小，对区域产业辐射强度有重要影响，决定了区域产业辐射体系中产业的规模、企业的数量和规模。因此,在前面分析的基础上,从物量和价值量两方面对辐射媒介进行定量分析。

首先对辐射媒介从物量方面进行分析。区域产业辐射媒介物量分析:一要分析流入、流出每个产业的主要媒介品种数,各媒介流入、流出量大小;二要分析整个辐射体系中流动媒介品种数、各种媒介流动的数量及流动方向。具体分析如下。

第一,列表计算分析流入、流出某产业的媒介种类及数量。

第二,计算辐射体系中各类媒介总的流量,先对辐射体系所流动媒介品种数进行汇总,然后利用下列公式计算各类媒介流动总量。

第三,辐射媒介流向分析,用矩阵表分析辐射体系内各种媒介流动方向。表中用 Y 表示媒介流入该产业,N 表示不流入该产业。

第四,各产业所需媒介分析。根据各产业的规模,计算各种媒介总需求量。

第五,对各产业所生产各种媒介分析,根据各产业具体生产情况,计算各种辐射媒介总产出量,这里所提到的媒介是指产业所生产出的一切产品,包括产品、副产品及暂时使用价值没找到位置的产品。

第六,区域产业辐射体系媒介流动平衡分析。一个区域产业辐射体系中,流入该辐射体系的媒介由两部分组成:一是区域产业辐射体系中相关产业输出;二是从区域产业辐射体系外部其他产业流入。流出该区域产业辐射体系的媒介也由两部分组成:一是在产业媒介辐射体系内部流动;二是流出区域产业辐射体系的。流入流出主要取决于辐射媒介价格,进一步讲取决于组成产业的企业获得利润的高低。外部价格高,企业获利大,大量媒介流向区域产业辐射体系外,这种流动将导致区域产业辐射体系内部资源不平衡,引起区域产业辐射体系内部进行自我调整。如果外部价格高,就寻找替代品、压缩生产规模或是关闭企业,进行科技开发,减少用量,增加产出量;外部价格低,企业从外部获利小,资源基本上在辐射体系内部流动,同时外部资源也将流入辐射体系内。价格低对媒介需求产业有利可图,生产积极性高,但也可能导致资源无效利用问题出现。对于媒介产出产业来讲,价格低、利润低,加上外来冲击,可能面临经营困难的情况,要么采用新技术降低成本,要么转产停产,最终达到新的平衡。

区域产业辐射体系中,辐射媒介(资源)在辐射体系内、外流进流出都是正常的,流动过程中出现不平衡也是正常的,并且不平衡问题的出现,有时有利于辐射体系内部进行产业结构的调整和创新活动的开展,这些活动都是在区域产业辐射体系内自平衡中进行,从短期来看,对于某个产业可能不利,但从长期来看,对整个区域产业辐射体系是有利的。

从整个区域产业辐射体系来看，流入区域产业辐射体系的媒介所包括总能量小于其流出总能量时合理，说明整个区域产业辐射体系效率、效益高。当流入量大于流出量时，区域产业辐射体系效率、效益不好，长期下去能导致整个区域产业辐射体系发生急剧变化或进行自我调整。对区域产业辐射体系媒介流动平衡分析，将有利于辐射体系内部进行产业结构调整、科技创新，有利于区域产业辐射体系内部对相关企业数量及规模进行规划和调整，有利于区域产业辐射体系内部进行资源流动调整，多的，组织外流，开发新用途替代其他媒介；少的，从外引进，开发技术，提高利用率，寻找替代媒介。研究媒介平衡问题，能及时预测区域产业辐射体系变动趋势，发现新产业，及时淘汰落后产业。具体见表 5-4 与 5-5。

表 5-4 产业辐射媒介平衡分析表

	产业$_1$				产业$_n$			媒介总体情况		
	媒介$_1$	媒介$_2$	$\cdots$	$\cdots$	媒介$_1$	媒介$_2$	$\cdots$	总需求	总供给	差余
媒介$_1$	$A_{11}/B_{11}/C_{11}$	$A_{12}/B_{12}/C_{12}$	$\cdots$	$\cdots$	$A_{11}/B_{11}/C_{11}$	$A_{12}/B_{12}/C_{12}$	$\cdots$	A_1	B_1	C_1
媒介$_2$	$A_{21}/B_{21}/C_{21}$	$A_{12}/B_{12}/C_{12}$	$\cdots$	$\cdots$	$A_{21}/B_{21}/C_{21}$	$A_{22}/B_{22}/C_{22}$	$\cdots$	A_2	B_2	C_2
$\cdots$	$\cdots$	$\cdots$	$\cdots$		$\cdots$	$\cdots$		$\cdots$	$\cdots$	$\cdots$
媒介$_n$	$A_{n1}/B_{n1}/C_{n1}$	$A_{n2}/B_{n2}/C_{n2}$	$\cdots$	$\cdots$	$A_{n1}/B_{n1}/C_{n1}$	$A_{n2}/B_{n2}/C_{12}$	$\cdots$	A_n	B_n	C_n

表中横向产业下面媒介为各产业所需要媒介，纵向为输入媒介名称，方格中 A 为需求量，B 为体系内供给量，C 为差额，负数为缺少，正数为多余。汇总栏中，正数为体系内供给量大于体系内需求量，媒介需向外输送，辐射体系中的相关产业需进行压缩或做其他调整；负数为体系内供给量小于体系内需求量，媒介需从外输入，体系内相关产业需进行扩张或做其他调整。

表 5-5 辐射体系内媒介产出量与需求量分析

体系内媒介名称	产业$_1$			$\cdots$	产业$_n$			媒介总体情况		
	产出媒介$_1$	产出媒介$_2$	$\cdots$	$\cdots$	产出媒介$_1$	产出媒介$_2$	$\cdots$	总需求	总供给	差余
媒介$_1$	$A_{11}/B_{11}/C_{11}$	$A_{12}/B_{12}/C_{12}$	$\cdots$	$\cdots$	$A_{11}/B_{11}/C_{11}$	$A_{12}/B_{12}/C_{12}$	$\cdots$	A_1	B_1	C_1
$\cdots$	$\cdots$	$\cdots$	$\cdots$		$\cdots$	$\cdots$	$\cdots$	$\cdots$	$\cdots$	$\cdots$
媒介$_n$	$A_{n1}/B_{n1}/C_{n1}$	$A_{n2}/B_{n2}/C_{n2}$	$\cdots$	$\cdots$	$A_{n1}/B_{n1}/C_{n1}$	$A_{n2}/B_{n2}/C_{n2}$	$\cdots$	A_n	B_n	C_n

　　表中纵向为产业体系所需要媒介种类，横向为区域产业辐射体系中产业分布情况，其下边为各产业各种媒介产出量，方格中 A 代表某产业媒介产出量，B 代表需求量，C 代表差余。

　　其次对区域产业辐射媒介，从价值量方面进行分析。其具体分析情况与物量分析相同，只是将物量分析换算成价值后再进行价值分析。具见表 5-6。

表 5-6　XX 产业辐射输入、输出媒介价值分析

		单位价格	数量	价值
输入媒介	媒介 $_1$	$P_{入1}$	$Q_{入1}$	$H_{入1}$
	……	$P_{入n}$	$Q_{入n}$	$H_{入n}$
	媒介 $_n$			
输出媒介	媒介 $_1$	$P_{出1}$	$Q_{出1}$	$H_{出1}$
	……			
	媒介 $_n$	$P_{出n}$	$Q_{出n}$	$H_{出n}$

　　第一，计算区域产业辐射体系中媒介输入、输出价值。

　　第二，各辐射产业价值平衡汇总及分析。见表 5-7。

表 5-7　辐射媒介价值平衡分析表

	产业 $_1$			……	产业 $_m$		
	媒介 $_1$	……	媒介 $_n$	……	媒介 $_1$		媒介 $_n$
媒介 $_1$	$a_{11}/b_{11}/c_{11}$	……	$a_{1n}/b_{1n}/c_{1n}$	……	$a_{11}/b_{11}/c_{11}$		$a_{1n}/b_{1n}/c_{1n}$
媒介 $_2$	$A_{21}/b_{11}/c_{11}$	……	$A_{2n}/b_{2n}/c_{2n}$	……	$A_{21}/b_{21}/c_{21}$		$A_{2n}/b_{2n}/c_{2n}$
……		……		……			
媒介 $_n$	$a_{n1}/b_{n1}/c_{n1}$	……	$a_{nn}/b_{nn}/c_{nn}$	……	$a_{n1}/b_{n1}/c_{n1}$		$a_{nn}/b_{nn}/c_{nn}$

　　表中纵向为区域产业辐射体系输入各产业媒介名称，横向为区域产业辐射体系中所有产业名称，下方为各产业输出媒介名称，方格中 a 代表输出媒介价值，b 代表输入媒介价值，c 代表输入输出价值余差，当 a 为 0 时表示无输出，b 为 0 时

表示无输入，c 为 0 时表示平衡或无输出和输入。

各种媒介价值汇总。具体见表 5-8。

表 5-8　产业辐射体系各类媒介价值汇总（输入）

输入媒介	各种媒介总价值	输出媒介	各种媒介总价值
媒介 $_1$	$a_{入1}$	媒介 $_1$	$b_{出1}$
……	……	……	……
媒介 $_n$	$a_{入n}$	媒介 $_n$	$b_{出n}$
合计	$H_入$	合计	$H_出$

（五）区域产业辐射媒介关系与地位分析

在区域产业辐射体系中，作为传播能量的媒介对区域产业辐射起重要作用，某种媒介流动量越多，其在区域产业辐射中起作用就越大；反之，则相反。但只从数量方面无法判断，只有通过所占比例才能反映出其作用和地位。某个产业专用输入、输出媒介量只有与整个区域产业辐射体系比较才有可比性，自身比较则无实用价值。共用媒介、通用媒介与相关产业进行比较，分析其在区域产业辐射体系中的地位和作用。区域产业辐射媒介品种多少决定了区域产业辐射体系中所涉及产业数量多少。通常情况下，辐射媒介品种越多，涉及产业数量越多，其所涉及领域就越多，辐射范围越广；反之，则相反。区域产业辐射媒介分析有物量与价值两种方法。具体分析如下。

（1）物量分析

$$R_{介比} = \frac{Q_{1产入}\left(Q_{i产出}\right)}{\sum_{i=1}^{n} Q_{1产入}\left(Q_{i产出}\right)}$$

$R_{介比}$ 指某产业输入（输出），媒介所占比例。介比越大，说明该产业在这一领域所起作用越大，发生变化时对其他产业影响作用越大；反之，则相反。这方面分析，又分为通用性辐射媒介分析和共用性辐射媒介分析，两者原理基本相同，不再单独进行分析。

（2）价值法

价值作为区域产业辐射经济能量的指标，有着物量指标不可替代的作用，它能用来分析整个产业在辐射体系中的地位和作用、某个产业中某种媒介在整个辐射体系中地位和作用、某种媒介在整个区域产业辐射体系中的地位和作用，用产业输入（输出）价值比例（$R_{产体}$）衡量分析。

$$R_{产体} = \frac{\sum_{i=1}^{n} H_{\lambda 1}\left(H_{出i}\right)}{\sum_{j=1}^{m}\sum_{i=1}^{n} H_{\lambda 1}\left(H_{出1}\right)}$$

产体越大，说明该产业在整个区域产业辐射体系中作用越大，其地位越重要，其发展变化对整个区域产业辐射体系影响程度越高；反之，则相反。将 $R_{产体}$ 按照大小进行排序，就能确定出各个产业在整个区域产业辐射体系中的地位，以此确定骨干产业、一般产业和次要产业，并据此来制定相应产业政策，根据其发展变化情况制定产业结构调整、产业结构优化和产业升级等的策略。

也可用某产业某种媒介输出（输入）价值比例（$R_{价比}$）分析。$R_{价比}$ 越大，说明产业中的这种媒介地位越重要，其与该产业发展变化相结合，将对产业辐射体系产生重大影响；反之，则相反。

$$P = \frac{a_{\lambda i}\left(a_{出i}\right)}{H_{\lambda}\left(H_{出}\right)}$$

式中，P 表示某种辐射媒介输入（输出）价值比例。P 越大，这种媒介在整个区域产业辐射体系中地位越重要，其变化对整个区域产业辐射体系影响越大；反之，则相反。将 P 从大到小排序，将媒介分为重要媒介、次要媒介和一般媒介，分别采用不同管理方法进行管理，为产业结构调整、产业结构优化、产业升级及资源优化配置提供依据。

（3）区域产业辐射媒介关系分析

要对区域产业辐射媒介关系进行分析，应首先引入区域产业辐射媒介弹性，所谓区域产业辐射媒介弹性就是指当一种媒介发生变化时，另一种媒介对其变化影响的反映程度。为了衡量其关系强弱，引入区域产业辐射媒介弹性系数（T）分析，所谓区域产业辐射媒介弹性系数是指当 X 媒介变化时，Y 辐射媒介变化幅度与该媒介变化幅度之比。

$$T = \frac{\dfrac{Q_{y1} - Q_{y0}}{Q_{Y0}}}{\dfrac{Q_{x1} - Q_{x0}}{Q_{x0}}}$$

式中，Q_{y0}，Q_{x0}，Q_{y1}，Q_{x1} 分别为变化前后 Y，X 媒介的流入（流出）量。$T > 0$，说明这两种媒介是互补关系，并且 T 越大，其互补性越强，在进行区域产业辐射体系研究时，应注意它们之间的相互拉动刺激作用，更要注意其负面作用；$T=0$，这两种媒介之间无关系：$T < 0$，说明这两种媒介之间存在替代关系，并且负数绝对值越大，它们之间替代性越强，应注意从这种关系中发现主导产业和新兴产业，进行扶持以使其迅速发展壮大，为产业布局、产业结构调整政策的制定提供依据，能及时发现夕阳产业，必要时对其进行调整或淘汰。

（六）区域产业辐射媒介变化对区域产业辐射体系影响分析

区域产业辐射媒介变化对区域产业辐射体系影响主要体现在以下几个方面。

（1）区域产业辐射媒介流动规模和数量变化决定了区域产业辐射体系的规模。产业之间进行经济能量的交换是以区域产业辐射媒介为载体进行的，当媒介的数量增加时，区域产业辐射体系之间进行经济能量交换的规模就大；反之，区域产业辐射体系之间经济能量交换规模就减少，影响相关产业的发展。

（2）区域产业辐射媒介更替决定了区域产业辐射体系的领域及区域产业辐射体系中产业结构的变化。科技发展将使人们发现新的材料，发现已有材料的新用途，这将引起区域产业辐射媒介的替代，从而引起原有相关产业的衰退或被淘汰，引起新产业的产生和发展壮大。区域产业辐射媒介的这一特点指导人们根据媒介的更替情况进行产业结构调整和升级，利用区域产业辐射媒介替代性特点指导人们开发已有产品，尤其是副产品和废弃物的用途、为循环经济体系建立和发展提供依据。

（3）区域产业辐射媒介价格及供求关系变化将对区域产业辐射体系产生影响。企业生产的主要目的是为了获取利润，产品价格的高低决定了获取利润的高低，当价格高或增加时，企业积极性高，相关产业就能迅速发展，对一部分产业推动作用大，引起它的快速发展，但对另一部分产业起到反面作用，因为价格过高，以这种媒介为生产要素的企业积极性受挫，影响产业发展。媒介供求关系变化从正反两个方面影响相关产业发展。

（4）区域产业辐射媒介的生命周期性特点对区域产业辐射体系产生影响。产品是有生命周期的，在其生命周期不同阶段表现出不同特点，产品是辐射媒介中的一种，因此将随着其所处生命周期阶段的不同对相关产业产生不同影响。就某种特定辐射媒介来讲，可以分为四个阶段：导入期，媒介流动量不大，媒介自身产业规模不大或者没有形成产业，因此其对相关产业影响不大；成长期，辐射媒介流动量不断增加，生产该媒介的产业规模在扩大，因此对其他相关产业影响作用在增强；成熟期，辐射媒介流动量达到最大后基本上在某个范围内波动，其对相关产业影响达到最大；衰退期，辐射媒介流动量开始下降，有的甚至降到零，其对相关产业影响程度开始下降。区域产业辐射媒介的这种特点将指导我们通过对区域产业辐射媒介生命周期不同阶段特性的研究，对区域产业辐射体系中相关产业进行调整，规划构成产业的企业的规模和数量。

（七）区域产业辐射媒介交换机制

区域产业辐射体系之间经济能量能否进行正常的交换，取决于产业之间媒介交换机制能否正常运行。辐射体系媒介交换机制由两部分组成：内部交换机制和外部交换机制，内外交换机制都按市场规则运行。内部交换机制，由于受产业聚集效应的影响，其交易成本低，对产业发展有利；外部交换机制相对成本高，对相关产业发展不利。区域产业辐射体系构成区域经济一部分，对区域经济来讲，其对外输出经济能量越多，该体系相关产业发展越有利；反之，则相反。区域产业辐射体系内部各种产业间进行经济能量交换是必然的，因此交换机制存在是必然的。

三、区域产业辐射的特性

区域产业辐射受经济运动规律、自身运作机制及其他因素的影响，表现出自身的规律和特征，搞清楚这些特征对区域产业辐射机理应用及研究具有重要意义。

（一）传递性

区域产业辐射的传递性一方面表现在供求关系上，产业供求活动形成一系列的产业供求关系，当供求量或供求领域发生变化时，能通过辐射网络将这些变化传递给相应环节，引起其他供求发生变化，甚至引起其他供求关系的调整，这是区域产业辐射的传递性。一方面，当环境发生变化时，产业之间的关系和地位发生变化，引起原有产业的衰退，新产业的出现，形成产业替换；另一方面，当某个核心区域产业辐射强度发生变化时，能通过辐射体系将这种变化传递到辐射网络体系中相应环节，引起变化或调整。实际工作中应利用这一特性：一是采取措施确保核心产业稳定发展，保证其所辐射相关产业稳定发展，保证区域经济持续稳定发展；二是采取相应措施尽可能延长核心产业生命周期，延迟区域经济衰退期的到来，为寻找替代产业赢得时间；三是尽可能搞清楚产业蜕变期的到来时间，分析其蜕变方式，及早对区域产业结构进行调整；四是依据产业变化，制定相应政策，调整产业结构，确定重点扶持产业、资助产业、重点发展产业，为产业更新换代做好准备。

（二）派生性

每个产业都由供求活动形成以其为核心的供求体系，其直接辐射的领域或产业，又以各自为核心形成新的供求关系，这样一环扣一环的发展下去，形成相互联系、相互发展、相互制约的产业关系，这就是区域产业辐射的衍生性或派生性。这种衍生或派生有的在不断扩大，使区域产业辐射强度增强，有的在不断缩小，使区域产业辐射强度减弱。当产品开发出新的用途，或寻找到新材料、原料等时，引起衍生、派生的范围变化，进而引起区域产业辐射体系或网络发生变化。实际工作中应利用区域产业辐射的这一规律搞好科技开发活动，开发产品新用途，开发新资源、新产品，以达到扩大区域产业辐射领域增强其辐射强度的目的，更要依据区域产业辐射衍生、派生的范围，对区域产业辐射的领域、区域产业辐射的"经济辐射能量"交换方式、规模和数量进行分析，根据变化确定区域合理产业网络，构筑科学合理的产业体系。

（三）动态性

区域产业辐射领域、区域产业辐射范围、区域产业辐射媒介、区域产业辐射强度及区域产业辐射体系、区域产业辐射网络都不是一成不变的，而是随着时间、环境条件的变化而变化，我们将这些变化称为区域产业辐射动态性，或称为动态性规律。在实际工作中应结合区域产业辐射这种动态特性，制定合适的策略及时调整产业结构，以确保区域乃至整个社会经济持续稳定地发展。

（四）迭加性

辐射媒介的同质性使得多个产业从同一产业获得某种媒介或多个产业向同一产业供给某种媒介，使得同一辐射体系中不同环节上的产业，甚至与其他相对独立的区域产业辐射体系中不同环节上的产业，辐射迭加后其辐射媒介的供求量能达到一定辐射规模，适合创办相应的产业。同辐射源中不同环节，次级、再次级辐射源，对同质媒介共同需求或供给迭加后能使辐射媒介需求或供给量达到一定的规模，适合创办相关的产业或企业，将媒介的可加性称为区域产业辐射迭加。将来自同一区域产业辐射体系的媒介迭加称为同源迭加，来自不同辐射体系的媒介迭加称为异源迭加。辐射媒介迭加后将使产业或不同源产业对某一区域产业辐射程度增加，形成一定规模，有利于相关环节上相应产业设立。实际工作中，应利用区域产业辐射迭加原理搞好区域产业布局和规划，尽可能做到资源共享，使相关产业相互作用、协同发展。

（五）层次性

以骨干产业为核心形成的辐射源由许多辐射枝或辐射链组成，每一条辐射链或辐射枝从核心辐射源开始由近及远向外扩展。根据产业（企业）离辐射源的远近将区域产业辐射层次划分为紧密层、过渡层、松散层三个层次。

紧密层直接受辐射源影响，骨干产业对其直接拉动或刺激，因此对其拉动强度大、刺激程度高、影响作用大。应对其进行详细分析，以便确定重点培育和发展的企业、产业，同时应寻找某些有发展前途的企业、产业作为过渡转型企业、产业来发展、培育。

过渡层不直接受骨干产业的拉动、刺激，而通过紧密层受骨干产业的拉动、刺激，间接接受骨干产业的影响。对于这类企业或产业，除了寻找受影响较大，能形成规模达到开办企业的产业进行发展外，更应该从这些产业中，寻找一二级骨干产业进行培养，以便为将来进行产业结构调整奠定基础。

松散层是离骨干产业较远，骨干产业对其辐射直接影响不大的产业层次。对这一层次只进行一般性分析即可，但要注意在将来骨干产业衰退时，能否从中培养出有发展前途的新型骨干产业。城市应该对产业进行辐射分析，以骨干产业为依托，在安排好当前产业结构的同时，搞好二级、三级骨干产业发展规划，以便当骨干产业衰退或蜕变时，及时培养发展骨干产业，寻找新的经济增长点。

（六）实效性

随着时间推移，产业在生命周期不同阶段，其辐射侧重点、辐射领域，对某一特定产业的辐射强度等都不相同，会随着时间变化而变化。在其他条件不变的情况下，经济周期性波动也会引起供求关系变动，引起区域产业辐射强度周期性波动，使区域产业辐射关系发生变化。因此，在实际工作中，应利用区域产业辐射时效性的特点，采取合理措施，使区域产业辐射正面作用发挥到最大，消极作用降到最低。

四、区域产业辐射体系中产业关系及作用

此处对辐射体系中产业关系、地位及作用进行分析研究，为制定相应战略提供依据。

（一）区域产业辐射体系中产业种类

对产业的分类，由于研究问题的角度不同，因此分类方法也不同，马克思为研究社会再生产过程，揭示资本主义生产的本质和剩余价值产生的秘密，将产业分成生产生产资料的部类和生产消费资料的部类，并以此为切入点，对社会的简单再生产和扩大再生产进行了分析和讨论。

苏联为安排生产计划，安排优先发展的产业，将产业分成农、轻、重三大类，并依据马克思两大部类的分法以及再生产的原理，提出优先发展重工业的理论。

澳大利亚经济学家费歇尔将产业分成三大产业，由英国经济学家、统计学家进一步将其完善推广——具体分为第一产业，指农业、采矿业等；第二产业为加工

业；第三产业为服务业，并对它们之间的关系进行分析研究。

生产要素制约分法，就是根据不同产业在生产过程中对资源的需求种类和依赖程度的差异将产业分为劳动密集型、资本密集型、技术密集型和知识密集型等四大类，并从静态和动态两个方面对其之间的关系进行研究。

标准产业分类法就是为统一统计口径，便于全面、准确地对国民经济活动进行分析研究，将产业分的更加细致。中国国家标准局颁布的《国民经济行业分类和代码》中将我国的产业分成 16 个门类，92 个大类，300 多个中小类。

从产业发展前景将产业分成朝阳产业、夕阳产业、一般产业。朝阳产业是指新兴的有很好发展前途的产业；夕阳产业是指将要被淘汰，正在衰退的产业；一般产业是指处在平稳发展期的产业。

于刃刚教授在其编著的《主导产业论》中将产业分为主导产业、基础产业和支柱产业，主导产业是指在产业结构中处于主体性的战略地位，并能对其他产业发展起引导和支撑作用的产业；基础产业是指在产业结构体系中为其他产业的发展提供基本条件并为大多数产业提供服务的产业；支柱产业是指在产业结构体系的总产出中占较大比例的产业，在此基础上对它们之间的关系进行研究分析，并重点对主导产业的发展变化规律进行研究。

上述专家从不同角度对产业关系进行分析探讨，研究它们之间的关系，但没有从它们相互影响、相互促进的角度进行研究。区域产业辐射主要是研究产业之间相互影响、相互作用的机理，因此从这一角度出发，本文认为应将产业分成核心骨干产业、紧密依附产业、从属产业、过渡产业、基础产业、支持产业六大产业群体：① 核心骨干产业是指在区域产业辐射体系中处于关键地位的产业，它们是区域产业辐射体系的核心，其发展变化将对其他产业产生重大影响，许多其他产业是围绕骨干核心产业发展起来的，在同一区域产业辐射体系中核心骨干产业有时只有一个，有时有多个，它们之间形成核心产业网络；② 紧密依附产业是指由核心骨干产业直接影响而形成的产业，它们依附核心骨干产业发展起来，或为核心骨干产业提供产品，或使用核心骨干产业的产品，这类产业随着核心骨干产业的发展而发展，随着核心骨干产业的衰退而衰退；③ 从属产业是指与紧密依附产业发生直接联系，间接受到核心骨干产业发展影响的产业；④ 过渡产业是指由专业性比较强的产业向通用性转化的产业，这类产业受核心骨干产业影响程度较小，对核心骨干产业的依赖性较弱；⑤ 基础产业是指所有产业发展都离不开的产业，其通用性强，能够独立发展，核心骨干产业对其有影响，但影响程度不高，在其他区域产业辐射体系中同样能够发展；⑥ 支持产业是指对整个区域产业辐射体系发展提供基础的产业，这类产业因辐射体系不同而不同。上述产业在区域产业辐射体系中的地位不同，其作用也不同，它们之间相互联系、相互影响构成区域产业辐射体系的有机整体。

（二）区域产业辐射体系中的产业关联性

产业关联是在投入产出基础上发展起来的，产业关联理论是从"量"的角度静态考察国民经济各产业部门之间技术经济联系与联系方法，即产业之间的"投入"与"产出"的量的比例关系，主要研究产业关联分析方法、基本工具、主要内容等。产业关联主要分析工具是投入产出表，分析产业之间联系的方式，建立产业波及效果模型，并对产业波及效果进行分析研究。产业关联只是从量的方面，而不是从定性方面对产业关系进行分析，没有研究物量在产业之间如何流动，其流动方式、流动规模等变化后对产业之间关系有何影响，也没有对物质替代问题、产业替代问题进行研究，而区域产业辐射中产业关联除进行量的分析研究外，将对上述问题进行研究，并且研究区域产业辐射体系运行机制、管理机制等，尤其是将网络理论应用于产业关系和物流关系的研究中。

（三）区域产业辐射体系中产业地位和作用

1.区域产业辐射体系的地位及作用

虽然产业与产业之间进行经济能量交换是对等的，但是就一个产业来分析，与其进行经济能量交换的产业有许多，有不同种媒介传播构成的产业关系，有同种媒介在不同产业之间传播构成的区域产业辐射关系，产业输入、输出媒介不同、数量不同，其辐射范围不同，因此，对相关产业影响程度不同，其在整个区域产业辐射体系中关系和地位也不同。其作用大小、地位高低主要取决于其在整个辐射体系中传播经济能量的大小。其分析如下

$$M = \frac{\sum_{t=1}^{n} H_{\lambda i} + \sum_{t=1}^{n} H_{\text{出}i}}{H_{\lambda} = H_{\text{出}}}$$

式中，M 表示某产业在辐射体系中传递经济能量比重；产业传递经济能量之和等于所有媒介数量与其价格（不变价格）之积的和；整个辐射体系所传递经济能量之和等于所有产业所传递的经济能量之和门，M 大，某个产业传递的经济能量大，说明其输出（输入）的媒介规模大、数量多、品种多，辐射领域多，辐射范围大，对相关产业影响程度大：反之，则相反。按照 M 大小将所有产业由大到小排序，就能获得区域产业辐射体系中产业地位序列表，排在最前面的为区域产业辐射体系中的骨干产业，其发展变化将对整个区域产业辐射体系产生重大影响，当其发

展壮大时，在其拉动刺激一下，相关产业就发展壮大；当其萎缩时，相关产业就萎缩。而排在最后面的产业对区域产业辐射体系影响程度较低，其发展变化对相关产业的影响不大。但骨干产业与一般性产业的关系不是一成不变的，而是随着时间、条件的变化而变化，有时原来骨干产业下降为一般产业，有的甚至被淘汰，原来一般产业上升为骨干产业，有时甚至出现新兴产业取代了原来骨干产业。正确分析各个产业在区域产业辐射体系中的地位，分析其发展变化趋势，有利于产业政策制定、产业结构调整、产业优化升级。

实际上，区域产业辐射媒介是在企业中传播进行经济能量传递的，相同或相关企业聚集在一起构成产业，而相关产业相互辐射拉动又形成区域产业辐射体系。在一个城镇或经济区域中，经济体可能是以某个产业为核心形成的群体，也可能是由多个骨干产业为核心形成的多个产业群体，这些群体之间也存在着经济能量传递，只是传递数量较少，相互作用力较弱，可忽略不计，将它们看作是相互独立的区域产业辐射群体。不进行经济能量传递是相对，进行经济能量传递是绝对，只是有强有弱，有的直接，有的间接，有的经过中间环节少，有的经过中间环节多，因此区域产业辐射体系之间独立是相对的，统一是绝对的。每个区域产业辐射体系内部进行经济能量交换的数量、规模不同，与体系外交换的经济能量数量、规模不相同，因此它们在区域或城镇经济中所处地位和起的作用不同，对区域或城镇经济发展的作用不同。搞好区域产业辐射体系（区域产业辐射群体）在区域或城镇经济发展中的关系或作用分析，将有利于区域或城镇制定经济发展政策。分析如下

$$U = \frac{H_{入} + H_{出}}{\sum \left(H_{入} + H_{出} \right)}$$

式中，U 表示某区域产业辐射体系内部传递经济能量流动比。

这部分经济能量在一个区域中被作为中间环节消耗掉，从表面上看对城镇或区域经济影响不大，但其构成区域（城镇）总产值的一部分，其越大，对区域或城镇经济影响程度越大；反之，则越小。其传播媒介品种多少、数量和规模大小将影响区域或城镇产业体系的完整性，影响相关产业分工合理性。媒介品种多、数量和规模大，其辐射范围就大、辐射领域就多，就有利于相关产业集聚，有利于产业体系完善及完整，更利于产业分工；反之，则相反。因此，U 越大，其在城镇或区域中地位就越重要，发展变化对所在区域或城镇经济发展的影响作用就越大；反之，则相反。但其对区域或城镇贡献大小，取决于整个辐射体系中能量在体系内外输出与输入的差，这个差值越大，说明辐射体系内部消耗越小，对外输出越大，因此其贡献越大；反之，则越小。具体分析如下

$$G = \frac{H_{出} - H_{入}}{H_{区总}\left(H_{城总}\right)}$$

式中，G 表示某产业对区域的贡献率；$H_{区总}$（$H_{城总}$）代表区域（城镇）的总产值；G 越大，贡献越大；G 越小，贡献越小。

$$P_{产外} = \frac{H_{入}\left(H_{出}\right)}{H_{区总}\left(H_{城总}\right)}$$

式中，$P_{产外}$ 为辐射体系对外输入、输出经济能量流动比率。$P_{产外}$ 越大，说明这一区域产业辐射体系对外进行经济能量交流量越大，对其他产业体系的影响越大，其自身产业集聚效应越好；反之，则相反。$P_{产外}$ 越大，说明其在所在城镇或区域进行经济能量传递量越大，其对城镇或区域经济发展影响作用越大，其所处地位越重要；反之，则相反。按 $P_{产外}$ 大小进行排序，就能得出城镇或区域骨干产业与一般产业关系表，将为区域或城镇制定产业政策提供依据。

2. 产业的地位及作用分析

（1）产业在区域产业辐射体系中作用与地位分析

$$M_{产传} = \frac{H_{入} + H_{出}}{H_{体总}}$$

$$或 = \frac{H_{产总}}{H_{体总}}$$

式中，$M_{产传}$ 为产业传递经济能量比重。$M_{产传}$ 越大，该产业在整个区域产业辐射体系中的地位越重要，其作用越大；反之，则相反。为分析其重要性大小，引入产业——辐射体系弹性系数方法。

（2）产业——辐射体系弹性系数 R 产幅。

$$R_{产辐} = \frac{\dfrac{H_{体1} - H_{体0}}{H_{体0}}}{\dfrac{H_{产1} - H_{产0}}{H_{产0}}}$$

$H_{体0}$、$H_{产0}$、$H_{体1}$、$H_{产1}$ 分别代表变化前后辐射体系与产业的产值。$R_{产辐} > 0$，说明该产业对区域产业辐射体系是正向关系，$R_{产辐}$ 越大，其影响作用越大，其发展壮大将引起产业聚集效应增强，引起其他产业发展壮大，其萎缩将引起产业聚集效应下降，引起其他产业萎缩；$R_{产辐} = 0$，说明其对产业体系无影响；$R_{产辐} < 0$，说明该产业正在与区域产业辐射体系失去关联，是被区域产业辐射体系所淘汰的产业。

（3）产业——辐射体系媒介品种比例分析（$M_{产辐}$）

$$M_{产辐} = \frac{Q_{入种} + Q_{出种}}{Q_{体种}}$$

式中，$Q_{体总}$表示辐射体系输入和输出的媒介品种之和。$M_{产辐}$越大，说明该产业所输出（输入）传播媒介品种越多，其辐射领域越多：反之，则相反。

3. 产业在城镇或区域中作用和地位分析

（1）产业输出（输入）传播媒介品种比例

$$M_{产区} = \frac{Q_{入种}\left(Q_{出种}\right)}{\sum Q_{体种}}$$

式中，$M_{产区}$为产业与区域辐射媒介品种比例。$M_{产区}$越大，其辐射范围越大，与其相关联的产业越多；反之，则相反。产业辐射媒介品种数是衡量一个产业辐射体系大小的关键性指标，品种越多，区域产业辐射范围就越大少。产业数多少是衡量产业集群的重要指标种区域产业辐射体系将有利于多元化战略的实施体系的建立。产业数越多，该产业输出（输入）的媒介品种数越多，区域产业辐射媒介品种数是衡量一个产业辐，辐射体系中产业数就越多；反之则越产业集群越高，产业聚集效应越强，这种产业辐射体系将有利于多元化战略的实施、资源共生网络的优化、产业链的优化选择、循环经济体系的建立。

（2）辐射体系中区域产业辐射经济能量比重

$$Z_{产区} = \frac{H_{产总}}{H_{区总}\left(H_{城总}\right)}$$

式中，$Z_{产区}$为某个区域产业辐射经济能量在区域经济中的比重；H产总表示某个产业的总产值。$Z_{产区}$越大，说明该产业所创造的总产值越多，流入、流出该产业的媒介价值就越大，其对其他相关产业的影响作用就越大，该产业在城镇（区域）经济发展中处于骨干位置，其发展变化将对区域（城镇）经济发展，尤其是相关产业的发展起决定性作用；反之，则相反。将整个城镇或区域所有产业的$Z_{产区}$从大到小排列起来，就是该区域产业地位排序表，结合其他评价分析指标，对产业进行分类分析管理，重点扶持骨干产业，照顾一般性产业的发展。但$Z_{产区}$还不是衡量产业变化对区域（城镇）经济影响的唯一指标，要更准确地对其进行分析，引入产业——区域弹性方法。

（3）产业——区域弹性

产业——区域弹性是当某个产业变化时，其对区域经济发展的影响程度。弹性大，说明其影响程度大，弹性小说明其影响程度小。不同产业对区域（城镇）经济发展影响程度不同，为更便于了解产业对区域经济影响程度的大小，引入产业——区域弹性系数（$R_{产区}$）来进行分析。产业——区域弹性系数是指当某个产业发展变化时，区域（城镇）经济发展变化幅度与该产业变化发展幅度之比。其计算公式如下

$$R_{产区} = \frac{\dfrac{H_{区1} - H_{区0}}{H_{区0}}}{\dfrac{H_{产1} - H_{产0}}{H_{产0}}}$$

$H_{区0}$、$H_{产0}$，$H_{区1}$、$H_{产1}$分别代表变化前后区域与产业的产值。$R_{产区} > 1$，说明该产业发展变化对区域的影响作用大；$0 < R_{产区} < 1$，说明该产业发展变化对区域（城镇）经济发展变化影响作用不大；$R_{产区} = 0$，产业发展变化对城镇（区域）经济发展无影响，这种情况只在理论上出现，现实中并不存在。

四、辐射体系中产业之间关系分析

（一）区域产业辐射媒介品种变化对产业关系的影响

由于资源存在稀缺性，部分资源存在不可再生性，人类始终在不断寻找新资源，开发已有资源的新用途，当找到新的资源时，就会引起已有区域产业辐射关系的变化，某些产业被新兴产业替代而被淘汰，使已有产业结构被调整；当开发出已有资源的新用途时，已有资源生产产业的辐射范围会不断扩大，引起新产业（如煤变油技术出现，将引起煤变油等相关产业兴起或大发展）的兴起和发展，引起许多原来与辐射体系无关的产业加盟到辐射体系中来。由此看来，当作为区域产业辐射媒介化身的各种资源发生变化时，将引起区域产业辐射体系中产业关系的调整和变化，从而引起区域产业辐射体系的发展变化。

（二）产业——产业发展弹性

科技发展、社会进步，必然引起生产观念、消费观念的变化，这些变化又必然引起生产方式、消费方式的变化，最终引起所消费资源数量、方式的变化，这些变化将进一步引起产业之间的关系变化，变化到一定程度引起产业之间发生替代，即新产业代替已有产业。从绝对方面分析，产业与产业之间都存在着某种联系，有的直接发生联系，有的是间接发生联系，但从相对角度分析，由于某产业发展变化对另一产业发展变化影响环节太多，短期内波及不到，因此，相对来讲两者之间无关系。分析产业与产业之间关系，是研究区域产业辐射的基础，只有研究清楚产业与产业之间的关系，才能搞好相关研究及应用。为了研究产业与产

业之间的关系，引入产业—产业发展弹性来分析。产业—产业发展弹性是指当某个产业发展变化时，另一个产业对其变化的反应程度。产业之间关系有强弱之分，有替代与被替代关系之分。为了进一步研究产业之间关系强弱及是否能替代，引入产业—产业发展弹性系数，即当 X 产业发展变化时，Y 产业变化幅度与 X 产业变化幅度之比。产业—产业发展弹性系数应从用物量、价值量两方面分析。具体如下：

1. 产业——产业发展物量弹性系数（$R_{产物}$）

$$R_{产物} = \frac{\dfrac{Q_{y物1} - Q_{y物0}}{Q_{y物0}}}{\dfrac{Q_{x物1} - Q_{x物0}}{Q_{x物0}}}$$

$Q_{y物0}$、$Q_{x物0}$、$Q_{y物1}$、$Q_{x物1}$ 分别为变化前后 Y、X 产业媒介的流动量。

产业与产业发展物量弹性系数的计算有两种方法：一是 X 产业输入到 Y 产业媒介与 Y 产业被输入的媒介发展弹性系数，$R_{产物} > 0$，X 产业输入到 Y 产业媒介与 Y 产业被输入媒介具有一致性，就是不能被替代，并且 $R_{产物}$ 越大，两个产业之间关联性越强，其相互辐射能力就越大；$R_{产物} = 0$，输入媒介与被输入媒介之间无关系，媒介变化不会影响其他产业；$R_{产物} < 0$，输入媒介与被输入媒介之间是替代关系，一种媒介会将另一种媒介替代，替代的最终结果是发生产业替代。利用这种方法能够分析产业与产业之间媒介流量关系，以此为依据，规划如何开发已有媒介新用途，发现哪些产业将兴起，哪些产业将被淘汰；有利于产业网络优化调整、产业链的发现、进行资源之间的替代。二是 X 产业输入到 Y 产业媒介与 Y 产业输出媒介发展弹性系数，$R_{产物} = 0$，X 产业输入到 Y 产业媒介与 Y 产业生产无关；$1 > R_{产物} > 0$，X 产业输入到 Y 产业媒介对 Y 产业生产有关，但不是绝对影响因素；$R_{产物} > 1$，X 产业输入 Y 产业的媒介对 Y 产业的生产影响程度较高，其输入数量、质量将影响 Y 产业产出的媒介的数量和质量，并且 $R_{产物}$ 越大，其影响作用越大。

通过 $R_{产物}$ 能够分析产业与产业之间的关系，能分清楚各种辐射媒介在产业中的作用，但要具体分析媒介对产业兴衰的影响，还要结合媒介用途分析，结合产业所需媒介用途以及为满足同一需求可以由哪些媒介来满足的分析。前面只分析了产业媒介影响作用，要分析产业与产业关系，需引入产业——产业发展价值弹性。

2.产业——产业发展价值弹性（$R_{产价}$）

$$R_{产价} = \frac{\dfrac{H_{价y1} - H_{价y0}}{H_{价y0}}}{\dfrac{H_{价x1} - H_{价x0}}{H_{价x0}}}$$

$H_{价y0}$、$H_{价x0}$、$H_{价y1}$，$H_{价x1}$ 分别代表变化前后 Y、X 产业的产值。该式反映的是当 X 产业发展变化时，Y 产业对 X 产业变化的反应程度，所以算出来的系数反映的是 X 产业变化后，Y 产业产值变化幅度与 X 产业产值变化幅度之比。

$R_{产价} > 0$，X 产业与 Y 产业是互补性产业关系，即当 X 产业发展壮大时，引起 Y 产业发展壮大，当 X 产业萎缩时，Y 产业也萎缩，平价越大，它们两者之间互相拉动、互相刺激作用越大，今价越小，这种作用越小；$1 > R_{产价} > 0$，两者关系弱；$R_{产价} > 1$，两者关系强。区域产业辐射所表现出的这一特性，为研究产业发展如何带动其他产业的发展、产业萎缩引起其他产业萎缩的原因提供了理论依据，能够用来研究产业发展趋势，及时进行产业结构调整或优化升级。

$R_{产价} = 0$，两个产业之间无关系。

$R_{产价} < 0$，产业与产业之间是替代关系，即当 Y 产业发展壮大时，X 产业萎缩，甚至被淘汰；当 Y 产业萎缩时，X 产业发展壮大。这种关系是产业替代、结构调整、结构优化的依据。产品、企业、产业都有生命周期，它们在生命周期的不同阶段所表现出的特征不同，对相关产业影响不同。产业或企业发展与衰退必然引起城镇或区域经济的发展与衰退，如果一个城镇或区域只设立一个产业，或以某个产业为核心而形成的产业体系，那么当骨干产业衰退时，该区域的经济将衰退，无法持续发展。区域或城镇要做到平稳、持续发展，要尽可能地减少产业更替对经济发展造成的波动，最好发展多个无关联的骨干产业，或者说多个无关联的以骨干区域产业辐射形成的产业群体。产业——产业发展变化弹性分析能用来选择无关联产业或产业群体，为区域或城镇科学合理地进行产业布局提供理论依据。

（三）产业生命周期对区域产业辐射体系或城镇（区域）的经济影响

苏东水在其编写的《产业经济学》中将产业生命周期划分为形成期、成长期、成熟期与衰退期等四个阶段。本文认为这种划分方法只是对产品生命周期划分方法的套用，认为应划分为五个阶段：① 产业幼稚期（形成期），产业还处于萌芽期，严格意义来讲其还没有成为一个产业而独立出来，构成产业的企业还依附于某个产业没能独立起来，企业数量还较少，还没有形成单独成立产业的条件；② 成长期，随着产品被消费、接受，需求量在不断增加，引起企业数量增加，与该产品相关的产品不断出现、形成，由于企业数量增加，产业规模初具，并不断提高，对相关产业的拉动、刺激作用随着区域产业辐射媒介交换数量和规模的不断扩大而增加，同时由于新兴产业出现和兴起，并随着所生产产品（媒介）功能的不断完善而替代其他已有媒介，引起相关产业衰退，甚至被淘汰；③ 成熟期，随着产品功能完善，相关产品的出现，企业及相关企业数量和规模达到了一定程度，产业体系和功能也基本完善起来，这个阶段产业对相关产业的辐射作用达到最大，并在发展中进一步增强；④ 稳定期，产业经过成长期、成熟期后，产品功能基本稳定下来，媒介交换方式基本稳定，产业关系稳定，对相关产业的辐射作用稳定；⑤ 产业蜕变或转型期，产业有的成为全新的新产业，有的成为与原产业有许多共同特性的产业，经过蜕变阶段后，产业实现了转型。这个阶段由于辐射媒介品种变化，辐射媒介传递方法、方式、手段变化，辐射媒介数量、规模变化，在对区域产业辐射体系的逐渐演化中引起整体变化，调整原区域产业辐射体系的结构，部分原有产业被淘汰出局或变小减弱，部分没有产业进入，这些变化将引起辐射范围、辐射领域、辐射强度的变化。

产业对区域（城镇）的经济辐射有正面影响和负面影响两方面：其正面辐射作用是产业的创立及形成，供求关系的形成，吸引其他产业向该地区聚集，交易费等下降，引起更多企业进入，形成产业集群，然后形成区域经济实力，区域对外交换，引起经济能量传递，最后引起对其他经济区域辐射作用。其负面作用是当某个产业走向衰退时，原来以其为核心形成的体系解体或吸引力下降，企业转移，产业聚集效益下降，原有产业群解体或重新进行调整，所在区域经济实力下降，对其他区域交换所引起的经济能量传递量下降，对其他区域经济辐射能力下降。

五、区域产业辐射媒介流分析

区域产业辐射体系中相关产业之所以能相互影响、相互促进，形成一个有机整体，就是由于作为经济能量传递载体的辐射媒介在相关产业之间的流动作用，如果没有辐射媒介流动，就没有经济能量传递，区域产业辐射体系也就不可能形成。因此，弄清楚辐射媒介流的种类及其流动方式对研究区域产业辐射运作原理和机制具有重要的作用。

（一）区域产业辐射媒介流的种类

（1）物质流：物质流指在产业之间流动的各种材料、能源、设备、设施等，它们是由产业之间相互供给、相互需求引起的，物质流是区域产业辐射体系中最主要的媒介流，是其他媒介流产生的原因，没有物质流也就没有其他媒介流。

（2）资金流：资金流是指在产业之间由于资金供求关系流动而形成的。资金流是由物质、技术、人力资源、信息等流动而形成，它与这些媒介流动方向相反，但从价值上应是对等的，资金流具有普遍性特点，它能在一切产业之间流动。资金流除上述原因引起外，它也由资金借贷、投资等引起，这种原因形成的资金流经过一定时期，资金要发生回流。

（3）信息流：信息流是指由于相关信息在产业之间传播而形成的媒介流。信息传播，有的是采用等价交换方式进行，即信息获得方要向信息输出方支付一定费用；有的信息传播是无偿的，即信息获得方不需要向信息输出方支付一定费用。

（4）人力资源流：人力资源流是指由人力资源在区域产业辐射体系中各产业之间流动而形成的辐射媒介。人力资源流分为技术人员流、管理人员流和劳动力流。一般情况下，人力资源的输入产业不需要向资源输出产业支付费用。正是由于人力资源流的这种特点，引起区域产业辐射领域不断扩大，相关产业由于不需要花费费用就能获得宝贵的人力资源，也愿意向产业所在区域集聚。人力资源流动将技术、经验、理论知识传播到相关产业中，促使相关产业不断提高水平，使产业之间关联程度提高。

（5）技术流：技术流是指由于技术在区域产业辐射体系中相关产业之间的流动而形成的媒介流。技术流分为有偿技术流和无偿技术流两种，有偿技术流是指技术的获得方需向技术输出方支付一定费用，通常情况下，越是先进技术越需要支付费用，并且支付费用越高；无偿技术流是指技术获得方不需要向技术输出支付费用，这种不在知识产权保护范围内的技术，通常情况下，输出方会作为物质流附加优惠条件，输出给输入方。

（6）知识流：知识流是指在区域产业辐射体系中知识在相关产业之间的流动而形成的媒介流。知识流分为通用性知识流、专用性知识流。通用性知识流通过传播媒介流动，通常情况下获得方不需要支付使用费；专用性知识流有的是通过人力资源流传播，通常情况下不需要支付使用费，有的通过教育培训等传播，需要支付知识使用费。

区域产业辐射体系中的经济能量就是通过上述媒介流动进行传播，但由于媒介种类不同，在区域产业辐射体系中的角色不同，因此其流动方式也不同，媒介流动方式对以区域产业辐射为基础的其他相关研究具有重要意义。

（二）媒介流流动方向

（1）从媒介流与产业之间关系分析，区域产业辐射媒介流分为直接媒介流和间接媒介流两种。直接媒介流是指相邻两个产业之间直接进行媒介输入或输出而形成的媒介流。这种流动由产业供给与需求形成，媒介流的规模、数量、媒介品种等变化将直接对相关产业产生影响。间接媒介流动是指某产业输出的媒介通过中间环节输送到相关产业，这些中间环节可能是一个，也可能是两个以上。间接流动的一种形式是同种媒介流动延续，这将为产业链、循环经济中资源的层级利用或循环利用研究提供方法；另一种形式是由不同种媒介流动而形成，即在后续环节中继续流动的媒介发生了质的变化，而不是原来媒介，这种流动方式能为多元化战略实施提供依据。正是由于媒介的直接流动和间接流动形成区域产业辐射体系，进而形成区域产业辐射网络。

（2）从媒介流动形状分析，区域产业辐射媒介流分为线性媒介流、循环媒介流、树状媒介流、网状媒介流四种流动方式。

① 线性媒介流是指区域产业辐射媒介一环扣一环的流动，中间不出现分枝，也不会出现回流。

② 循环媒介流是指媒介经过若干环节后又回到原来输出产业，如农业中相关产品的流动，这种流动方式将为循环经济研究，尤其是资源循环利用、资源优化配置提供理论依据。

③ 树状媒介流动方式是指媒介从某个产业出发经过中间环节时所经历中间环节又分出许多媒介流动方向，或从输入端开始，许多媒介流经过层层汇集，最终集中到某个产业，这种流动方式以媒介输入流较多，这种流动方式能为骨干产业、主导产业选择提供方法和手段。

④ 网状流动方式是指由于媒介在产业之间相互流动，采用多种方式流动，最终形成流动网络，这是区域产业辐射网络形成的原因，媒介流动网络能为资源优化配置，合理利用提供理论依据，尤其能为循环经济中资源的层级利用、循环利用和优化提供方法和手段。

（3）从资源输入与输出分析，媒介流可以分为输入流与输出流。输入流是指由产业需要而引起其他产业媒介向该产业流动而形成，这种流动方式通常成树状，就是从许多始点开始层层汇集，最终汇集到某个主要产业。这能为骨干产业、主导产业选择提供理论依据。输出流是指产业向其他产业输入媒介而形成流动方式，这种流动方式能为产品、副产品、废弃物综合利用提供研究方法。

（4）从区域产业辐射媒介流动方式分析，产业有集聚也有扩散，产业集聚是指产业向某个地区集中，但区域产业辐射媒介流动达到一定程度，产业就会向其他地区转移引起产业扩散。

区域产业辐射中媒介流动种类、媒介流动方式所表现出的特性将为产业链选择、多元化战略实施、循环经济研究提供理论基础和方法，尤其能为资源流动方向优化、资源优化配置、资源综合利用提供方法，为产业结构调整及优化升级提供理论依据。

第二节　区域区域产业辐射效应形成的动因

以某个产业为核心，由供需所产生的对相关产业的拉动、刺激作用称为区域产业辐射动力；对相关产业的拉动、刺激作用大小称为辐射强度。本节主要对区域产业辐射动力进行研究：分析是什么动力引起区域产业辐射媒介在区域产业辐射网络中的流动，分析区域产业辐射动力的成因、影响区域产业辐射的因素、主导产业通过什么传递机制将自身的产业优势辐射到其他产业等问题。为相关经济理论的研究及实践提供依据。

一、区域产业辐射动力产生的原因

从区域产业辐射体系运行的实际分析，区域产业辐射动力产生的基本原因主要有以下五个方面。

（一）产品的消费需求是区域产业辐射动力产生的基础

马克思在分析生产与消费关系时认为生产决定消费，有什么样的生产方式就有什么样的消费方式，生产决定了消费关系、消费数量，消费对生产具有反作用，消费合理能促进生产发展，反之阻碍生产发展。从社会生产的目的来看，人类的一切活动，包括生产活动、科技活动都是以人类更好地生存为核心而展开的，只要有人类的生存活动，就会产生对产品的消费需求，就会带动相应产业的发展。如果没有人类的生存活动，产业的发展就失去了动力，就无从研究主导产业带来的辐射效应。从上述分析不难得出这样的结论：消费是人类活动，尤其是生产活动的核心，人类的一切活动，尤其是生产活动，不管其经过多少渠道，经过多少环节，最终都要与人类生存相统一，生产是人类消费的派生活动，无论是生产资料生产，还是消费资料生产都是这样。

（二）人类生存是区域产业辐射动力产生的基本原因

人类要生存、要发展就要解决衣食住行等基本生活问题。人类的生存、发展产生各种欲望，并且这些欲望是逐步提高的，当一种欲望得到满足后，人类就会产生新的欲望。欲望地不断提高和不断产生是推动人类进步的动力。有了欲望就会产生对各种各样产品的需求，当这些欲望而引起的需求在现有的科学技术条件下得不到满足时，就会推动人们去研究去开发，促进科技发展，现有科学技术条件下能满足人们的欲望或需求时，人们就能生产出各种各样的产品。一些产品是直接供人类消费，而另一些是为了生产生活消费品而生产的，即人类活动尤其是生产活动，有的直接为人类生存消费而进行，有的间接为人类消费而进行，只是有的表现较为明显，有的不十分突出。但无论如何，任何生产活动都是由人类生存需要而产生的，所以一切区域产业辐射动力最初都是由人类消费而引起的，有生存才会有消费，人类生存是区域产业辐射动力产生的基本原因。人类生存水平的高低直接影响区域产业辐射强度的大小，在迭加原理的作用下，使相应区域产业辐射强度成倍数增长。

（三）生产消费是区域产业辐射动力产生的次级原因

人类为生存而产生的需求引起两大类生产：一是生活消费资料生产，这与需求直接有关，需求大，相关产业规模大，对相应区域产业辐射强度强；反之，则相反。人类为生存直接生产消费品的数量决定相关区域产业辐射强度大小。二是生产资料生产，这方面的生产活动不直接为人类生存服务，但其为生产生活消费资料提供方法、条件和手段，是由生产生活消费资料所引起，是一种派生性生产活动。按其与生活消费生产接近程度来分：有的较近，经过环节较少，在不考虑其他因素的情况下，其相互作用产生的区域产业辐射动力大，辐射强度高；有的较远，经过的环节较多，相互作用产生的区域产业辐射动力小，辐射强度低。总之由消费所引发的一系列生产活动，它的相互作用所形成的区域产业辐射动力与环节成反向关系，经过环节越多，产生的直接辐射动力越少、辐射强度越低。一切生产活动都与人类为生存所产生的需求有关，并与需求大小成正向关系，需求大、动力大区域产业辐射强度强，需求小、动力小区域产业辐射强度低。在消费需求规模一定的前提下，由消费需求所形成产业而引起的一系列区域产业辐射动力大小取决于它们之间的相互关系及运作机制，有的作用后产生动力大，有的作用产生动力小，有的按比例增大，有的按倍数增加。一切生产所产生的辐射动力都是由消费所引起的，因此将其称为区域产业辐射动力产生的次级原因。这一原理在现实工作中，应根据其与消费关系确定产业发展规模和数量，过多超过社会需求造成资源浪费，过低满足不了社会需求，使人类生存质量下降。

（四）生产要素是区域产业辐射动力产生的后盾

生产要素分为基本要素和高等要素。前者包括自然资源、地理条件、气候条件等；后者包括高级技术和创造力、科教机构和领先学科、现代化网络等。基本要素情况如煤炭储量、土地面积等，是"遗传"的或先天条件；高等要素是"人造"的，后天开发的。因此，区域产业辐射动力的形成对生产要素有重要的依赖性，生产要素是保证区域产业辐射动力产生的一个必要条件。

1.资源是辐射动力产生的保障

人类要生存就需要消费一定的资源，无论是生产资料生产还是消费资料生产都需要一定资源。资源包括物化劳动也包括活劳动，包括无形资源，也包括有形资源。发挥区域产业辐射的动力，必须考虑本区域内的资源和外来的资源。虽然随着技术的进步，资源对主导产业所产生的辐射影响会越来越小，但如果没有一定资源作保障，或者资源满足不了生产的需要，就无法进行正常的生产，区域产业辐射作用就受到影响，其辐射强度处于经常变化之中，根本无法发挥正常的作用，所以资源是区域产业辐射动力正常发挥的保障。

2.科技是区域产业辐射动力产生的助推剂

科学技术是第一生产力，科技发展提高了效率，尤其是生产效率，大大加快了人类社会发展进程，如果无科技大发展，人类社会就不可能有今天的快速发展。但科技发展是以人类生存消费需求为核心展开的，没有人类生存消费需求，就没有科技形成，正是人类为了更好地生存消费，才迫使人们去探索新的科技领域，去开发新技术、新产品、新工艺、新材料等。新技术的不断开发和广泛利用，降低了能源消耗和原材料消耗，促使资源有效地利用和开发，提高了产品质量水平。新领域、新产品的不断涌现，引起生产方式、消费方式变化，从而引起产品结构的变化（一些新产品开发出来，一些旧产品被淘汰），进一步引起产业变化，部分原有产业萎缩衰退，在原有产业衰退的同时新兴产业出现，引起区域产业辐射领域、辐射范围、辐射规模、辐射媒介、辐射数量等变化，进一步引起辐射强度变化。科技是区域产业辐射动力产生的助推剂，能加速产业调整及结构变化的速度，引起产业动力的变化。但无论怎样变化，都离不开人类生存消费这个基本内核，所以科技是区域产业辐射动力产生的推动剂，在一定时期内能产生主要作用，在实际工作中应运用好这一特性。

（五）利益是区域产业辐射动力产生的表面原因

对于企业来讲利益是是否创办企业、是否生产、是否扩大生产规模的根本所在，如果有利益就生产，没利益就不生产，即企业的一切活动都围绕利益这个核心进行，利益是调节企业或者生产者行为的杠杆。但这只是表面现象，也是一种短期行为，在一定时期内，利益能发挥动力作用，但是长期来看必须与人类生存消费相统一，否则随着环境变化其辐射动力会减弱甚至降到零。另外，企业追逐利益的最终结局仍然是为了生存消费，如果当某方面生存消费得到的满足已过时，新的消费又没发现，人们就会失去由此产生的无止境需求。在不考虑其他原因的前提下，追逐利益的动机仍然是为了消费，一些企业衰败、一些富裕家庭破落从侧面证实了这一点：生存消费是追逐利益的动力。生存引起需求，需求引起追逐利益，从而产生区域产业辐射的动力。如果无人类生存，就无消费，也就无需求，就无产品生产，就不会出现区域产业辐射，也不存在区域产业辐射动力的问题，如月亮、太阳、土星等无生命的星球上绝对无区域产业辐射，一切产业都是围绕人类生产消费而设立的。当生产满足不了需求时，生存消费动力通过价格等机制传递信息，要求扩大规模增加产量，辐射动力增大，辐射强度增强；当生产超过了需求时，生存消费动力通过价格等机制传递信息，缩减规模，减少产量，辐射动力减少，辐射强度减弱。所以，生存消费是区域产业辐射动力产生的基本原因，利益辐射动力是由生存消费动力而引起的，离开了生存消费也就无利益追逐，追逐利益形成的区域产业辐射动力只是暂时的。生存消费动力有时要经过许多环节后才能寻求到，其具有隐蔽性。利益波动直接影响区域产业辐射强度，生存消费波动间接影响区域产业辐射强度，尤其是生产资料的生产更是如此。利益动力具有来势猛、变化快的特点，实际工作中应正确利用这一特性，妥善解决经济活动中可能遇到的各种问题。

二、影响区域产业辐射动力的因素

从宏观经济来看，区域产业辐射的发展动力是许多经济的和非经济的因素综合作用的结果，辐射动力能否正常发挥作用受许多因素影响。一切影响经济发展的因素，都直接或间接的作用于区域产业辐射，如：技术进步、经济发展水平、市场需求、资源条件等。这些因素影响着辐射动力大小、辐射动力波动、辐射动力持续时间长短，推动或制约区域产业辐射的发展变化。为了更好地进行系统分析，可把这些因素划分为两个类别，即内在因素和外在因素。

（一）影响区域产业辐射动力的内在因素

1.国民经济发展水平

国民经济发展水平衡量的主要指标之一是国民收入，国民经济发展水平与产业的发展是相互影响、相互制约的。国民经济发展水平高，国民收入也会相应提高，社会对产品的需求量大，从而为产业规模的扩大、产业的相互辐射注入了动力。反之，国民经济发展水平低，产业规模较小，人类只满足基本的生存需求，必然会制约产业之间的发展，使区域产业辐射动力不足。如在我国八十年代后期，西部地区与东部地区人均国民收入差距日渐拉大，东部的产业迅速增长，为区域产业辐射的发展提供了动力，目前已兴起了多个高新技术产业开发区，形成了区域产业辐射圈带动当地经济发展，而西部却相反。

2.资源价格

这里的价格是以产品成本允许的价格为资源价格，不是市场价格。价格变动能引起消费需求变动，通常情况下，价格降低，需求量增加，产业规模扩大，对各种资源需求量增加，区域产业辐射动力增大，区域产业辐射强度增强；反之，则相反。

3.产业内部的竞争

一个产业的聚集圈一旦形成以后，产业内部的竞争就会传递到整个辐射体系内的相关产业。一个产业的研究与开发、引进新技术和采取新战略等方面的努力都会促进另一个产业的创新与升级。一个产业聚集圈内的信息迅速流动，为区域产业辐射的发展提供了动力，有助于产业及时了解新的动向，保持本产业的先进性，促进主导产业与前、后向产业的相容性，加强区域产业辐射的强度。

4.主导产业的发展状况

区域产业辐射圈的形成一般都有一个主导核心产业在发挥作用，通过该主导产业的衍生、裂变、创新与被模仿而逐步形成产业集群。所以，产业集群中辐射力的大小受主导产业的影响。作为区域产业辐射圈中的"动力源"，如果主导产业具有发展潜力，将会吸引更多的新产业加入，而新产业加入必然带来新的技术与工艺，新的技术与工艺通过区域产业辐射网络在产业集群中进行流动，加速整个产业的技术进步和创新，扩大区域产业辐射规模，为区域产业辐射带来新的动力。

5.企业的经营者

产业聚集圈是由多个企业构成的，企业的好坏直接影响产业聚集圈中区域产业辐射强度的高低，而企业的前进与否又受到经营者能力、魄力和领导水平的制约，也是克服困难的动力和推动企业发展的源泉。一个好的企业家能使企业高效、严谨的运作；使产品推陈出新，在同行中处于领先地位，看清潮流、掌握市场发展趋势，选择新的产业突破口，为自己的企业能更好地发挥区域产业辐射作用提供源源不断的动力。

（二）影响区域产业辐射动力的外在因素

1.产业的市场需求

产业的需求条件是指产品的市场需求，即产业的成长和发展空间。任何一个产业的产品，都是在市场中进行交换的，都是为市场生产的。产业失去了市场就失去了立足之地，不能设想一个没有市场需求的产业能够立足并得到发展。所以只有产品有市场，产业才有发展，主导产业才会带动其所辐射的产业发展。产品都有生命周期，产品在生命周期的不同阶段产量不同，增长大小不同，其产生的动力不同，将影响区域产业辐射动力和辐射强度。产品从开发到成熟过程中，产业的辐射动力加大；反之，在产品衰退期，市场对产品的需求降低，产业的发展也会失去动力，其辐射动力下降。企业也有生命周期，企业在生命周期的不同阶段，其规模不同，发展侧重点不同，由此所产生的辐射动力不同，辐射强度也不同。企业集群能够引领产业的发展，使产业处于生命周期的不同阶段，辐射强度不同，辐射动力也不同。如一个地区的企业集群一经诞生，正好处于该产业的衰退期，那么这个地区的企业就失去了发展的有利时期，所产生的辐射也就失去了动力。

2.经济波动及其政策

宏观经济是影响区域产业辐射动力的一个重要因素，只有研究好社会主义市场经济条件下经济波动原理，才能使区域产业辐射的动力得到更好的发挥。经济波动主要的表现形式是经济周期，经济周期性波动将引起产业的扩张和收缩，引起产业规模的扩大和压缩，从而引起区域产业辐射动力的扩大或减少。在危机阶段，由于大量产品充斥市场，找不到销路，迫使企业关门，将会压缩产业的规模，减少区域产业辐射的动力，直至经济活动的总水平与市场容量的矛盾缓和为止；萧条阶段，消费及生产不旺盛，区域产业辐射动力小；复苏阶段，消费及生产开始恢复并发展，使区域产业辐射动力逐步增强；高涨阶段，新企业不断建立，产品价格上涨，利润急剧增加，引起产业规模的扩大，区域产业辐射动力增加。政府制定了一系列经济政策，通过经济杠杆和行政手段来鼓励和限制产业的发展，有些经济政策具有诱导性，它为一些产业提供了难得的政策条件；有些经济政策具有强制性，它强制一些产业扩张或收缩；也有些经济政策同时具有诱导性和强制性。经济政策不仅可以直接扶植或限制某些产业的发展，而且能够左右绝大多数影响产业结构的因素，间接地影响区域产业辐射的强度。当受到经济政策的限制时，产业发展就会受到影响，引起区域产业辐射的动力不足，甚至失去动力。所以，经济波动及其政策是影响区域产业辐射动力的一个重要因素。

3.投资结构

投资如同血液，能够使产业的机体迅速地发育成长，投资结构是指投资的方向和投资数额。投资方向直接决定投资在各个产业的分布，对某些产业进行连续的大规模的投资，必然会使这些产业很快的崛起，投资方向是投资者的第一次选择。投资数额是投资者的第二次选择，显而易见，获得投资金额多的产业发展必然加快。利率作为一种杠杆作用又是影响投资结构的重要因素，其与投资结构成反比，在有些产业利率提高的情况下，投资成本增加，利益下降，投资者未必愿意将资金投资到该产业：反之，如果利率降低，投资者见有利可图，便会将大量资金投入到该产业，带动相关产业的发展，给区域产业辐射带来了动力，结果导致获得较多投资的产业会比获得较少投资的产业发展得快。

4.科学技术的发展

科学技术的发展是影响产业结构变化的重要因素之一，技术的发展主要指技术结构变化和技术进步。技术结构变化是由于有新技术的产业出现及技术水平的提高等技术现代化过程。技术结构的发展变化将会引起产业生产组织方式的变化。生产组织方式不同，其供给方式不同，供给量不同，对下游产生辐射动力不同。需求方式不同，对上游产生的辐射动力也不同，它将依据其内在规律变化对区域产业辐射产生影响。科学技术的进步必然会引起生产方式、消费方式的变化。生产方式变化，引起生产工艺、生产技术等变化，这些变化必将引起供给与需求的变化，引起辐射领域、辐射媒介变化，导致辐射动力与强度变化。技术的进步为产业部门提供新的、有效的生产经营手段、组织方式，提高产品工艺质量、降低成本、扩大市场、增加利润，进而触发产业规模的扩张，为相关产业发展带来动力。

此外，产业生存环境等因素变化也对区域产业辐射动力产生影响，如劳动力流向（人口总量），劳动力流向哪个产业，哪个产业就得到了加强，获得了发展条件，为产业的发展提供了动力。没有得到劳动力的产业，发展就受到一定的限制，产业发展缓慢。我国东部沿海地区，是人口最稠密的地区，劳动力的不断涌入，促使其他资源不断进入该地区，带动了经济的发展，为区域产业辐射圈（开发区、产业集群）的形成提供了动力。而我国西部地区，虽然自然资源存在明显的优势，但由于缺乏劳动力，因此经济发展缓慢。

三、区域产业辐射动力传递机制

此处重点分析区域产业辐射动力传递机制，并建立传递机制模型，对相关理论研究及现实具有指导意义。

（一）区域产业辐射动力传递机制概述

区域产业辐射动力产生的原因有多个方面，它们从不同角度对区域产业辐射产生影响；影响区域产业辐射动力的因素有许多，它们从各个方面对区域产业辐射产生影响。但它们通过什么机制相互作用而形成区域产业辐射的动力，这些因素通过什么方式对区域产业辐射动力产生影响，对区域产业辐射的影响程度有多大。无论是产业之间的相互.拉动、产业结构调整，还是企业多元化发展战略实施以及产业链、循环经济研究都需要搞清楚它们之间的内部运作机制，搞清楚它们之间的关系和规律，以便为各种经济工作的开展提供依据，指导具体实践活动。

1. 消费——区域产业辐射动力传递机制

人类为了自身生存发展就要开展各种各样的活动，尤其是生产活动。生产活动对外进行资源交换就形成了区域产业辐射的动力。辐射动力传递机制是通过人类生存、发展产生各种欲望，形成各种各样的具体要求，引起各种活动的开展，将某一环节的变化传递到辐射体系的相关环节。生产活动的发展壮大，形成以生产某种产品或类似产品为核心的产业，这些产业通过产品的输出影响其下游产业，又通过各种设备、原料及能源的输入影响其上游产业的发展，相应上下游产业又以各自供求为基础形成相关的产业体系，这样一环扣一环的发展下去，形成了以消费为中心，相应产品供求为纽带的社会产业体系。当消费发生变化时，通过相关网络、相应供求渠道将由消费所产生的辐射动力传递到社会经济活动，尤其是生产体系的各个环节，推动社会生产及其体系中各产业的发展变化。消费——区域产业辐射动力传递机制是区域产业辐射体系中基本的动力传递机制，可简单的归结为：生存机制→消费动力→产业发展动力→区域产业辐射动力。生存机制变化引起消费观念、消费方式的发展变化，通过相关系统或网络将其传递给相关产业，产业通过供求变化引起辐射动力的变化。

人类生存、发展的动机转换成消费动力，消费动力引起产品生产，产品生产发展壮大到一定规模形成产业，虽然产品多种多样，形成许多门类的产业，但总的归结起来为"两种生产，一种活动"，即：生活消费资料生产、生产资料生产、市场活动。按消费品特性或用途不同又形成了各种各样的产业，供求关系将这些产业联系在一起形成完整的社会生产体系。消费观念、消费方式发生变化时，形成需求动力，这种动力通过相关渠道传递到相关产业，导致这些产业兴衰或变化，兴衰或变化形成区域产业辐射动力，通过相关渠道再传递给相应体系或环节，引起辐射领域、辐射媒介、辐射强度的变化。

消费引起区域产业辐射动力变化的方式有四种：① 消费观念或消费方式转变，原有消费品需求量锐减，产业规模萎缩，区域产业辐射动力下降；② 消费需求量没有变化，只是所占比重下降，区域产业辐射动力相对来讲不变；③ 消费需求量扩大，所占比例扩大，区域产业辐射动力增强；④ 新消费方式引起新消费领域出现，导致新产业出现，区域产业辐射动力转化。

2. 供需——价格利益传递机制

生产→供需→利益是区域产业辐射动力传递的主线之一，贯穿于社会生产始终，生存是区域产业辐射动力产生的源泉，是区域产业辐射动力传递的基础。但因其受生产条件、生产力发展水平的影响，供应与需求的平衡是暂时的，不平衡是永久的，供不应求、供过于求的问题时刻都会发生。当出现供需不平衡时，企业就会进行产量调整，引起辐射动力的变化：当供不应求时，企业扩大产量，对其上游相关产业需求量增加，区域产业辐射拉动力增大，对其下游相关产业供给量增加，区域产业辐射推动力增大；反之，则相反。由供求不均衡所产生的辐射动力是通过价格——利益机制来实现的：当供不应求时，价格上涨，在高额利润的诱导下驱使企业扩大生产；当供过于求时，价格下跌，企业已有利益受损，在其他因素的综合作用下，驱使企业削减生产，导致企业自身所产生的供求关系变化，进一步引起区域产业辐射动力变化，引起辐射强度变化，导致产业结构调整。供不应求严重时，物价快速上涨，投资过热，供求两旺，产业与产业之间交易加大，区域产业辐射动力增强，但好景不长，由于投资过热、企业盲目扩大规模，导致供过于求，大量产品积压卖不出去，经济危机爆发，企业削减产量，有的甚至破产倒闭，引起产业萎缩、产业结构调整。生产—供需—价格—利益之间是相互促进又相互制约的，由供求关系及其他原因引起的经济周期性波动，引起区域产业辐射动力变化，导致辐射体系的调整。当利益高时，投资活跃，供需两旺，生产能力扩大，区域产业辐射动力强度增强；反之，则相反。

由供需所形成的动力传递机制，具有周期性特点，滞后于经济周期的各个阶段，具有明显的时间性；价格升降是指示器，利益高低是推进器；在生产、供需、价格、利益四者的共同作用下，将由四者相互作用而引发的区域产业辐射动力传递到各个环节。

3. 收益——投资传递机制

无论是生存、消费、生产引发的区域产业辐射动力，还是供需失衡引发的区域产业辐射动力，都是通过投资来实现。假设其他条件不变，利息合适，资金和其他资源充裕的前提下，投资能实现，扩大生产规模策略就能实现；资金或其他资源在某些方面不足，投资实现不了，扩大生产规模则无法进行，其所产生区域产业辐射动力就无法形成。在其他条件不变的情况下，利益或者投资成本是投资能否实现的调节器，利息高，投资成本高，相对来讲收益较低，导致投资不活跃，有时投资甚至为"0"，因而所形成的区域产业辐射动力无法实现；反之，则相反。近几年政府投入了大量资金用于基础建设，带动了其他相关产业的发展，带动了投资需求的增加，大量投资的涌入引起区域产业辐射动力的增强，促进经济发展，这正是收益——投资传递机制在起作用。

4.科技技术传递机制

从产业方面来看，当一个产业有利润，或者有巨额利润可图时，投资者或其他企业就会进入该产业，使产业规模过于庞大，导致利润逐步下降，最终出现亏损。在追逐利润动机作用下，企业加大科研投入，改进生产技术、生产工艺、降低成本，使再次出现利润，区域产业辐射动力再次形成。虽然区域产业辐射动力、产业发展动力仍由消费需求引起，但会通过科技实现。

人类为提高生存质量，不断改善生活条件，又需要大力发展科学技术，开辟新的生产领域，新的消费领域，形成新产业。这些新产业又形成新的供需体系，带动相关产业发展，将由消费所产生的动力通过科技发展传递给相关产业，是区域产业辐射动力得以发挥其应有作用。

前面讨论的四种区域产业辐射动力传递机制不是各自独立进行的，而是以生存→消费→生产传递机制为主线，供需→价格→利益机制、收益→投资机制、科技技术传递机制为辅线，在它们的综合作用下进行区域产业辐射动力传递。受环境条件的影响，在一定期内它们所起的作用不同，有的起主要作用，并依据一定条件而转换。以我国浙江省为例，1978 ~ 1989 年，由于国内市场严重的供不应求，无法满足人类的生存需要，浙江依托较好的轻纺工业基础，以补偿性消费需求为导向，集中力量发展轻纺工业，为浙江制造业的发展带来了动力。1989—1992 年，由于消费结构升级，全国制造业发展"过热"市场供大于求，而且交通、能源、原材料和技术等条件严重滞后，企业无利可图，因此浙江全面发展制造业技术以及化学原料和电气机械等新型制造业，给制造产业带来了新的发展动力，为区域产业辐射体系的形成打下了基础。1992 年至今，随着社会主义市场经济的快速发展，政府的政策干预以及对某些产业的扶持，培育了 311 家制造企业。扩大生产规模，改进生产技术，吸引外来投资，形成了一大批产业基地。通过生产→供需→利益→投资→科学技术的传递机制，形成了企业→产业链→区域产业辐射圈，一环扣一环为区域产业辐射的传递带来了源源的动力。

此外，由动力源——主导产业所产生的动力还能通过协同效应机制、心理机制进行传递。如美国的硅谷、好莱坞等地区的成功秘诀之一就是大批相关企业聚集一地，形成了相关的区域产业辐射圈，极大地促进了行业之间的交流。利用协同效应机制可以使区域产业辐射圈内的成员企业利用区域产业辐射网为纽带形成的资源、品牌等共享资源，在为整个区域产业辐射带来动力、提高效益的同时，个体效益和发展动力也得到提高。

（二）区域产业辐射传递机制模型

从上述分析能够得出这样的结论：一切区域产业辐射动力都是由人类消费需求引起，人类需求变化受科技进步、社会发展影响。当供过于求时，产品过剩，在造成资源浪费的同时，生产能力得不到充分的利用，区域产业辐射动力得不到充分的发挥，区域或城镇经济进入混乱状态；当产品供不应求时，社会需求得不到满足，在其他因素的综合作用下，供给不足所产生的区域产业辐射动力传递到相关环节，引起产业的发展。只有当供需均衡时，因供需所产生的区域产业辐射动力才能得到正常的发挥，经济才能稳定地发展，资源才能得到合理有效的利用。但是多年来，分析经济动力产生的原因错了，采取超越或低于社会需求的经济发展措施，结果导致市场上供需失衡，引发经济周期性波动，造成资源浪费。为此，区域产业辐射动力传递机制的研究，还应从基本需求开始。

1.生活消费资料领域的区域产业辐射动力模型

（1）生活消费需求

$$Q_1 = f\left(P_1、M_1、M_2、M_3、M_4、M_5、M_6\right)$$

P_1：价格因素，价格变化对需求形成影响；

Q_1：对某种产品社会总需求；

M_1：人口总量；

M_2：收入；

M_3：科技进步水平；以下同；

M_4：社会进步水平；

M_5：消费偏好；

M_6：其他方面因素（如产量、文化、背景）。

这一模型中人口总量是关键因素，在其他因素不变的前提下，人口总量越大，需求相对来说就越大；反之，则越少。社会进步水平，科技发展水平是二级影响因素，影响人类的消费观念，从而带动消费方式的转变，促使新产品的出现和原有产品的淘汰。收入与消费偏好是生活消费需求的三级影响因素，其决定于人类的消费习惯和收入水平。其他方面因素属于四级影响因素。在这些因素的共同作用下，形成社会消费需求的总规模或数量。

（2）生活消费资料生产领域

$$Q_2 = f\left(P_1、M_3、M_7、M_8、M_9、M_{10}、M_{11}、M_{12}\right)$$

Q_2：生活资料生产数量、规模；

M_7：市场供求关系。市场供求均衡程度决定生产积极性，一般情况下供不应求积极性高，供过于求积极性差；

M_8：利益因素。利益越高，积极性越高，动力越大：利益越低，积极性越低，动力相对就弱；

M_9：投资因素。包括利息、信誉、金融市场情况；

M_{10}：管理因素。管理方法、手段等；

M_{11}：劳动者素质：

M_{12}：其他因素。

人类的生活消费需求，在价格因素的作用下，对生活消费资料产业的规模产生影响。生活消费需求高，生活消费资料生产的数量、规模就相对加大。而科技水平、市场供求关系、利益、投资等其他因素对生活消费资料的生产起辅助作用。与生活消费需求等主要因素一起，引导生活消费资料生产领域的发展方向，形成相应的产业规模。

（3）生活消费资料领域的区域产业辐射动力模型

$$Q_3 = f(Q_1, Q_2)$$

人类所消费的产品有许多种类，但其所产生的区域产业辐射动力传递模式基本都是一样的或类同的。由消费需求引起相关企业建立，而相关企业的聚集形成了区域产业辐射圈。在需求与生产的共同作用下，形成对相关产业的产品需求与供给，从而对相关产业产生辐射的动力。式中色表示在生活消费与生产供给共同作用下对某些相关产业产生的辐射动力，就是社会总需求量。其关系如公式下所示：

$$Q_3 = Q_1 + Q_2$$

（2）生产资料生产领域的区域产业辐射动力模型

① 生产资料生产领域

$$Q_4 = f(P_2, Q_3, M_3, M_7, M_8, M_9, M_{10}, M_{11}, M_{12}, M_{13}, M_{14})$$

Q_4：生产资料生产能力、数量、规模；

P_2：生产资料价格对生产的影响；

M_{13}：生产资料市场供求平衡状况对生产的影响；

M_{14}：其他因素变化对生产资料生产的影响；

M_3、M_7、M_7、M_9、M_{10}、M_{11} 含义同上

② 生产资料生产领域的区域产业辐射动力

$$Q_5 = f(Q_3, Q_4)$$

由生活消费资料生产所产生的区域产业辐射除在生活、消费、资料领域产生

作用外,对生产资料领域也将产生辐射作用。虽然其辐射领域、辐射大小有所不同,但是其辐射动力传递形式、传递机制是基本相同的。Q_5 表示在消费资料领域所产生的辐射动力和生产资料供给量的作用下对生产资料某个领域所产生的辐射动力,即生产资料的社会总需求量。

(三)区域产业辐射动力变动机制的分析

整个区域产业辐射动力分析体系是将区域产业辐射关系简单化后进行分析,就是将区域产业辐射动力分成两大领域:生产生产资料领域和生产消费品领域。而实际上,区域产业辐射关系远远要比上述的分析复杂,区域产业辐射关系的形成有许多环节,也有许多层次。对于这些环节和层次进行产业动力分析,对产业布局、产业结构调整、产业升级以及产业的推动与刺激等都具有重要的意义。其主要分析方法如下。

1. 区域产业辐射动力 Q_3 与 Q_5 进行排序

不管是上游区域产业辐射(指由上游供给形成的)还是下游区域产业辐射,产业与产业之间相互辐射影响都会形成一系列关系,即形成产业链或产业枝。如果 Q_3 与 Q_5 一级比一级大,那么区域产业辐射便呈现出递进状态,如果 Q_3 与 Q_5 一级比一级小,那么相互区域产业辐射是递减状态,这将不利于产业及相关企业的创办。

2. 区域产业辐射动力导数

一阶导数大于 0 且二阶导数大于 0,区域产业辐射动力是增强的;一阶导数大于 0 而二阶导数小于 0,区域产业辐射动力达到最大之后开始下降;一阶导数小于 0,区域产业辐射动力将逐步减少。

影响区域产业辐射动力的因素有很多,并且当外界条件发生变化时,其对区域产业辐射动力的影响也将发生变化,而区域产业辐射动力是研究产业发展变化的重要因素之一。因此在进行研究时,应综合考虑各方面因素的作用,全面分析各种条件的变化,对其进行分析研究,以便为区域产业辐射其他方面的研究提供理论依据。

3. 区域产业辐射力系数

在区域产业辐射圈中,辐射动力还取决于主导产业,一个重要特征就是与其他环境下产业之间的关联度相比较,其产业关联度高,且其关联效应的辐射动力强,生产波及的范围就大。区域产业辐射动力强度主要表现在其为区域外提供产品或服务的能力及产品所能销售范围的大小,通常销售距离越远,说明该产品无论在运输成本、销售价格、对其他地区的产业影响程度上都越具有竞争优势,生产这种产品的产业越能够成为产业集聚的主导产业;反之,则相反。产品的有效半径,与运输成本、市场需求量有直接关系,可以用产品的市场销售价格与产品的运输成本之比作为衡量区域产业辐射范围的指标,比值越大,说明该产业对外辐射力越强。

四、区域产业辐射动力转换机制

每个产业都要对外进行能量交换,能量传递通过产品、资金、技术、信息、劳动力等媒介载体的流动来实现。所交换媒介的规模、数量大小决定了产业自身及其所辐射产业的规模,决定相关企业数量和规模。媒介规模衡量的方法一是用价值法,即按一定规模及数量将其换算成总值;二是实物法,即按一定规模进行实物数量统计比较。从正向来看,一定媒介输入某一产业后能产出一定产品、副产品或废弃物;从逆向来看,某一产业产出一定数量的产品就需要输入一定数量的媒介(原材料、资金、技术、设备等)。生产某产品所需要输入媒介数量的多少及所产出的产品、副产品、废弃物的多少主要取决于生产技术和管理水平。

(一)区域产业辐射动力转化机制模型

区域产业辐射动力是指产业对相关产业拉动、刺激作用的大小,可通过输入、输出媒介的数量来衡量:输入、输出媒介数量多,区域产业辐射动力大;输入、输出媒介数量少,区域产业辐射动力小。区域产业辐射动力产生的根本原因是需求(包括生产需求、生活需求),在一定条件下,需求量一定时,对上下游区域产业辐射动力一定,其大小能通过媒介数量大小来衡量,具体换算(转换)方法如下。

第一,确定区域产业辐射领域。产业相对集中的地方,自然有其地域的优势,有发展较好的产业聚集圈,深深地嵌入本地的社会关系中。所以要以某产业为核心,确定区域产业辐射的领域及其发展优势,其主要与哪些产业发生联系,确定它们直接发生关联的产业即上游产业的供给领域和下游产业的输出领域,通过其他产业间接发生关联的产业。

第二,确定区域产业辐射媒介的种类。区域产业辐射领域一旦确定,就以某产业为核心分析直接媒介的种类、间接媒介的种类。这方面分析包括输出产品、副产品、废弃物、资金、信息技术等,也包括输入产品、技术、信息、资金、劳动力等。

第三,确定区域产业辐射媒介数量。首先确定某产业生产主要产品规模,然后利用统计分析、技术测定、经验统计、类推比较等方法,利用相关数学理论(如拟合、趋势、线性回归等)和经济理论建立相关产业相关媒介转换模型。其基本模型如下。

（1）区域产业辐射输入媒介数量换算模型。

$$Q_{\lambda i} = f\left(Q_{产}、m_1、m_2\right)$$

$Q_{\lambda i}$：生产 Q 产数量的产品需输入 i 这种媒介的数量；

$Q_{产}$：某产业生产某种产品的数量；

m_1：生产技术转换因子；

m_2：生产管理转化因子。

该模型说明，输入媒介数量取决于生产产品的数量，生产产品的数量越多，输入媒介的数量就越多；反之，则相反。m_1、m_2 是影响输入媒介数量的重要因素，Q 产一定时，Q 入 i 与 m_1、m_2 成反比，即 m_1、m_2 越高，表示该产业技术水平越高，生产同样数量的产品所需的输入媒介数量就越少，节约了能源。

（2）区域产业辐射输出媒介数量换算模型

$$Q_{出f} = f\left(Q_{产}、m_1、m_2\right)$$

Q 出 j：当产量为 Q 产时，输出某种媒介的数量，其他符号同上式。

该模型说明，输出媒介数量取决于生产产品的数量。m_1、m_2 是影响输出媒介数量的重要因素，当 Q 产一定时，m_1、m_2 越高，表示该产业技术水平越高，同样输入产生的输出媒介数量就越多。

第四，确定区域产业辐射媒介实物数量。按类别分别对实物产量进行汇总。

$$Q_{总\lambda} = \sum_{t=1}^{n} Q_{\lambda i}$$

$$Q_{总出} = \sum_{t=1}^{n} Q_{出i}$$

第五，确定区域产业辐射媒介价值总量。按一定价格及实物数量换算成价值量，分别汇总输入、输出的价值总量。

$$H_{总\lambda} = \sum_{i=1}^{n} Q_{\lambda i} \times P_{\lambda i}$$

$$H_{总出} = \sum_{i=1}^{n} Q_{出i} \times P_{\lambda i}$$

用上述方法，分别计算出相关媒介的输出及输入量，为进行规模分析奠定基础。

（二）对其他区域产业辐射动力影响指标的分析

区域产业辐射的动力还取决于辐射圈内主一导产业的发展状况，区域产业辐射圈内"领头羊"企业的好坏将会对区域产业辐射的动力产生影响。主导产业根植于当地社会文化，能够最迅速最有效地吸收创新成果，将其迅速转化为生产力，并具有不断自我增强功能，提高产业的创新能力，最终推动技术进步和产业结构升级，且能通过当地的社会网络，将技术创新等活动扩散到相关产业或辅助产业中去，引导和支撑这些产业的发展，最终带动整个区域经济发展，为区域产业辐射带来动力。因此，应用以下指标分析主导产业对区域产业辐射的拉动效应。

1. 产业增长弹性系数

主导产业必须对当地的经济具有明显的带动作用，是区域经济增长的"发动机"。主导产业应该具有较快的增长能力，在当地经济中占有较大比重，可以用增长弹性系数来反映这一特点。该系数是地区中某产业的生产总值增长率与地区整体经济增长率的比值。弹性系数大于1，表明该产业的增长速度快于地区经济的增长速度，该产业能够满足产业集聚中其他产业的需求，具有经济超前性，区域产业辐射动力加大；弹性系数等于1，该产业增长与当地经济增长同步，区域产业辐射动力维持现状；弹性系数小于1，该产业的增长速度慢于地区经济的增长速度，区域产业辐射动力减弱，甚至失去动力，这种产业就可能在一定时期内出现短缺，导致"瓶颈"现象出现。

2. 比较成本系数

区域产业辐射圈中区域产业辐射动力的大小还与该产业生产过程中与该地区的要素供给是否具有比较优势有关，区域要素丰裕度表现为产品价格的高低，若该区域产品的价格相对其他区域的产品价格偏低，则说明该地区的要素供给能够满足该产业发展的要求并为其发展提供了低成本的竞争优势。产业具有低成本优势时，其在市场上销售就具有竞争优势，产业发展前景好，对上下游产业的辐射就强。所以，比较成本系数是衡量区域要素资源丰裕度的指标。

比较成本系数是某产业所生产产品的当地价格和该产品在各地的平均价格的比值，比值大于1，说明该产业在该地区生产时不具有资源使用的低成本优势；比值小于1，则说明具有资源使用的低成本优势，小于1越多，说明产业的要素优势度越大，该产品所处的产业发展越迅速。

3. 产业技术密集系数

主导产业本身具有吸纳新技术的系统，在技术上表现出一定的领先性。技术上的领先性除了表现在产值增长的超前性外，还集中表现在技术人员占产业就业人员中的比重，即产业技术密集系数上。密集度越高，说明产业的技术人员比重越高，技术含量和技术层次越高，相对来说主导产业的发展速度相对较快，为周边产业的发展带来了动力。因此密集度越高，带来的区域产业辐射动力也越大。

五、区域产业辐射动力实例分析与存在的意义

此处以山东省青岛市作为案例，探讨区域产业辐射动力存在的意义。

（一）区域产业辐射动力实例分析

青岛的产业发展，从工业品牌到服务品牌，从培育大企业到培育产业集群，青岛的六大产业渐渐浮出水面，如青岛的家电产业、纺织产业、港口物流产业、重化工产业等集群，不仅带动青岛本身的经济发展，还带动山东半岛的经济发展，构建半岛的制造业集群。

产业聚集圈的发展不是企业的简单相加，应是品牌加品牌，上下游关联产业技术配套而形成的有机经济体。产业集群发展好坏，取决于其产业链辐射的强度，主导产业的原动力。在青岛，产业的聚集体现在家电、港口、物流等领域，"海尔品牌加品牌高层次机群"模式，正在青岛产生强大的辐射动力。据统计目前，青岛销售收入过 150 亿元的企业 8 家，过两百亿元的企业 3 家，利税过 15 亿元的企业 6 家，拥有全国驰名商标 16 个、中国名牌产品 125 个。2016 年，海尔、海信等十大企业集团完成工业总产值（属地口径）1 914.1 亿元，同比增长 12.7，占全市工业产值比重的 35.7，拉动工业增长 6.6 个百分点，成为全市经济重要的支撑力量。青岛的产业结构也从粗放型向集约型转变，形成了以海尔、海信、澳柯玛、朗讯、LG 为核心企业的家电电子产业群；以大炼油、二甲苯、芳香烃和 PVC 为核心产品的石化产业群；以轿车、轻重卡车、客车及车辆零部件为核心产品的汽车产业群；以集装箱船、游艇及船舶零部件为核心产品的造船产业群；以港口运输、集装箱作业等现代物流、临港加工分拨、港务机械制造为核心行业的港口经济产业群等六大集群，传统产业和新兴优势产业共同发展的新型工业体系正在形成。

青岛的家电业，已形成了以海尔、海信为中心的产业群。海尔、海信作为产业群的主导产业，充分利用"主导产业→产业链→产业群"的发展规律，不仅带动了相关产业的发展，而且还同其他产业拉动了经济的发展，建立了自己的上下游资源配套产业。但近几年来，家电业的竞争激烈，资源价格的增长过快，家电业正不可挽回地向越来越低的利润区滑落，为了使青岛的家电产业群保持发展的动力，青岛家电产业群的核心企业通过增强自身的技术研发，降低成本增加利润，吸引投资为本产业的发展提供了动力。近几年青岛家电业还涉及多元化经营，其上、下游需求辐射到多种产业。人们生活水平日益提高，老式家电模式已不能满足人们的需要，市场对新型家电的需求增大，利益增加，投资者纷纷加入，引领家电业与 IT 业、服务业间的相互合作，通过"需求→研发→生产→利益→投资→

供应"的传递机制，形成了"IT业→家电业→服务业"的区域产业辐射圈，即IT业提供技术，家电业进行生产，服务业进行推广，进一步促进与上游及下游产业的发展，增强了区域产业辐射强度，也为其他产业的发展带来了动力。

（二）区域产业辐射动力存在的意义

作为拉动地方经济增长的重要途径之一，产业群有着广阔的发展背景，其不仅可以提高产业自身的竞争力，而且还可以促进地方中小企业的发展。产业群之间通过区域产业辐射来实现各种"能量"的转换。区域产业辐射的动力一旦形成并加以利用，会扩大区域产业辐射领域、提高区域产业辐射强度，步为企业多元化经营、业也是主要路径之一。

区域经济的发展提供动力。公司、企业要发展壮大，除发展主业外，并进一发展副多元化经营起初使用时，效果不错，但后来出现盲目发展问题，发展起来的副业只要某个企业有利润可图，其他企业纷纷进入，导致产业发展过多过乱，围绕主业发能力过剩，造成资源极大浪费，同时又有一些产业发展不足，满足不了社会发展需要。因此，只有从产生辐射动力的内、外因上分析产业目前是否具有辐射动力及辐射动力的大小，才能使企业有一个正确地发展方向，不至于因企业的盲目发展而造成资源浪费，也为产业群的发展提供一个健康的环境。

区域产业布局及产业调整受科技、通货、生产力发展水平、社会制度、市场等因素的影响，经济出现周期性波动是正常的，说明价值规律在起作用。区域或城镇保持经济持续稳定发展是维持社会稳定的基础，为尽可能减少经济波动所造成的损失，在考虑其他措施的同时，合理进行产业布局、产业结构调整也是主要措施。单一型产业结构往往使地区经济随着骨干产业的兴衰而兴衰，从区域经济稳定角度来看，不是合理的产业布局方式。区域应同时发展以主业为核心的产业群，发展相互独立的产业群，发展替代性产业是比较合理的产业布局及产业结构调整方式。区域产业辐射动力的存在是进行产业结构调整、产业布局、产业优化升级的基础和保障。

此外，区域产业辐射动力的影响因素是多方面的，因此，应从多角度分析以便对区域产业辐射动力发展变化趋势做出正确分析判断。

在此，我们从消费、需求等方面对区域产业辐射动力产生的原因进行探讨；分析影响区域产业辐射动力的因素；研究动力传递机制的具体方式，并建立模型对动力传递机制及转换机制进行分析。

第三节 区域产业辐射效应的测度方法

研究区域产业辐射强度，分析区域产业辐射变化规律，对区域产业辐射理论应用具有重要的作用。本节对这一问题进行研究和探讨。

一、区域产业辐射变化测度

受科技发展、社会变化、产业生存的内外环境等因素的影响，将引起区域产业辐射体系发生以下变化：

（1）区域产业辐射媒介品种变化。生产方式、生活方式变化后，生产消费、生活消费将发生变化，生产消费、生活消费的具体内容将发生变化，消费品的种类也将发生变化，最终引起原有媒介被新出现的媒介替代，引起媒介品种发生变化。

（2）区域产业辐射中媒介交换规模和数量发生变化。受市场供给等因素的影响，尤其受消费者需求等因素的影响，区域产业辐射体系中各环节对相关产业的产品需求量将发生变化，引起区域产业辐射体系中各媒介交换数量或规模的变化。

（3）区域产业辐射范围变化。受科技发展影响，区域产业辐射体系中产业关系发生变化，引起产业辐区域产业辐射强度射范围变化，产业关系扩张，区域产业辐射范围扩大；产业关系收缩，区域产业辐射范围缩小。

二、区域产业辐射强度测度

区域产业辐射强度是指某个产业对相关产业影响作用的大小，分为正面影响和反面影响两种情况。产业生命周期分为形成期、发展期、成熟期、稳定期、蜕变期等五个阶段，由于在各个阶段中其发展变化程度不同，供需的规模不同，因此其对相关产业的影响不同，其辐射强度也不同。通常情况下区域产业辐射强度表现出以下特征。

（1）形成期。产业刚刚出现，其规模不大，因此对其他产业影响不大，其辐射强度较小，并且增长缓慢。

（2）发展期。产业不断发展壮大，其传递的经济能量不断增长，辐射媒介交换数量也不断增长，对相关产业影响程度增强。这个阶段其辐射强度较小，但辐射强度增长较快。

（3）成熟期。产品功能稳定完善，企业数量及规模增加，产业功能完善，体系完整，区域产业辐射强度增加的速度减慢。

（4）稳定期。产业趋于稳定，虽然构成产业的基本单元——企业数量和规模不断调整变化，但受辐射体系自我控机制的影响，产业规模始终维持在一定范围内。整个产业对外进行媒介交换的数量、品种、规模基本上维持在一定范围内，因此这个时期，产业对相关产业影响最大，其辐射强度达到最高程度，辐射强度有变化但是变化不大。

（5）蜕变期。受内外生存环境的影响，产业要么被淘汰，要么蜕变演化成为其他产业。在这个阶段，产业规模不断缩小，进行交换媒介的数量也在不断缩小，交换媒介的品种数在减少或是变更。这个时期对相关产业影响程度下降，区域产业辐射强度在不断变化。

产业不同，其生存发展的环境不同，因此其具体发展变化的情况不同，区域产业辐射强度变化规律也不相同，除正常变化外，又可分区域产业辐射强度为以下几种特殊情况。

① 长期稳定型：这种产业的生命周期无限长，尤其是成熟期无限长。其发展规模能够随着消费需求变化而变化，但不会大起大落，这种产业属于区域产业辐射体系中的基础产业，辐射媒介规模、媒介品种不会随着环境条件变化而变化，经济能量在整个区域产业辐射体系中所占的比重随着总体规模的增加而下降，随着总体规模的减少而上升。

② 短期型：这种产业生命周期较短，其发展速度较快，成长速度快，衰退速度也快，这种产业对区域产业辐射体系影响较大，其辐射媒介处于变动中，媒介品种也经常变动。这种产业发展变化将引起相关产业关系的不断变化，其衰退或被淘汰将引起产区域产业辐射体系中产业结构的重新组合或调整，适应的产业被吸收进来，不适应的产业被淘汰。这种产业是引起经济波动的原因之一，其发展壮大引起经济规模的扩大，衰退或被淘汰引起经济规模的缩小。

③ 演化发展持续型：这种产业生命周期长，但发展不平稳，辐射媒介新用途没有发现时，流动方向稳定，交换数量稳定。产业被淘汰时，交换数量下降，与其相交换的产业数量减少，区域产业辐射强度下降。随着媒介新用途的不断开发，与其交换的产业数量增加，辐射媒介流动的方向发生变化，区域产业辐射强度辐射媒介交换的数量增加，区域产业辐射强度增强。媒介用途缩减，辐射范围减小，媒介用途拓宽，辐射范围扩大，再缩减，再减小，再拓宽，再扩大，区域产业辐射关系由于辐射媒介用途的变化而不断变化，始终处于循环变化中。这种产业的

辐射媒介用途变化快，辐射媒介的数量波动大，辐射范围、辐射领域变化快，与相关产业关系调整快，对相关产业影响变化比较大。并且随着媒介新用途地不断发现，在维持原来相关产业联系的同时，也不断有新发生联系的产业加入到区域产业辐射体系中，引起区域产业辐射体系规模的不断扩大，区域产业辐射领域不断扩大，辐射度不断增强。

第六章 一体化视角下中国产业可持续发展能力评估

第一节 中国可持续发展现状

一直以来，世界的目光始终关注西方，先是欧洲，后来是美国，但这个时代正接近尾声，中国正成为全球目光的焦点。中国拥有 13.54 亿人口，是世界上人口最多的国家。国土面积 960 万平方千米，仅次于俄罗斯、加拿大和美国，居第四位，占世界国土总面积的 7.16%。广袤的国土使中国自然资源非常丰富。中国各类型土地资源都有分布；水能资源居世界第一位；是世界上拥有野生动物种类最多的国家之一；几乎具有北半球的全部植被类型；矿产资源丰富，品种齐全。1978年以来，中国国民生产总值年均增长 9.8%，是世界上经济增长最快的国家之一，被誉为"中国奇迹"式的增长。2010 年中国经济总量以接近世界 10% 的份额超过日本，接棒世界第二经济大国的位置。2000—2009 年中国对世界经济的累计贡献率已经超过 20%，成为全球第一大贡献国。

然而创造着无数奇迹的中国，发展的背后却隐忧重重。21 世纪，中国的发展进程不可避免地要遭遇许多挑战：人口三大高峰（人口总量、就业人口总量、老龄人口总量）相继而来，致使中国重要资源的人均占有量短缺。中国人均耕地面积、人均水资源、人均矿物能源都仅为世界平均水平的约 1/3。巨大的经济总量被众多人口分摊，2011 年中国人均 GDP 仅为 6 094 美元，全球排名第 84 位。长期 GDP崇拜下的掠夺性粗放型经济增长方式，使中国成为全球最大的资源消耗国之一。以 2008 年为例，当年中国 GDP 总量约占全世界的 6.0%，却消耗世界石油的 7%，世界煤炭的 29%，世界钢铁的 25%，世界铝材的 23%，世界水泥的 39%。同时中国也是全球最大的污染排放国之一。2011 年中国的煤炭消费约 23.8 亿吨，二氧化硫排放 2 217.9 万吨，二氧化碳排放 74.1 亿吨，工业废水排放量 237.5 亿吨，工业固体废弃物排放 498.2 万吨，使中国加速整体生态环境状况"倒 U 型曲线"的右侧逆转压力巨大。"未富先老"的人口老龄化现象，使本就已接近人口红利期尾声的中国雪上加霜。典型的城乡二元式经济结构、东西差异显著的经济布局使中国基尼系数过高，发展中公平问题愈发突出。当代的中国正昂首阔步也步履维艰，种种矛盾使中国成为最典型的国家尺度上可持续发展的研究案例，也使全面、协调、可持续发展成为中国未来发展的唯一出路。

一、中国发展之路

（一）中国传统的曲折发展之路（1949—1991 年）

新中国成立初期，中国百废待兴，努力发展经济，尽快改变落后面貌成为中国发展的主题。因此，这一阶段实施的是以经济增长为主要目标的传统经济发展战略，衡量发展的指标是工农业总产值（社会总产值），然而这一指标存在一系列缺陷，很容易导致人们重数量、轻质量，追求速度、忽视效果的倾向。因此中国的传统发展之路，片面追求经济发展的速度，而无视"人地系统"的协调发展，为持续性发展埋下了隐患。根据这一阶段的发展特点，可划分为三个阶段。

1. 优先发展重工业战略阶段（1949—1957 年）

1949 年中华人民共和国成立时，政权还处于内忧外患的状态。首先，对外面临列强围攻和封锁的威胁：在东西方冷战和对抗的国际背景之下，以美国为首的西方国家对中国采取了敌视政策，朝鲜战争爆发后，更是断绝了同中国的一切往来。其次，对内则面临镇压反革命、维护社会秩序以及提高人民生活水平的压力。因为旧中国是一个封建生产关系占据支配地位的广大农村与帝国主义、官僚资本操纵经济命脉的城市相结合所构成的贫穷落后的经济体系。受列强欺压和封建制度的长期奴役，社会生产力水平极其低下，经济基础相当薄弱，物资匮乏，百废待兴。尽快改变落后面貌、建立一套完善的工业体系，成为新中国经济社会发展的主题。

在这一特定的历史条件下，参照苏联的建设经验，为加速战后重建和经济发展、尽快改善人民生活，代表工业发展水平的重工业被放在了极端重要的位置，使得中国在新中国成立之初便确立了重工业优先发展战略，并提出了"一化三改"的总路线。而在一个落后的农业国家一旦确定了以优先发展重工业为核心的战略之后，就必然使之同时踏上计划经济的道路。因此，这一阶段的中国，走的是计划经济体制下优先发展重工业的道路。

这一阶段优先发展重工业战略的实施，使我国工业建设取得了巨大成绩。在优先发展重工业战略的指导下，短短的几年时间，国民经济迅速恢复，经济发展取得了长足进步，产业结构发生了显著变化。1952 年与 1949 年相比，工业总产值增长了 1.45 倍，农业总产值增长了 48.5%；第一、二、三产业在国内生产总值中的比重，也分别调整为 50.5%、20.9%、28.6%；到 1957 年第一个五年计划完成时，国内生产总值比 1952 年增长了 1.57 倍，三大产业在国内生产总值中的比重进一步调整为 40.3%、29.7%、30%。工业比重明显增加，第三产业比重快速上升。期间，由苏联援建的"156 项工程"一半以上已建成投产，形成了中国工业体系的雏形，为中国工业化奠定了初步基础，我国的经济有了迅速发展，开启了现代经济发展的良好开端，同时确立了计划经济体制，完成了向社会主义的转变，人民生活得到较大改善。但是在发展的内容上偏重于经济领域，未曾涉及环境保护和社会发展，而在经济领域又偏重于重工业，忽视轻工业和农业的发展，更不要说服务业了，很大程度上抑制了农业和轻工业的发展，农、轻、重比例不协调的苗头已经出现。

2. 实施赶超发展战略阶段（1958—1977 年）

"一五"计划之后，新中国的经济基础仍然非常薄弱，生产力增速很快，总体水平却依然很低，经济结构不完善，加之人民对于一个先进的工业国的迫切需求，使我国急于缩短与发达国家的发展差距。同时，新中国成立之初的优先发展重工业战略获得了巨大的成绩：1953—1956 年，15 年的社会主义改造计划仅仅 3 年就完成了；1957 年，第一个五年计划的各项指标也都大幅度地超额完成。1949—1957 年，我国工业化的发展速度更是惊人，其中，工业总产值增长了 128%，年均增长 18%。它不仅远远超过旧中国的发展速度，也超过其他国家工业发展初期的发展速度，还高于同期世界的发展水平（同期美国工业年均增长率为 3.4%，英国为 3.5%，苏联为 11.7%，西德为 10.5%，日本为 14.9%），中国的一些重工业产品产量在世界的地位迅速提高，如 1957 年，中国的煤、生铁、钢、发电量分别占世界的第 5、8、9、13 位。这种种成果使得我们信心倍增，甚至盲目乐观，发展观也随之发生变化。1958 年，在计划经济体制下争取"十五年赶英超美"的赶超型发展战略在我国正式确立，并继续把重工业作为发展的重点。值得一提的是，在这一阶段赶超战略的大背景之下，基于主观备战的需求，我国还在 1966—1976 年实施了均衡布局的发展战略。

赶超发展战略可以说是急于改变中国落后现状，超越中国发展阶段的一次不成功的尝试。期间的"大跃进"和人民公社运动造成工业与农业、积累与消费等比例关系的严重失衡，经济畸形发展。1959—1961 年，工业增加值年均增长率高达

28.1%，而农业增加值却平均每年下降 10.9%。由于农业减产，市场商品匮乏，居民口粮、副食品供应严重不足，人们生活水平下降，全国居民消费水平平均每年下降 4.9%，全国进入 3 年困难时期。此后"文化大革命"于 1966 年爆发，10 年间，国内生产总值年均增长 5.2%，大大低于第一个五年计划时期的水平，农业增加值年均仅增长 2.3%，按人均计算的粮食产量年均增长不足 1%，人民生活长期得不到改善。全国居民消费水平年均只增长 1.9%，全民所有制单位职工的实际工资水平下降了 6.6%。同时，1966—1976 年，基于备战的均衡发展战略完全从国防的角度出发，提出加快"三线"建设，并借此逐步改变国家经济重心集中在沿海的工业布局，虽然客观上协调了沿海与内地经济社会发展，使内地与沿海经济发展的速度在这一时期基本持平，但是该战略的实施成本高昂：一是在内地的大量投资由于种种原因，效益比较差；二是牺牲了沿海地区的发展机会，付出了极高的机会成本。

赶超发展观虽然从尽快改变中国"一穷二白"的良好愿望出发，但是严重脱离中国国情和发展实际，具有急功近利、追求冒进的特点，其结果是导致社会发展失衡，人民生活长期得不到改善。并且在发展的方式上，表现为以物质建设为核心，全然不顾及经济发展同时所带来的环境破坏和资源浪费，一味追求速度和数量增长的粗放型经济增长方式，高速度低效益、高投入低产出、高浪费低效率的现象普遍存在。

3. 以经济建设为中心的发展阶段（1978—1991 年）

20 世纪 70 年代以后，整个国际形势发生了根本性的变化，国际紧张局势明显缓和，东西对抗和南北矛盾出现了新的趋势。一方面，两种社会制度的长期并存已成为不争的事实；另一方面，发展中国家民族革命的任务已基本完成，世界各国都在致力于自身的发展，和平与发展成为世界的两大主题，这就必然要求有新的发展观来适应这一时代特征。加之对新中国成立后现代化建设经验教训的深刻总结，使我们认识到必须以经济建设为中心，大力发展社会生产力，"发展才是硬道理"。中国开始了以经济建设为中心的发展阶段。

这一阶段经济建设成为国家发展的中心任务，"其他的一切都要服从这个中心"。同时，在经济发展方针上，由内向型发展战略转为外向型发展战略，采取了对外开放的方针。在整体布局上，采取了分阶段分地区的非均衡发展战略，并确立了 21 世纪中叶基本实现现代化的"三步走"战略。从 1978—1991 年，经过 13 年的改革开放，我国的经济发展取得了长足的进步。国内生产总值从 3 624 亿元上升到 26 638 亿元，扣除物价因素，年均增长近 10%，人均国内生产总值从 379 元上升到 2 287 元，进出口贸易总额从 206 亿美元上升到 1 655 亿美元，外汇储备从 15 亿美元上升到 194 亿美元，城镇居民可支配收入由 343 元提高到 2 026 元，农村居民纯收入从 133 元提高到 784 元，成绩斐然。

在我国大力发展经济的同时，国际社会上关于发展模式的讨论也达到了一个新的高潮，1987 年世界环境与发展委员会的以"持续发展"为基本纲领的《我们共同的未来》正式出版，提出了可持续发展的概念，把环境保护与人类发展切实结合起来，实现了人类有关环境与发展思想的重要飞跃。受此影响，在强调以经济建设为中心的同时，这一阶段我国的发展战略中也提出要兼顾其他方面的改革发展，指出社会全面协调发展是经济发展的重要目标和保证，经济发展必须与社会全面进步相协调。同时，发展规划中开始有明确的社会发展和资源环境保护的目标。可以说这一阶段是国内可持续发展思想的萌芽阶段。

尽管如此，追求经济发展的速度仍是我国 20 世纪 80 年代发展模式中最重要的主旋律，"速度就是生命，时间就是金钱"也成为 20 世纪 80 年代的流行口号，闻名全国的"深圳速度"曾经让人羡慕不已。无可厚非，这也是长期的短缺经济后一旦开始发展常常出现的现象，当然不可避免地走的是粗放式经济增长的道路，经济的快速增长伴随着资源的严重浪费和生态环境的破坏，经济发展层次、方式、结构均处于较低水平。

（二）中国的可持续发展之路（1992 年至今）

1992 年 6 月联合国环境与发展大会在里约热内卢召开，这是继 1972 年 6 月瑞典斯德哥尔摩联合国人类环境会议之后，环境与发展领域中规模最大、级别最高的一次国际会议。会议通过了以可持续发展为核心的《里约环境与发展宣言》《21 世纪议程》等文件。前中国总理李鹏应邀出席了首脑会议，发表了重要讲话，进行了广泛的高层次接触。自此，可持续发展观生动地走进了中国，为中国解决所面临的发展困境指明了方向。

1. 可持续发展的起步阶段（1992—2002 年）

中国进入 20 世纪 90 年代后，面临着三个新情况，一是以苏联解体、东欧剧变为标志，世界经济政治格局发生自二战以来最为剧烈的变化：两极冷战格局结束，世界多极化和经济全球化的趋势在曲折中发展；二是十四大以来，中国改革进入建立社会主义市场经济体制的新阶段，从对旧体制的"破"为主转变为对新体制的"立"为主；三是如何使经济建设在 20 世纪 80 年代快速发展的基础上继续保持下去。国内外形势的变换对我国提出了与 80 年代不同的要求。在 80 年代，我国的主要任务是以经济建设为中心，而到了 90 年代，我国不仅要在经济建设和改革开放方面继续前行，还必须解决现实提出的全面发展和可持续发展问题。同时，随着科技进步日新月异的发展，以经济为基础、科技为先导的综合国力的竞争也更加激烈。因此，对社会全面发展的要求越来越高、越来越迫切，也使我们必须更重视社会全面可持续发展的问题。为适应时代发展的新要求，在这一阶段我国提出了科教兴国战略、可持续发展战略、西部大开发战略等重大战略，坚持用发展的办法解决前进中的问题，开启了我国可持续发展的起步阶段。

20世纪90年代，世界上最瞩目的发展观表现为可持续发展观，这是人类在深刻认识人与自然关系的基础上做出的理性选择。在1992年6月联合国环境与发展大会上，中国政府向世界庄严承诺：中国作为最大的发展中国家，将保持经济与环境保护协调发展，把《21世纪议程》付诸行动。1992年8月《中国环境与发展十大对策》出台，第一条就是"实行可持续发展战略"。1994年3月，我国政府编制了《中国21世纪议程——中国21世纪人口、资源与环境与发展白皮书》，首次把可持续发展战略纳入我国经济和社会发展的长远规划，这是世界上第一部国家级21世纪议程。1995年，"九五"计划中提出了"实现经济增长方式从粗放增长到集约增长的根本转变"的要求；1997年的中共十五大把可持续发展战略确定为我国"现代化建设中必须实施"的战略。2000年10月，中共十五届五中全会通过的《中共中央关于制定国民经济和社会发展第十个五年计划的建议》，把实施西部大开发、促进地区协调发展作为一项战略任务。2002年，党的十六大报告中指出，要走出一条科技含量高、经济效益好、资源消耗低、环境污染少、人力资源优势得到充分发挥的新型工业化路子。

这一阶段，可持续发展作为"解决环境与发展问题的唯一出路"已经成为世界各国的共识，也在我国得到了广泛实践。但这一时期仅是我国可持续发展的起步阶段，长期以来，经济高速增长所带来的环境、社会问题并没有得到解决，并且愈发严重。

2.以科学发展观为指导的可持续发展阶段（2003年至今）

经过半个多世纪特别是改革开放以来的探索和实践，中国经济和社会发生了具有伟大历史意义的变化，现代化建设取得了显著的成就。2003年国内生产总值突破了11万亿元人民币，经济总量跃居世界第六位，人均GDP超过了1 000美元；中国城乡居民的消费结构和生活质量明显改善；市场供求结构从短缺经济变为全面的买方市场；对外关系从封闭半封闭状态转向全方位与国际经济接轨；工业化阶段从初级阶段向中级阶段演进；经济体制改革取得了突破性进展；人民群众的文化生活水平得到了明显的提高。但同时，我们也清醒地看到，在经济快速发展的同时，也积累了不少矛盾和问题，主要是城乡差距、地区差距、居民收入差距持续扩大，就业和社会保障压力增加，教育、卫生、文化等社会事业发展滞后，人口增长、经济发展同生态环境、自然资源的矛盾加剧，经济增长方式落后，经济整体素质不高和竞争力不强等。这些问题必须高度重视而不可回避，必须逐步解决而不可任其发展。进入 21 世纪新阶段，我国已进入发展的关键时期、改革的攻坚时期和社会矛盾的凸显时期。而要适应新的阶段性特征、解决新课题新矛盾，需要新的科学发展理念。根据新的形势和任务，我国明确提出了"以人为本，全面、协调、可持续"的科学发展观。开始了以科学发展观为指导的可持续发展阶段。

2003 年 7 月 28 日，时任中共中央总书记的胡锦涛在讲话中提出了"坚持以人为本，树立全面、协调、可持续的发展观，促进经济社会和人的全面发展"的科学发展观。科学发展观，第一要义是发展，核心是以人为本，基本要求是全面协调可持续，根本方法是统筹兼顾。科学发展观的提出，使人们从更多地关注物质财富增长转向促进人的全面发展。2003 年 10 月，继"西部大开发"之后，中共中央、国务院发布《关于实施东北地区等老工业基地振兴战略的若干意见》。2004 年 3 月，温家宝总理在政府工作报告中，首次明确提出促进中部地区崛起。2005 年，胡锦涛总书记提出了"建立资源节约型、环境友好型社会"的目标，强调要使经济增长建立在提高人口素质、高效利用资源、减少环境污染、注重质量效益的基础上。2006 年，党中央提出建设创新型国家的战略任务，增强自主创新能力作为调整产业结构、转变增长方式推动国民经济又快又好的发展。2007 年 9 月 8 日，胡锦涛在亚太经合组织第 15 次领导人会议上，明确主张"发展低碳经济"。2007 年 10 月，党的十七大报告提出，要建设生态文明，加快转变经济发展方式，推动产业结构优化升级。2010 年 3 月，生态环保、可持续发展成为两会的主题，全国政协"一号提案"内容就是谈低碳环保。2012 年 11 月，党的十八大报告将科学发展观确立为党必须长期坚持的指导思想，并把"生态文明"提升到更高的战略层面，中国特色社会主义事业总体布局拓展为包括生态文明建设的"五位一体"。

这些以科学发展观为指导的关于可持续发展的宝贵实践都标志着我国的现代化建设事业从追求经济增长，到促进全面、协调、可持续的发展，促进经济、社会和人的全面发展的深刻转变。其实，世界各国的发展实践表明，发展绝不仅仅是经济增长，而应该是经济、政治、文化、社会全面协调与发展，是人与自然和谐的可持续发展。以科学发展观为指导的可持续发展是我国乃至整个人类文明的唯一出路。

二、中国可持续发展系统现状分析

中国可持续发展系统中，经济子系统是核心、生态环境子系统是基础、社会子系统是根本出发点和落脚点。

（一）经济子系统

在我国区域可持续发展系统中，经济子系统起主导作用，经济的可持续发展是我国可持续发展的核心。可持续发展的第一要义是发展，在任何阶段经济发展都是核心前提。同时，可持续发展不仅重视经济增长数量，更追求改善质量、提高效益、节约能源、减少废物，改变传统的生产和消费模式，实施清洁生产和文明消费。

1. 经济子系统特点

（1）经济规模持续扩大，但效益低下

自改革开放以来，我国经济经历了长达30年之久的高速增长。1978—2007年，中国GDP年平均增长9.8%。远远高于美国、日本、新加坡、韩国等国家在经济起飞阶段的增长率，是同期世界平均增长速度的3倍，这就是被世界称为"中国奇迹"式的经济增长。21世纪以来，中国进入了中华人民共和国成立之后的第十个经济周期。2000—2007年，经济增长率连续8年处于8.3% ~ 13.0%的上升通道内，年均增长率为10.0%。但2008年和2009年，中国经济面临着国际、国内四重调整的叠加，即与改革开放30年以来国内经济长期快速增长后的调整相叠加；与国内经济周期性的调整相叠加；与美国次贷危机导致的美国经济周期性衰退和调整相叠加；与美国次贷危机迅猛演变为国际金融危机而带来的世界范围大调整相叠加。中国经济增速明显放缓。2008年经济增长率回落到9.6%，2009年进一步降低到9.2%，打破了自2003年以来保持了5年的两位数的GDP增长速度。虽然在2010年，受全球经济回暖的影响，我国GDP增长率上升了一个百分点，达10.3%，2011年又再次回落到9.2%，我国经济周期依然处于下行区间。2008—2011年，中国GDP年均增速为9.6%，低于过去30年的平均增长水平。我国经济增幅正从两位数回落至9%左右，由高速增长期转入中速增长期。

尽管经济增速趋缓，但我国经济规模一直保持稳步快速扩大的态势。1978年我国开始实行对外开放政策时，国内生产总值仅为3 645.2亿元。1986年这一数字突破10 000亿元，为10 275.2亿元。五年之后的1991年突破2万亿元，为21 781.5亿元。2001年中国入世，同年的GDP更是历史性的突破了10万亿元，达10.97万亿元。2010年中国34.09万亿元的GDP总量更是超过日本，标志着中国已跃升为仅次于美国的世界第二大经济体。2011年，又增至47.16万亿元，约占世界经济总量的 10%，创下历史新高。

目前，我国经济发展水平仍不高。我国的产业组织特别是工业组织呈现松散、小型化经营的落后状态，且长期沿用粗放式的经济增长方式，以高物质投入低技术组合为支撑，经济效益低下且缺乏提高潜力。高消耗，高污染，低产出的粗放增长方式已经成为我国经济持续增长的瓶颈。与发达国家相比，我国能源设备效率极低。中国的火力发电站能耗效率为 28.5%，低于发达国家 10 个百分点；工业锅炉能耗效率为 60%，低于发达国家 20 个百分点。工业窑炉、风机、泵的能耗效率也分别比世界发达国家低 40、30、10 个百分点（表 6-1）

表 6-1　中国与发达国家能源设备效率的比较

设备	中国能源设备效率 /%	发达国家能源设备效率 /%	差距 / 倍
火力发电站	28.5	36 ~ 38	6 ~ 10
工业锅炉	55 ~ 65	80 ~ 85	20 ~ 25
工业窑炉	5 ~ 37.5	40 ~ 60	40
风机	65 ~ 70	80 ~ 90	30
泵	65 ~ 80	78 ~ 90	10

我国单位产值的能耗过高。如果仅就我国自身纵向进行对比，每万元国民收入消耗的能源以及每亿元基本建设投资平均消耗的钢材、木材、水泥量呈不断下降趋势。但与世界其他国家相比，我国在能耗与物耗上的差距是很大的。2006 年，中国 GDP 约占世界的 5.5%，但能耗占到 15%、钢材占到 30%、水泥占到 54%；2002—2012 年，中国每 1 000 美元 GDP 所消耗的标准油平均是日本的 5.12 倍、美国的 3.11 倍、世界平均水平的 2.69 倍。2012 年，我国单位国内生产总值能耗是世界平均水平的 1.78 倍。我国的能源产出效率不仅远远低于日欧美等发达国家和世界平均水平，而且还低于印度、泰国等发展中国家。同时我国电力、钢铁、有色、石化、建材、化工、轻工、纺织 8 个高耗能行业的单位产值能耗平均比世界先进水平高 47%，而这 8 个行业的能源消费量占工业部门能源消费总量的 73%。为此，我国工业部门每年多用能源约 2.3 亿吨标准煤。低效率、高消耗已经成为我国经济增长的显著特征，而对于有限的资源，这种高资源投入强度支撑的经济增长是不具有可持续性的。

（2）"二、三、一"型的产业结构不断优化，但产业层次较低

从产业角度来看，农业的贡献度在降低，中国经济主要靠第二产业的拉动，其次是服务业。而第二产业内部，主要又是来自重工业，中国经济呈现出明显的"二、三、一"型产业结构，而在工业内部又呈现出明显的"重型化"。

1952 年时，我国第一产业增加值占国内生产总值的比重达 51.0%，第二产业增加值占 20.8%，第三产业增加值占 28.2%。第一产业劳动力所占比重为 83.5%，第二产业劳动力所占比重为 7.4%，第三产业劳动力所占比重为 9.1%，呈典型的"一、二、三"型产业结构。改革开放三十多年来，国家从重视调整农、轻、重比例关系，到大力促进第三产业发展，使我国产业结构不断向优化升级的方向发展。从三大产业在国民经济中所占比重来看，1985 年，第三产业增加值所占比重开始超过第一产业，我国从"二、一、三"型产业结构转变为"二、三、一"型产业结构。综观 1978—2011 年，我国第一产业增加值占国民生产总值的比重处在不断地下降之中，由 28.2% 大幅度下降至 10.1%。第三产业增加值所持比重则呈上升趋势，由 23.9% 上升至 43.1%，几乎翻了一番。而第二产业增加值所占的比重一直是三大产业中最高的，变化也比较平稳，一直在 45% 左右小幅波动。总体来看，中国产业结构在保持"二、三、一"型基础上不断地优化。

相对于"二、三、一"型的产业结构，我国的劳动力则呈现出"一、三、二"型结构。自改革开放以来，第一产业从业人数所持比重持续下降，从 1978 年的 70.5% 下降至 2011 年的 34.8%，比重下降了一半。第二、三产业从业人数所持比重则不断提高，分别由 1978 年的 17.3% 和 12.2% 上升至 2011 年的 29.5% 和 35.7%。其中在工业化初期（即改革开放初期），第二产业从业人数所占比重上升速度快于第三产业，而工业化中期以来（即进入 21 世纪以来），第三产业劳动力比重的上升速度快于第二产业。尽管如此，由于长期以来中国的大部分人口和劳动力在农村，到 2011 年我国的第一产业劳动力比重仍然是最大的，劳动力呈现出"一、三、二"型结构。

1985 年以来，在我国工业内部，重工业占全部工业总产值的比重一直高于轻工业。尤其是自 2000 年开始，这一比重超过 60%，并且呈现逐年稳定递增趋势。可以说，我国自 2002 年起的新一轮经济高增长周期表现出了显著的重化工业加速发展的特征。到 2011 年重工业产值比重达 71.6%，与目前发达国家重工业化比率一般都在 60% ~ 65% 的水平相对比，我国已经进入到工业化中后期阶段，即重化工业加速。

自改革开放以来，我国的产业结构一直在优化升级，与 1978 年相比，2011 年

我国第一产业产值占 GDP 比重下降了 18.2 个百分点，而第三产业比重则上升了 19.5 个百分点。但由于新中国成立以来长期以工、农业总产值作为衡量经济发展的最重要指标，使工业比重不断增长，商业、服务业、金融等产业发展滞后，导致目前我国的产业层次与世界平均水平相比仍偏低。从世界范围来看，目前绝大多数发达国家第三产业占 GDP 的比重为 70%～80%，实现了"经济服务化"。根据 2010 年世界银行公布的三次产业比重的数值，2009 年世界高收入国家一、二、三次产业占 GDP 的比重分别为 1.5%、25.6% 和 72.7%，世界中等收入国家一、二、三次产业依次为 10%、36.4% 和 53.8%，而同年我国三次产业比重分别为 10.3%、46.3% 和 43.4%，可以看出，无论是与高收入国家还是与中等收入国家相比，我国第三产业比重偏低而第二产业比重偏高。自 2001 年我国第三产业在国民经济中所持比重首次超过 40% 之后，我国产业结构升级的步伐有所放缓，近 10 年来第三产业的比重一直在 41% 左右徘徊，而这一比重在 2009 年的世界平均水平为 69.4%。说明我国第三产业的发展还不充分，经济发展的贡献过分依赖于第二产业，产业结构不合理，层次偏低。而相对于第三产业而言，单位工业产值的耗能、耗水、占地和产生的交通量、排污量要大几倍乃至更多。

产业结构问题也同时存在于我国各产业内部。例如，农业中种植业比重过高、农产品加工多处在初级阶段，我国农产品加工业产值和农业产值比是 0.43∶1，而发达国家都在 2∶1 以上，我国农业产品的加工程度过浅。在工业内部，虽然加工工业的比重有所上升，重工业向高加工度方向发展，但对于大多数工业来说，都是以劳动密集型为主，导致行业的竞争优势主要集中在低附加价值的非核心部件制造和劳动密集的装配环节中，产品的附加值难以提高。同时产业的研发投入严重匮乏，技术创新能力差。目前，中国制造业总量规模占全球的 6%，而研发投入仅占 0.3%。从第三产业的内部看，当前发达国家的第三产业主要以信息、咨询、科技、金融等新兴产业为主，服务水平先进。而我国的第三产业发展中除了交通运输业和部分社会服务业等传统产业市场化程度较高外，其他服务业的市场化程度都比较低。信息咨询、科研开发、邮电通信、金融保险等基础性服务业发展仍然滞后。

（3）形成东、中、西、东北四大经济板块，但"板块"间差异较大

我国地域广袤、幅员辽阔，在不同的自然条件和社会历史条件的影响下，经济发展表现出区域不均衡性。目前，基本上形成了东、中、西、东北四大经济板块的格局和开发西部、振兴东北、中部崛起、东部率先发展的区域发展战略。其中，东部地区包括北京、天津、河北、山东、上海、江苏、浙江、福建、广东、

海南 10 个省份；中部地区包括湖北、山西、河南、湖南、安徽、江西 6 个省份；西部地区包括广西、重庆、四川、贵州、云南、陕西、甘肃、宁夏、内蒙古、青海、新疆、西藏 12 个省份；东北包括辽宁、吉林和黑龙江 3 个省份。

从经济总量上而言，东部地区的地区生产总值远远高于其他三个区域，2010 年东部地区的地区生产总值为 23 203.07 亿元，高于其他三个区域地区生产总值的总和，并分别是中部地区、西部地区、东北地区生产总值的 2.6 倍、2.8 倍和 6.1 倍。2010 年，中部地区的地区生产总值为 86 109.38 亿元，西部为 81 408.49 亿元，也就是说中部 6 个省与西部 12 省的地区生产总值相当。从四大板块每省的平均地区生产总值来看，东北和中部旗鼓相当，2010 年，东北和中部的平均地区生产总值分别为 12 497.82 亿元和 14 351.56 亿元，略低于全国平均水平。2010 年西部各省平均地区生产总值为 6 784.04 亿元，远远低于其他各地区，并且差距也有逐年拉大的趋势，但这种趋势不是很明显。而 2010 年东部地区平均各省的地区生产总值为 23 203.07 亿元，约为全国的 2 倍，西部地区的 4 倍；从发展速度上而言，西部发展比较平稳，东部尤其是在 2002 年后出现了转折点，以更快的速度发展。

经济布局不均衡，潜存引发社会矛盾的隐患。由于我国东西部区位条件的差异，加之改革开放以来，东部率先发展的区域政策，导致了我国区域经济发展不平衡。而随着地区差距的扩大，我国的这种经济资源的地域分布不均衡，潜存引发社会矛盾的隐患，成为阻碍经济可持续发展的一大因素。

改革开放前，国家采取了区域均衡发展战略，旧中国工业布局极不平衡的格局得到明显改观。改革开放之后，为尽快缩小与发达国家的发展差距，国家开始实施区域非均衡发展战略，而东部地区占改革开放之先机，经济迅猛发展，使我国经济布局东西差异显著，如前所述，我国东部地区无论是经济总量还是人均地区生产总值都远远高于其他三大地区。虽然 2008 年以来，中、西部和东北地区经济增速全面超过了东部地区，使地区间相对差距缩小，但地区间、省区间的绝对差距却依然存在且呈现出明显扩大的趋势。首先，从各地区人均地区生产总值来看，2000—2010 年，东部与西部地区人均地区生产总值之比从 2.46 缩小到 2.03，而绝对值差距从 6 105 元扩大到 23 249 元。其次，从各地区经济总量占全国比重看，虽然近年来总体上呈现出东降西升的趋势，而绝对差距却仍明显拉大。2000 年，东部地区生产总值与中西部和东北地区合计地区生产总值相差 4 833 亿元，2009 年差距扩大到 27 109 亿元。说明我国经济存在地域不平衡现象，并且这种不平衡正在加剧。

区域经济发展差距长期过大可能引发很多问题：如会加剧地区间产业结构的

趋同。在传统的价格体系下，落后地区主要输出廉价的农矿资源等初级产品，为防止不合理的利润流失和税收转移，这些地区往往热衷于投资价高利大的加工类产品，从而导致与发达地区产业结构的趋同，进而造成地区间产业重构和过度竞争。而且区域差距过大必将导致低收入地区消费增长缓慢，影响整个社会消费需求总量的增加和消费结构的优化升级。同时经济发展的不平衡必然会导致区域之间包括教育、卫生、社会保障等一系列的社会事业发展的差距，处理不好甚至还可能引发政治和社会问题，是国民经济持续发展的一大隐患。

（二）生态环境子系统

在我国区域可持续发展系统中，生态环境子系统处于基础地位，是我国可持续发展的关键。

1. 生态环境子系统特点

（1）自然资源总量丰富，但人均占有和开发利用前景堪忧

我国自然资源具有两重性，既是资源富国又是资源贫国。按自然资源总量排序，我国在世界上居第 4 位，是"资源富国"。但由于人口众多，我国是世界上人均占有量很低的"资源贫国"。

土地资源：我国国土面积为 960 万平方千米，宜农林牧面积为 7.58 亿 hm^2，仅次于加拿大，但人均却不足 0.67 公顷，远低于世界人均的 3.27 公顷。农耕地约 1.21 亿公顷，人均耕地只有不到 0.1 公顷，不到世界人均耕地 0.37 公顷的 1/4。水资源：2011 年，我国水资源总量为 2.402 2 亿立方米，居世界第 6 位。但人均只有 1 816.2 立方米，仅为世界人均量的 1/4，排世界第 88 位。人均径流量 2 200 立方米 / 秒，是世界人均的 24.7%，早已被联合国确定为 13 个严重缺水的国家之一。能源资源：中国拥有较为丰富的化石能源资源，煤炭占主导地位。2006 年，煤炭保有资源量 10 345 亿吨，剩余探明可采储量约占世界的 13%，列世界第 3 位。但人均拥有量仅相当于世界平均水平的 50%。石油可采储量仅占世界总量的 2.4%，仅为世界人均的 1/15 左右，1993 年已成为石油净进口国，每年需大量外汇进口 5 000 万至 1 亿吨。天然气人均资源量仅为世界平均水平的 1/15。可开采储量不算多，浪费却很惊人，单位国民生产总值的能源消耗居世界之首，每增加一美元产值所需能源消耗为世界平均水平的 3 倍。生物资源：我国自然条件复杂，形成了丰富多样的森林类型，我国是世界上木本植物种类最多的国家之一。2009 年，我国的森林覆盖率仅为 20.36%，与世界森林覆盖率 30.3% 的平均水平相比差距很大。而 2008 年中国人均森林面积仅 0.15 公顷，约为世界人均森林面积的 1/3，居世界第 120 位。草地面积居世界第 2 位，但仅为世界人均的 1/2，且生产能力极低。

自然资源的过度开发和不合理利用。随着经济社会发展对自然资源需求的增加，其供求矛盾日渐突出，已成为我国经济发展的"瓶颈"。我国长期以来一直盛行自然资源没有价值的观点，使我国自然资源的价值，尤其是社会价值和生态价值长期被低估，从而导致我国自然资源的价格构成不完整。这严重影响自然资源的开发利用、造成自然资源的极大浪费、导致生态恶化和环境污染。其中最为突出的问题是不可再生资源的过度开发和可再生资源的不合理利用。

① 不可再生资源的过度开发：不可再生资源（如石油、煤炭、天然气、金属矿石等）是社会、经济赖以生存和发展的物质基础之一，它是由大自然在亿万年的演化中形成的，具有有限性和不可再生性。但在世界经济剧烈竞争的格局下，以及当代人急功近利的索取欲驱使下，不可再生资源被过度开发，从而对社会和经济的可持续发展构成威胁。改革开放前，传统的计划经济体制、资源价值的严重扭曲造成了不可再生资源生产消费中的巨大浪费。改革开放以后，处在工业化中期的中国，为了进一步提高人民生活水平，必须继续保持较高的经济增长速度，需要大量的自然资源（包括不可再生资源）支撑，加上我国不可再生资源开发方式简单粗放，资源价值被严重低估，从而使资源浪费严重。技术含量低和传统经济发展方式对不可再生资源的过度依赖，造成了中国不可再生资源过度开发的结果。

以矿产资源为例。当前，中国主要支柱性矿产资源储量消耗速度明显超过了新增资源量速度，石油、富铁矿、铜、铬、钾盐等重要矿产资源国内供应严重不足，进口量逐年攀升。加之我国矿产资源开发管理水平低，开发技术和设备落后，导致在开采环节中浪费严重，矿产资源总体回收率仅为30%～50%，大部分乡镇企业资源回收率不到30%。从2010年开始，我国将近2/3的主要矿种显露出短缺状态。同时，对不可再生资源的过度开发，已经导致许多资源枯竭型城市可持续发展难以维系，亟待转型。据初步统计，我国资源枯竭型矿业城市约占全国资源型城市总量的1/10，遍布于全国东、中、西各个地区。

② 可再生资源的不合理利用：可再生资源是指在短时期内可以再生或可以循环使用的自然资源，主要包括生物资源、土地资源、水资源、气候资源等。

可再生自然资源（如生物资源等）是自然资源的重要组成部分，是发展经济，改善和提高人们生活质量的重要物质基础。可再生资源不等于可持续供给，这类资源虽然可以再生，但也不是"取之不尽，用之不竭"的。生态平衡遭到破坏，动植物的生物环境遭到破坏，这些可再生资源可能不再生。因此，实现经济可持续发展，应在一定限度内合理利用可再生资源，防止生态的破坏和动物的灭绝，保障其永续性。近年来，我国可再生自然资源的利用强度不断增大，已经出现了资源枯竭、再生能力下降等现象。例如，我国的森林资源，因为滥砍过伐，每年消耗蓄积量 2 亿立方米，超过生长量的 1/4，导致全国相当数量的林区过伐现象严重。草原超载放牧等问题引起草地资源退化，退化面积占可利用草场的 1/3。耕地重用轻养，有机质和营养元素含量普遍明显下降。水产资源方面由于酷渔滥捕，主要经济鱼类越捕越少，越捕越小；水资源方面浪费惊人，农业灌溉用水量常常是需要量的数倍。这种种问题的出现使可再生资源的合理利用成为经济社会持续发展必须重视的问题。

（2）国土空间辽阔，但生态环境脆弱

我国国土面积 960 万平方千米，仅次于俄罗斯、加拿大和美国，居第四位，占世界国土总面积的 7.16%。广袤的国土使中国自然资源非常丰富，环境资源多样，森林、湿地、草原、荒漠、海洋等生态系统均有分布。我国地域辽阔多山，地形和气候千变万化，自然条件复杂，因此适宜多种林木生长，形成了丰富多样的植物类型。我国植物资源非常丰富，全国种子植物约 24 500 多种，与世界上植物区系丰富的国家相比，仅次于马来西亚（约 45 000 种）和巴西（约 40 000 种），居世界第三位。中国是世界上动物资源最丰富的国家之一。中国陆地面积占全球陆地总面积的 6.5%，而野生兽类却占全球兽类总数的 1.2%（420 多种）；中国的鸟类占全世界鸟类种数的 15.3%（1 166 种）；爬行类和两栖类动物占全世界总数的8%（510 多种）。此外，由于我国幅员辽阔，空间水、热、光的组合各异，形成了多种类型的气候，气候资源十分丰富：全国地跨 9 个温度带，可划分为 40 个气候类型区。光照条件好，全国大部分地区年光照时数在 1 800 小时以上，全国年均太阳辐射总量在 335.0 ~ 837.4J/cm²。年植物的生理辐射为 252.0J/cm²。我国热量资源丰富，日均气温持续大于等于 10℃的温暖期，大多数地区在 180 ~ 250d，在南部达 330d 以上；大于等于 10℃年积温在 3 500 ~ 6 000d·℃。

但我国同时是世界上生态脆弱区分布面积最大、脆弱生态类型最多、生态脆弱性表现最明显的国家之一。我国国土面积的 65% 是山地或丘陵、33% 是干旱地区或荒漠地区、70% 每年受到季风气候的强烈影响、55% 不适宜人类的生活或生产、35% 常年受到土壤侵蚀和荒漠化的影响。我国耕地面积的 30% 属于 pH 值小于5 的酸性土壤、20% 存在不同程度的盐渍化或次生盐渍化。我国 17% 的国土面积构成了全球的世界屋脊。我国生态脆弱区域面积广大，脆弱因素复杂。中度以上生态脆弱区域占全国陆地国土空间的 55%，其中极度脆弱区域占 9.7%，重度脆弱区域占 19.8%，中度脆弱区域占 25.5%。我国生态脆弱区每年因沙尘暴、泥石流、山体滑坡、洪涝灾害等各种自然灾害所造成的经济损失约两千多亿元人民币，自然灾害损失率年均递增 9%，普遍高于生态脆弱区 GDP 增长率。全球气候变化以及一些地区不顾资源环境承载能力的肆意开发，使我国生态系统遭遇到严重的威胁，生态系统功能退化，比较突出的问题如下。

① 水土流失严重：年全国水土流失面积 367 万平方千米，约占国土面积的 38.2%，平均每年新增水土流失面积 1 万平方千米。

② 荒漠化土地面积不断扩大：据中国环境统计年鉴数据，2009 年全国荒漠化土地面积已达到 263.61 万平方千米，占国土面积的 27.3%，每年约以 2 460 平方千米的速度扩展。

③ 草地退化、沙化和碱化（三化）面积逐年增加：全国已有"三化"草地面积 1.33 亿公顷，占总草地面积的 1/3，并且每年以 200 万公顷的速度增加，尤其是北方半干旱地区草场，由于过度放牧、毁草开荒等破坏，退化极严重。例如，内蒙古自 1965 年至今，草原退化面积达 3 067 万公顷。

④ 生物多样性遭到严重破坏：我国已有 15% ~ 20% 的动植物种类受到威胁，高于世界 10% ~ 15% 的平均水平。据统计，我国有 398 种脊椎动物濒危，占我国脊椎动物种数的 7.7% 左右；高等植物濒危或临近濒危的物种数约达 4 000 ~ 5 000 种，占我国高等植物总种数的 15% ~ 20%。

⑤ 大面积的森林被砍伐，天然植被遭到破坏，毁林开垦、陡坡种植、围湖造田现象严重。2009 年我国森林面积为 1.96 亿公顷，其中人工林为 6 168.84 万公顷，森林覆盖率为 20.36%。据 2008 年环境保护部的统计资料显示，生态破坏（草原、湿地、森林、土壤侵蚀等）所造成的经济损失约占 GDP 的 6% ~ 7%。生态破坏、生态系统功能退化已经成为我国可持续发展面临的突出问题。

我国是世界上自然灾害最严重的少数几个国家之一。我国位于世界上两个典型灾害带（环太平洋灾害带和北半球中维度灾害带）的交汇处，加上我国地貌多山、地壳运动强烈，又处于不稳定的季风环流控制下，使我国的自然灾害表现出种类多、频次高、强度大、影响面广等特点。20 世纪全球 54 起重大自然灾害中，我国占了 8 起。除了现代火山活动外，几乎所有的自然灾害（主要包括气象灾害、地震地质灾害、海洋灾害、生物灾害和森林草原火灾五大类）都在我国出现，尤其是地震、干旱、洪涝、台风、风暴潮对我国的危害最为严重。我国自然灾害的地域表现为：黄淮海平原、东北平原是旱灾多发区；洪涝集中在长江中下游平原和黄淮海平原；地震多发生在台湾省以及华北、西北和西南地区；滑坡、泥石流等地质灾害集中在西南地区；东北地区低温冷害严重；台风主要发生在东南沿海地区。新中国成立以来，中国自然灾害造成的直接经济损失年均值约占 GDP 的

3%～6%，高于发达国家几十倍。20世纪70年代至20世纪末，我国年均农业受灾面积4 000～4 700万公顷，受灾害影响人口2亿人，其中300万人需要转移安置，死亡数千人。进入20世纪90年代以来，气象、地震、旱涝、海洋、地质、农业和林业等七大自然灾害日趋严重，灾害损失急剧上升。每年因各种自然灾害死亡上万人，年平均直接经济损失500多亿元。2008年的汶川8级强震，受灾同胞达46万，其中约7万人遇难，直接经济损失8 452亿元，造成的次生环境问题更是非常严重。2009年，中国发生地质、地震、海洋、森林灾害共计19 679次，直接经济损失达47.85亿元。2010年，中国又发生玉树大地震、舟曲特大泥石流，受灾人数达25万。

（3）保护环境成绩斐然，但环境污染形势依然严峻

从1972年参加了联合国人类环境会议，我国开始有了"环境保护"的概念，经过30多年的不懈努力，我国的环保事业从小到大、蓬勃发展，在经济高速增长、人口不断增加的背景下，基本避免了环境质量急剧恶化的趋势，保护环境成绩斐然。2008年，我国工业废水排放达标率、工业二氧化碳排放达标率、工业烟尘排放达标率、工业粉尘排放达标率、工业固体废物综合利用率和工业固体废物处理率平均为75.13%，比2001年提高近20个百分点。到2008年年底，全国城市污水处理厂日处理能力达8 106万立方米，是20世纪80年代初的96倍；城市污水处理率达到70.2%，比20世纪90年代初提高了53个百分点；集中供热面积349亿平方米，是80年代初的299倍，是90年代初的12.6倍；建成区绿地率达到3.3%，比90年代中期提高14.2个百分点。我国环境保护事业经过几十年的不懈努力，虽然取得了积极进展，但主要污染物排放量超过环境承载能力，生态环境受到不同程度的破坏，环境污染事故时有发生，环境形势依然十分严峻。

据世界银行估计，每年中国环境污染和生态破坏造成的损失与GDP的比例高达10%。据环境保护部统计：2010年，我国发生环境污染事件420次，其中水污染135次、大气污染157次、海洋污染3次、固体废弃物污染35次、其他污染90次。2010年，我国七大水系的主要河流普遍受到有机物的污染，以辽河、海河污染最为严重。在辽河37个国控监测断面中，劣五类水质的断面比例占24.3%；海河62个国控检测断面中，一至三类水占37.1%，四类水质占11.3%，五类水质占51.6%。全国78%的淡水和50%的地下水受到不同程度的污染。我国的大气环境中，2010年，工业废气排放总量519 168亿立方米。我国酸雨污染的分布区域广泛，酸雨区面积已达国土总面积的30%。据106个城市的降水pH值监测结果统计，降水年均pH值范围在4.3～7.47。由煤炭燃烧形成的酸雨造成的经济损失每年超过1 100

亿元。世界银行的《世界发展指标 2006》中，对 110 个人口超过百万的各国城市按悬浮微粒进行了排名，空气污染最严重的前 20 个城市中，中国占 16 个。2010 年，符合大气环境质量一级标准的大中城市仅占 3.3%。海洋污染中，2009 年，全国污染海域面积 7.61 万平方千米，占全部检测海域面积的 51.73%，其中轻度污染海域面积为 7.10 万平方千米，中度污染海域面积 2.09 万平方千米，严重污染海域面积 2.97 万平方千米。固体废弃物往往造成地区性土壤污染，2012 年，全国工业废物产生量为 32.9 亿吨，约为 2000 年的 4 倍。这些工业废弃物中多数为有毒有害物质，对土壤危害严重。中国严重的环境污染现状正制约着社会经济的可持续发展。

（三）社会子系统

我国区域可持续发展中社会子系统是根本目标，社会的可持续发展是我国可持续发展的根本出发点和落脚点。

1. 社会子系统特点

（1）人口数量众多，但结构问题突出

中国是世界上人口最多的国家，根据 2010 年第六次全国人口普查结果显示我国大陆 31 个省区市和现役军人总人口为 133 972 万人（不含香港、澳门特别行政区和台湾省），将港、澳、台 2010 年年底人口数据计入在内的全国人口总数为 137 053 万人，约占世界总人口的 20%。同第五次全国人口普查相比，10 年增加 7 390 万人，增长 5.84%，年均增长 0.57%。进入 21 世纪后，中国的妇女总和生育率下降至 1.8 以下，明显低于国际上公认的"更替水平生育率（2.1）"。但由于人口增长的惯性作用，我国人口增长势头依然强劲，总人口每年净增 800 万~1 000 万人。人口众多始终是我国的基本国情，经济社会发展和资源环境仍面临较大压力（表 6-2）。未来一个时期，人口数量问题仍然是制约我国经济社会发展的关键性问题之一。据估算我国总人口将在 2033 年达到 15 亿。据我国人口专家预测，中国未来 10 年，每年适龄劳动力资源都能稳定在 9 亿左右。劳动年龄人口基数大，高峰持续时间长，对人口就业和城市化发展带来了巨大压力；庞大的人口基数和人口数量的快速增长使我国人均资源相对不足，也导致每年高达 1/5 的新增国民生产总值被新增的人口所消耗掉，不能有效和较快地提高人民生活水平和更多地积累资金用于再发展。同时，我国的人口素质较低，同世界一些国家相比远远地落在他们之后。例如，受过高等教育的平均人数，在美国每万人中为 1 500 人，加拿大为 1 198 人，日本为 637 人，俄罗斯为 450 人，菲律宾为 330 人，中国仅为 182 人，不到美国的 1/8，不到日本的 1/3，约为菲律宾的 1/2。众多的人口数量已经成为制约我国经济快速增长的重要瓶颈之一。

表6-2　1996—2016年中国人口状况

项目	1996 年	2001 年	2006 年	2011 年	2016 年
人口总量 / 万人	114 333	121 121	126 743	130 756	133 972
人口出生率 /‰	21.06	17.12	14.03	12.4	11.9
死亡率 /‰	6.67	6.57	6.45	6.51	7.11
自然增长率 /‰	14.39	10.55	7.58	5.89	4.79

　　除人口总量庞大外，我国人口在结构上也有明显的特征，主要表现在年龄结构中老年人口比重偏高和性别结构中性别比偏高。面临着人口总量过多和人口老龄化的双重压力。中国早在1999年就已经进入老龄社会，第六次普查结果显示全国60岁及以上人口占总人口的13.26%，比2000年上升2.9个百分点，其中65岁及以上人口占8.87%，上升1.91个百分点，而国际上通常把60岁以上人口占总人口比例达到10%，或65岁以上人口占总人口比重达到7%作为国家或地区进入老龄化社会的标准。我国已处于老龄化社会，并进入快速发展时期。2011年末，我国60岁以上老年人口已达1.85亿，占总人口的13.7%，其中65岁以上的老年人口为1.23亿，占总人口的9.1%。2000—2010年我国65岁以上的老年人口以年均2.91%的速度增加，是全球老龄化发展速度最快的国家。目前，我国已成为世界上唯一老年人口超过1亿的国家，也是发展中国家大国崛起过程中人口老龄化最严重的国家。2011年，中国国民生产总值占世界的10.48%，却负担着世界21.22%的老年人口。据预测到2020年，中国60岁以上人口将接近20%。欧洲国家用100年时间、发展中国家用60年时间达到的老龄化程度，中国将只用20年。由于中国的人口老龄化发生在实行计划生育、独生子女等背景下，因此又具有特殊的复杂性。中国人口老龄化虽然在社会进步和经济发展的情况下出现，但主要是生育率急剧下降的结果，因而人口老龄化进程超前于经济发展，即"未富先老"。同时又伴随着独子高龄化、高龄病残化、老年空巢化的特点，使社会保障面临空前压力。人口老龄化已成为我国可持续发展所要面对的严峻问题。

　　（2）公民基本需求有较大改善，但社会基本保障和基本公共服务体系尚不完善

　　1949年至今，我国发生了翻天覆地的变化，经济和社会建设取得了巨大成就，人民生活水平显著提高，实现了从温饱不足到总体小康的历史性跨越，公民基本需求有了较大改善。我国初步形成了以城镇职工社会保险、城镇居民最低生活保

障和农村社会保障为主要内容的社会保障体系框架。现阶段我国社会保障体系具有低水平、广覆盖、多层次的特征。首先，我国还处于社会主义初级阶段，国民经济发展水平比较低、社会财富积累也不够多，且人口众多、就业压力大，人口老龄化速度快，特别是贫困群体的规模大、情况复杂。因此，在相当长的时期内，我国基本社会保障只能实行低水平，解决基本生活保障。其次，享受社会保障是每个公民的基本权利，作为国家的一项基本社会经济制度，要尽量覆盖到全体公民。过去社会保障主要在城镇推行，现在随着经济的不断发展，逐步将城镇灵活就业人员纳入社会保险，使基本养老保险覆盖到城镇所有从业人员，并适应城镇化和农村劳动力转移的大趋势，尽快解决失地农民、农民工、乡镇企业职工参保问题，逐步把农民覆盖进来。截至 2011 年年底，全国城镇基本养老保险参保人数已达到 2.84 亿人，其中在职职工 2.16 亿人，离退休人员 6 819 万人，分别是 2005年参保人数的 1.63 倍、1.65 倍和 1.56 倍，新型农村社会养老保险试点参保人数已达 3 326 万人；基本医疗保障的覆盖人数全国已超过 12 亿人，其中城镇职工已达 2.52 亿人（比 2005 年年底的 1.38 亿人增加了 1.14 亿人），城镇居民达 2.21 亿人，新农合达 8.33 亿人；失业保险、工伤保险、生育保险参保人数分别达 L43 亿人、L77 亿人（其中农民工参保 6 837 万人）和 1.39 亿人，比 2005 年年底分别增加了 3 641 万人、9 228 万人和 8 444 万人，社会保障覆盖范围不断扩大。最后，由于社会经济发展不平衡，我国城镇居民收入有较大的差距，相应地出现了对社会保障不同层次的需求，各层次间的差距也要不断缩小和协调。

除此之外，我国基本公共服务非均等化的情况比较突出，且在区域间、城乡间和群体间的差距仍在扩大。首先，基本公共服务存在区域非均等，主要表现在东部和西部、沿海和内地间的非均等化，我国中西部地区基本公共服务各方面水平都明显低于东部地区和全国总体水平。这种差距的根源在于区域间的经济社会发展水平的过大差距使得区域间的财政收支能力差距过大，从而导致区域间的基本公共服务的供给能力差距过大，而这种基本公共服务的过大差距，又反过来造成各区域间经济社会发展水平差距的扩大。其次，长期存在的城乡二元分割体制使我国不断扩大的城乡差距不仅包括经济社会发展水平，如居民收入等方面，还包括政府所提供的基本公共服务。国家统计局数据显示，2011 年我国城乡居民收入差距比例为 3.12：1，将教育、医疗、社会保障和住房等因素加进去，城乡实际收入差距达到 5.6∶1，基本公共服务因素对城乡收入差距中的影响在 30% ~ 40%。最后，我国基本公共服务供给贫富差距突出。当前我国很多地区依然有相当多的低收入者难以享受到基本公共服务，最直接最突出的表现是"上学难""看病难"和"住房难"等社会热点问题。近年来，城镇家庭中收入最高的 10% 的家庭人均可支配收入是最低的 10% 家庭的 9.2 倍，收入差距的不断扩大成为一个备受瞩目的社会问题。由于公众个人承担基本公共服务的费用快速上涨，已大大超过贫困家庭可支配收入的增长速度，这也是导致贫富差距不断扩大的重要原因。可以说目前我国社会基本保障和基本公共服务不完善、不均等已经成为威胁社会经济可持续发展的一大忧患。

（3）人均收入不断提高，但国民收入分配格局不合理

1949 年，城镇居民人均现金年收入不足 100 元，2012 年达到 24 565 元，扣除价格因素，实际增长 21.5 倍；1949 年，农村居民人均年收入不足 50 元，2012 年达到 7 917 元，我国人均年收入在不断提高。2011 年，世界银行已经把中国列入"中上等收入国家"（人均国民年收入为 3 856 ~ 11 905 美元）。20 世纪 80 年代中期前，中国一直属于低收入国家行列；其后开始步入中等收入国家之列；经过十多年的努力，又从低中等收入国家变成了中上等收入国家。但随着国民财富这块蛋糕越做越大，如何分配使之惠及最广大人民就变得更为重要。目前，我国的国民收入分配格局并不合理。国民收入初次分配是对国民生产成果在各生产主体之间分配的第一个微观分配环节，从表 6-3 中可以看出，在初次分配环节中各分配主体的收入分配趋势，从 1996—2008 年，我国居民分配比率呈下降趋势，由 1996 年的 66.5% 下降至 2008 年的 57.2%；企业分配比率不断上升，由 1996 年的 16.9% 上升至 2008 年的 25.3%；政府分配比率不断上升，由 1996 年的 16.6% 上升至 2008 年的 17.5%。

在初次分配格局形成的基础上，政府将主动进行再分配，这是各经济主体利益格局的第二次调整，经过再分配之后，形成国民收入分配格局的最终格局，它反映国民收入各分配主体的资源最终占用状况。从表 6-3 可以看出在 2004—2016 年，政府最终分配比率一直处于上升趋势，由 2004 年的 17.9% 提高到 2016 年的 21.3%；企业也一直处于上升趋势，由 2004 年的 13.7% 提高到 2016 年的 21.6%；居民一直处于显著下降趋势，由 2004 年的 68.4% 下降到 2016 年的 57.1%（见表 6-3）。

表 6-3 1996—2008 年我国国民收入分配格局

年份	各部门增加比重			初次分配各部门收入比重			再分配后各部门可支配收入		
	企业	政府	居民	企业	政府	居民	企业	政府	居民
2004	0.269	0.073	0.298	0.169	0.166	0.665	0.137	0.179	0.684
2005	0.267	0.074	0.3	0.169	0.171	0.66	0.131	0.183	0.686
2006	0.612	0.08	0.308	0.162	0.177	0.661	0.135	0.181	0.684
2007	0.605	0.082	0.313	0.178	0.171	0.65	0.147	0.181	0.672
2008	0.6	0.079	0.322	0.19	0.177	0.634	0.166	0.192	0.642
2009	0.611	0.083	0.305	0.202	0.185	0.613	0.175	0.205	0.62
2010	0.62	0.095	0.286	0.203	0.19	0.605	0.18	0.21	0.61
2011	0.611	0.099	0.29	0.209	0.194	0.597	0.182	0.22	0.598
2012	0.63	0.091	0.279	0.235	0.169	0.596	0.209	0.193	0.598
2013	0.628	0.093	0.279	0.232	0.174	0.594	0.208	0.2	0.592
2014	0.63	0.092	0.278	0.232	0.179	0.59	0.199	0.214	0.587
2015	0.633	0.091	0.275	0.236	0.183	0.581	0.198	0.22	0.581
2016	0.639	0.095	0.266	0.253	0.175	0.572	0.216	0.213	0.571

根据以上结果可以看出：我国当前国民收入分配格局是"向政府和企业倾斜"，居民最终分配比率不断下降。并导致了"两个比重"（即劳动报酬在初次分配中所占比重和居民收入在国民收入分配中所占比重）不断降低。对比一些有代表性的发达国家国民收入分配格局可知，我国居民的分配份额较低，政府和企业的分配份额偏高：首先，美国人均 GDP 在 1942 年首次超过 1 000 美元，在经历 20 年后，1962 年人均 GDP 达到 3 144 美元，这时期美国居民的最终分配比率大约为 72%。20 世纪 90 年代以来，美国的居民分配比率一直较为稳定，平均为 73.4%，而政府和企业分配比率分别为 13%。由此看来，美国的居民分配份额大大高于我国，政府和企业的分配份额低于我国；其次，日本人均 GDP 从 1966 年的 1 071 美元，增长为 1973 年的 3 348 美元，这时期日本居民的最终分配比率大约为 75%。2005 年日本政府和企业的最终分配份额为 17.6% 和 9%，分别低于我国同类比重 2.4 和 11.8 个百分点，而同年居民最终分配份额为 73.4%，高于我国同类比重 14.2 个百分点。

也就是说，我国国民收入分配格局不合理主要体现在居民收入在国民收入中的比重与政府、企业所占比重相比较低且下降，而政府和企业收入却呈快速发展趋势；劳动报酬在初次分配中与土地、资本、管理等要素相比较低，使得企业收入增长较快，政府次之，居民最少。居民收入占比低，从理论上看，是积累基金与消费基金比例不合理，积累率过高，反映在现实经济生活中主要是政府积累高，投资支出比例大，导致经济增长依赖投资；居民收入水平低，消费倾向和消费水平低及民间投资不足。劳动报酬占比低，从理论上看，是按劳分配与按要素分配关系处理不当，反映在现实经济生活中主要是劳动者的工资增长赶不上国民经济增长和企业利润增长。此外，随着市场经济的发展，居民收入分配差距不断扩大，企业之间、垄断行业收入过高等问题越来越突出。这些问题都导致国民财富增长的成果不能被广大人民平等分享，将严重威胁我国经济和社会的可持续发展。

（4）劳动力资源丰富，但就业结构和需求错位

人口众多的国情，使我国劳动力资源十分丰富。实际上，我国从20世纪90年代中期开始，就出现了劳动力过剩的现象，而且劳动力过剩在不断加剧。从我国的城镇登记失业人口数这一数据来看，自1983年开始，我国的失业人口就一直处于增长态势。2003年城镇登记失业人口数突破800万人，2009年突破900万。造成我国劳动力总量供大于求的局面。首先，是因为我国新增劳动年龄人口进入了高峰期，达1 000万人。根据国家发展和改革委员会提供的资料，2001年新增劳动年龄人口1 100万人，2009年达到2 400万人；按劳动参与率70%计算，2001年新增劳动力800万人，2009年近1 680万人。"十一五"期间，中国新生劳动力供给总量升至峰值，达到2 670万人，平均每年约增长530万人。其次，我国的就业弹性过低也加剧了劳动力的供需矛盾。改革开放以来，纵向比较，中国就业弹性由过去的0.3左右下降到0.1左右，和国际上比较，根据人力资源和社会保障部国际劳工研究所对经济合作与发展组织（Organization for Economic Cooperation and Development，OECD）数据库和各国GDP就业量的计算，一般发展中国家就业弹性平均在0.3～0.4。2007年，欧盟地区总就业弹性是0.78，OECD国家是0.48。中国的经济增长方式对带动就业的促进作用基本上是全世界最低的。

在总量上供大于求的同时，我国的劳动力还存在结构性矛盾。主要表现为以下四个方面。第一，就业的产业结构矛盾。第二产业，特别是制造业过早排斥就业，而第三产业是进入壁垒最多的行业，极大限制了第三产业的发展及其扩大就业作用的充分发挥，形成了突出的结构性矛盾。第二，就业的所有制结构矛盾。在由计划经济体制向市场经济体制转轨的过程中，公有制经济所占国家经济总体的比重逐步缩小，国有大中企业大规模减员，而非公有制经济成为国民经济增长和吸纳就业的一个新阵地。但非公有制经济、大量中小企业发展受多方面制度和政策方面约束，难以创造更多的就业机会，进一步加剧了就业的所有制矛盾。第三，就业的区域性矛盾。中国资源型产业、传统制造业及国有经济在地域上的集中，而跨行政区域的就业又受到许多限制，形成就业的区域性矛盾。第四，就业的素质矛盾。科技进步、

技术更新、新兴产业兴起，特别是高新技术产业和现代服务业的快速发展，使素质和文化较低或技术单一的劳动者不适宜经济发展需要而失业或难以就业，与此同时，一些急需的专业技术人员和技术工人又不能满足甚至后继无人。

随着人口总量的增长，中国前所未有和持续增大的就业压力将愈加严峻。按现行女 55 岁和男 60 岁退休年龄来预测，2010—2030 年将持续在 9 亿左右的劳动人口，比重约为 64%，21 世纪前 50 年，每年新增劳动力 1 100 多万。就农村来看，21 世纪前 30 年农村剩余劳动力约保持在 2 亿。目前就业问题还因大量下岗待业人员和潜在失业人口而更趋复杂，给经济社会发展带来沉重负担。

（5）城乡二元结构协同发展有所改善，但脱贫任务依然艰巨

新中国成立后我国经济社会发展的一个重要特点就是工农差别、城乡分治。新中国成立后，政府主要通过农业税收、工农产品价格"剪刀差"以及税负转嫁的形式将大量的农村财富转移给城市，用于支持工业资本积累和城市经济建设，以致我国的社会结构存在两种独立体系，一个是由市民组成的城市社会，另一个则是由农民构成的农村社会。这种二元社会结构以二元户籍制度为核心，包括二元就业制度、二元福利保障制度、二元教育制度、二元公共事业投入制度在内的一系列社会制度体系，呈现出典型的二元发展格局。一般来看，城乡关系从产生到和谐的变迁，需要经历城乡分化、城乡分离、城乡对立、城乡融合和城乡一体五个阶段。我国目前已经进入工业化的中期阶段，财政实力不断增强，工业反哺农业的能力和城市支持农村的能力明显增强，我国总体上已进入以工促农、以城带乡的发展阶段。城乡协调发展是构建和谐社会的基础已经成为共识。2004—2008 年的中央"一号文件"都是围绕"三农问题"。2007 年，一些省份已开始进行，统一城乡户口登记制度的试点与实践（指城市常住人口）。党的十七大进一步提出：建立以工促农、以城带乡的长效机制，形成城乡经济社会一体化发展的新格局。我国城乡二元结构协同发展已经有所改善。

但我国的城乡二元结构短期内不会根本改变。这主要表现为城乡之间的不合理差距。我国城市化水平低，农村人口比重大。2011 年，我国城市人口首次超过农村人口，城市化率达 51.3%，但这也只相当于美国 1920 年的城市化水平；且农业与非农业的产值和就业结构偏差过大。2012 年，我国第一产业所实现的国民生产总值只有全部国民生产总值的 10.1%，但乡村就业人员却占全国就业人员的51.63%；城乡居民收入和消费水平差距过大。2012 年，全国农村居民人均纯收入7 917 元，只有城镇人均可支配收入 24 565 元的 1/3；2010 年，全国农村居民人均生活消费支出 4 382 元，不到城镇居民人均消费性支出的 1/3；城乡居民基本公共服

务和社会保障待遇差距大，我国卫生资源大约 80% 分布在占全国人口 35% 的城市，其余 20% 分布在占全国人口 65% 的农村，占全国人口 2/3 的农民享受的基础设施不及全国的 1/5。中国是世界上人口最多的发展中国家，发展基础差、底子薄，不平衡现象突出。特别是农村贫困人口多，解决贫困问题的难度很大。中国的减贫，在很大程度上就是解决农村的贫困问题。而城乡之间这种不合理的差距，最直接的结果就是我国脱贫任务艰巨。2010 年，按农村扶贫标准 1 274 元，我国共有 2 688 万农村贫困人口，占农村人口的比重为 2.8%。2010 年，592 个国家扶贫开发工作重点县人均地区生产总值为 11 170 元，仅约为全国平均水平（29 992 元）的 1/3；人均地方财政收入 559 元，不足全国人均地方财政收入（6 197 元）的 1/10；农民人均纯收入 1 276 元，约是全国农村人均纯收入（5 919 元）的 1/5。2010 年年底，国家扶贫开发工作重点县 7 至 15 岁学龄儿童入学率达到 97.7%，低于全国平均水平；青壮年文盲率高达 7%。同时，在我国现有贫困人口当中，有 2/3 属于返贫性质，十分脆弱，处于极不稳定的状态。市场冲击成为返贫的重要因素，经济波动对贫困地区影响很大。同时，中国现在的贫困人口，相当一部分分布在自然灾害相当严重、生态非常脆弱的地方，而且防灾抗灾能力相对不足，在气候变暖、极端气候事件频发的情况下，这些人很难脱贫。因此我国的脱贫任务还面临着扶贫对象规模依然庞大、特殊贫困矛盾突出、脱贫压力大等困难，脱贫任务依旧十分艰巨。

第二节　中国可持续发展系统空间格局

经济、社会、生态环境所构成的可持续发展系统，是一个因素众多且彼此相互关联的复杂系统。我国国土空间辽阔，经济和自然环境的区域差异很大。切实推进可持续发展战略，必然要求我们摸清家底，因地制宜。因此本节将在省域的尺度上，对中国各省的可持续发展水平进行定量提取，进而按各省的可持续发展系统协调情况进行分类，以反映中国可持续发展系统的空间格局。

一、各省可持续发展水平定量提取

（一）可持续发展水平指标体系

中国可持续发展水平指标体系，针对中国的发展特点和评判需要，把可持续发展指标体系分成四个层次。第一层次为目标层，中国可持续发展水平；第二层次为系统层，包括三个子系统，分别为经济子系统、社会子系统和生态环境子系统；第三层次为要素层，是对每个子系统包含要素的分解；第四层次为指标层，根据每个子系统的每个要素筛选具体指标（见表6-4）。

表6-4 中国可持续发展指标体系

系统层 A	子系统层 B	要素层 C	指标层 D	属性	单位
中国可持续发展水平	经济子系统	经济总量	GDP（X_1）	+	亿元
		经济水平	人均 GDP（X_2）	+	万元
		经济结构	第三产业比重（X_3）	+	%
		经济实力	人均财政收入（X_4）	+	元
	社会子系统	生活水平	城镇可支配收入（X_5）	+	万元
			农村人均纯收入（X_6）	+	万元
		社会保障	社会保障占各地区财政支出的比例（X_7）	+	%
		交通发展	铁路通车里程密度（X_8）	+	万千米/平方千米
			公路通车里程密度（X_9）	+	万千米/平方千米
		医疗卫生	千人拥有医生数（X_{10}）	+	人
		基本教育	文盲人口占15岁及以上比例（X_{11}）	−	%
		就业保障	城镇人口登记失业率（X_{12}）	−	%
	生态环境子系统	资源利用	单位 GDP 能耗（X_{13}）	−	吨标准煤/万元
			人均水资源量（X_{14}）	+	立方米/人
			人均耕地面积（X_{15}）	+	亩
		大气环境	万元 GDP 二氧化硫排放量（X_{16}）	−	吨/万元
			万元 GDP 氮氧化物排放量（X_{17}）	−	吨/万元
			万元 GDP 烟（粉）尘排放量（X_{18}）	−	吨/万元

续 表

系统层A	子系统层B	要素层C	指标层D	属性	单位
中国可持续发展水平		水环境	万元GDPCOD排放量（X_{19}）	-	吨/万元
			万元GDP氨氮排放量（X_{20}）	-	吨/万元
		固体废弃物	万元GDP工业固体废弃物排放量（X_{21}）	-	吨/万元
			城镇生活垃圾无害化处理率（X_{22}）	+	%
		生态保护	人均绿地面积（X_{23}）	+	平方米/人
			森林覆盖率（X_{24}）	+	%
			湿地面积占辖区总面积比例（X_{25}）	+	%
			水土流失面积占国土面积比例（X_{26}）	-	%

（二）各省可持续发展水平聚类

根据2011年中国统计年鉴数据得到中国省域尺度上的可持续发展水平统计结果（见表6-5），运用统计产品与服务解决方案（Statistical Product and Service Solutions，SPSS）软件系统聚类对中国可持续发展系统省域尺度上的空间格局进行了划分，根据聚类结果，中国可持续发展系统在省域尺度上可以分为五大类。分别为第一类包括：北京、天津、上海。第二类：江苏、浙江、福建、山东、广东。第三类：河北、内蒙古、辽宁、吉林、安徽、河南、湖北、湖南、四川、陕西。第四类：江西、广西、海南、重庆、云南、西藏。第五类：贵州、山西、甘肃、青海、宁夏、新疆。

表6-5 中国可持续发展水平统计结果

地区	经济发展指数		社会进步指数		生态环境指数		可持续发展指数	
	位次	得分	位次	得分	位次	得分	位次	得分
河北	11	0.244	16	0.341	24	0.416	14	0.333
山西	20	0.175	11	0.362	27	0.298	25	0.278

地区	经济发展指数		社会进步指数		生态环境指数		可持续发展指数	
	位次	得分	位次	得分	位次	得分	位次	得分
内蒙古	9	0.339	21	0.305	14	0.482	10	0.375
辽宁	8	0.368	9	0.387	19	0.444	9	0.400
吉林	17	0.195	14	0.354	17	0.459	13	0.336
黑龙江	19	0.181	20	0.306	16	0.465	20	0.317
上海	2	0.712	2	0.664	11	0.505	2	0.627
江苏	3	0.604	6	0.446	7	0.529	5	0.526
浙江	6	0.490	4	0.498	1	0.577	6	0.522
安徽	23	0.147	23	0.297	18	0.450	23	0.298
福建	10	0.307	12	0.358	4	0.551	8	0.406
江西	25	0.131	15	0.348	10	0.514	15	0.331
山东	7	0.455	8	0.405	8	0.525	7	0.462
河南	15	0.205	10	0.373	25	0.406	16	0.328
湖北	12	0.231	18	0.317	23	0.422	18	0.323
湖南	13	0.213	19	0.317	21	0.434	19	0.321
广东	4	0.570	5	0.471	2	0.556	4	0.532
广西	26	0.126	24	0.289	12	0.494	21	0.303
海南	21	0.166	7	0.412	9	0.522	12	0.367
重庆	14	0.212	13	0.357	6	0.542	11	0.370
四川	18	0.187	27	0.260	20	0.440	24	0.296
贵州	28	0.119	31	0.221	26	0.312	30	0.217
云南	27	0.121	29	0.241	22	0.424	26	0.262
西藏	29	0.118	30	0.233	3	0.553	22	0.301
陕西	16	0.199	22	0.300	15	0.476	17	0.325

地区	经济发展指数		社会进步指数		生态环境指数		可持续发展指数	
	位次	得分	位次	得分	位次	得分	位次	得分
甘肃	31	0.080	26	0.284	29	0.278	31	0.214
青海	30	0.089	17	0.331	31	0.246	28	0.222
宁夏	22	0.156	28	0.255	30	0.249	29	0.220
新疆	24	0.135	25	0.289	28	0.288	27	0.238

二、中国可持续发展系统空间格局

根据聚类结果，按照中国各省、自治区、直辖市可持续发展系统的三个子系统：经济、社会和生态环境的发展水平与相互协调关系。在省域尺度上把中国分为经济高速增长、生态环境承载能力降低的区域；较高水平的协调发展区域；低水平的协调发展区域；生态环境承载力较强的欠发达区域；生态环境承载力较弱的欠发达区域五类。

（一）经济高速增长、生态环境承载力降低区域

这类区域的经济子系统和社会子系统发展水平较高，而生态环境子系统的支持能力明显较低。区域经济发展水平、经济规模和经济增长速度都很高，在较高的经济水平下，各项社会事业随之配套发展，也达到了比较完善的水平。但同时区域内的国土开发密度已经较高、生态环境承载能力开始减弱，资源环境问题较为突出。根据聚类结果，这类区域主要包括北京、上海、天津三个直辖市。

表6-6中，这类区域所包括的北京、上海、天津三个地区经济子系统得分分别为1、2、5，是全国经济最发达的地区之一，是我国经济最发达的京津冀都市圈和沪宁杭都市圈的核心城市，是中国经济增长的极点地区。该区域面积仅占全国总面积的0.36%，却创造了全国国民生产总值的10.1%，实现了全国进出口总额的25.31%，吸引了外商直接投资中的28.70%。2010年，三市地均GDP位列全国前三名，区域人均GDP约为7.5万元，是全国人均GDP的2.5倍。同时，由于经济发展水平高，各项社会事业发展也很完善。三个地区的社会支持系统和智力支持系统均位列全国前三位，2011年，城镇人均可支配收入为30 554元，比全国平均水平多出11 444元。2010年的城镇居民生活保障最低标准460元/（人·月），约为全国平均水平的1.32倍；每千人拥有医生数为10.14人，是全国平均水平的2.32

倍；每 10 万人拥有的大专以上学历人口数是全国平均水平的 7.92 倍。但由于长期以来比较粗放的经济增长模式，该区域的资源环境付出了很大代价。在可持续发展的三个子系统中，资源环境对区域持续发展的支撑能力明显偏低。2008 年，本区域土地利用开发强度为 27.42%，是《全国主体功能区规划》关于全国陆地国土空间开发强度控制目标 3.91% 的近 8 倍。2010 年，天津、北京、上海三市人均水资源量分列全国倒数第 1、2、4 位，人均水资源量为 120mV 人，仅为全国平均水平 2 310.4mV 人的 5%。其中北京、上海的人均土地资源也进入全国最后四位。森林覆盖率只有 16%，低于全国平均水平。突发环境事件 191 次，占全国突发环境事件发生总次数 420 次的近 1/2。

表 6-6　京津沪三地可持续发展总水平位序表

地区	经济子系统		社会子系统		生态环境子系统	
	总得分	序位	总得分	序位	总得分	序位
北京	0.774	1	0.774	1	0.543	5
天津	0.712	2	0.712	2	0.505	11
上海	0.569	5	0.569	3	0.490	13

可见，本区域可持续发展系统的三个子系统失衡，经济、社会快速发展并已达到较高水平，而资源开发强度过大、环境承载力降低。自然资源作为可持续发展的物质基础，已经成为区域未来持续发展的制约因素。因此该类区域需要现有发展的基础上加快转变经济发展方式，调整优化经济结构。

（二）较高水平的协调发展区域

根据聚类结果，这类区域主要包括山东、江苏、浙江、福建、广东 5 个省份。这类区域所包含的 5 个省份全部位于我国经济比较发达的东部地区，为我国三大都市圈环渤海地区、长三角地区、珠三角地区的直接腹地，是我国传统的经济优势地带。仅次于京津沪，是我国经济发展的第二梯度。本区域约占全国国土面积的 6.8%，2010 年，区域地区生产总值占全国 GDP 的 31.4%，进出口总额占全国的 60.6%。区域人均地区生产总值为 5.48 元，是全国人均 GDP 的 1.89 倍。同时，本区域的社会事业发展也相对完善，社会子系统得分仅次于京津沪地区。2010 年，本区域的城镇人均可支配收入为 20 364 元，略高于全国平均水平 19 109 元；每千人拥有医生数为 5.01 人，是全国平均水平的 1.15 倍；每 10 万人中有 9 542 人拥有大专以上学历，略高于全国平均水平 8 930 人。但与京津沪地区不同，在拥有较高经济和社会发展水平的同时，本区域的生态环境状况也比较乐观。在可持续发展总水平排序中，生态环境子系统的得分普遍较高。2010 年，森林覆盖率为 39.43%，比全国平均水平（20.36%）高出近 20 个百分点；单位 GDP 能耗不到全国平均水平的 2/3；万元 GDP 二氧化硫排放量、氮氧化物排放量、COD 排放量、烟尘排放量、固体废弃物排放量都低于全国水平的 1/2。因此本区域可持续发展系统的三个子系统处于较高水平的均衡状态。经济和社会子系统协调快速发展的同时，生态环境子系统也呈现出良好状态。

（三）低水平的协调发展区域

这类区域的经济、社会和生态环境的三个子系统的发展水平都不高，但比较均衡，属于低水平的协调发展区域。区域经济并不发达，但具有较强的经济基础，经济增长平稳。社会事业也有一定的发展，但尚未完善，城镇体系初步形成。同时区域的环境承载能力较强，开发强度较低，发展潜力较大，需要在资源环境和社会协调发展的前提下，进一步加快经济发展。根据 SPSS 的聚类结果，本区域主要包括黑龙江、吉林、辽宁、内蒙古、湖北、湖南、河北、河南、安徽、陕西、四川 11 个省份。

本区 11 省中包括东北 3 省和 5 个位于我国中东部地区的省份，受东部沿海发达地区的辐射影响，具有较强的经济基础，是我国经济发展的第三梯度。本区 11 省的经济子系统得分也都位列全国的中上段。本区域约占全国国土面积的 36..15%。2010 年，地区生产总值约占全国生产总值的 38%，与面积比重大致相当；对外贸易额仅为全国进出口总额的 8%，区域经济的开放性较低；区域人均地区生产总值为 29 272 元，略低于全国平均水平 29 992 元。社会事业发展相对完善，社会子系统的序位都居全国中段。2010 年，城镇人均可支配收入为 15 951 元，低于全国平均水平三千多元；每千人拥有医生数为 4.09 人，与全国平均水平相当；每 10 万人中有 8 051 人拥有大专以上学历，略低于全国平均水平的 8 930 人。同发展水平一般的经济和社会系统一样，资源环境系统虽不存在突出问题，但也表现平平，11 省的生态环境子系统排序都位居全国中后段。2008 年，土地利用开发强度为 3.47%，在《全国主体功能区规划》关于全国陆地国土空间开发强度控制目标之内，开发强度合理。2010 年，本区域人均水资源量为 2 693.ImV 人，略高于全国平均水平 2 310.4 立方米 / 人；森林覆盖率约为 30.12%，高出全国森林覆盖率 10 个百分点；二氧化硫排放量占全国总排放量的 1/5，略小于该区面积在全国的比重；工业固体废物产生量接近占全国总排放量的 1/3。本区域可持续发展系统的三个子系统处于相对协调的状态，但这种协调是低水平的。经济基础较好，社会事业相对完善，但都只是达到了全国平均发展水平。区域应该在资源环境承载范围内，加速发展经济、大力发展社会事业。

（四）生态环境承载力较强的欠发达区域

这类区域可持续发展系统中经济和社会系统的发展状况都处于全国的中后段。具有一定的经济基础，但落后于全国平均水平；人口密度较低、城镇体系结构简单、各项社会事业发展水平较低；但本区的资源环境的支持能力较强、环境承载力高。根据 SPSS 聚类结果，本区域主要包括广西、重庆、江西、云南、西藏、海南 6 个省市。

本区域 6 个省市基本上位于我国西南部，具有一定的经济基础，但经济发展水平与东部发达地区相比，差距明显。经济发展指数得分位于全国中后段。本区域约占全国国土面积的 25.93%。2010 年，区域地区生产总值只占全国国民生产总值的 12.19%，仅相当于面积比重的一半，地均生产力较低；第一产业增加值占地区生产总值的 15.54%，高于全国平均水平 5 个百分点，产业结构发展滞后。对外贸易额仅为全国进出口总额的 3.28%，区域经济的开放性低；区域人均地区生产总值 19 865.17 元，比全国平均水平低 1 万元。区域的社会事业发展也尚未完善，在表中可以看到，6 个省市的社会子系统在全国的排名都比较落后。2010 年本区域的城镇人均可支配收入为 15 823 元，低于全国平均水平，仅为京津沪地区的 1/2；每千人拥有医生数为 3.55 人，仅为京津沪地区的 1/3；每十万人中有 6 400 人拥有大专以上学历，不到京津沪地区的 1/10。本区域的经济、社会系统状况差强人意，相比较之下资源环境的状况良好，区域的生态环境子系统排名居于前列，其中西藏自治区生态环境指数居全国第 3 位。2008 年本区域土地利用开发强度为 2.18%，比《全国主体功能区规划》关于全国陆地国土空间开发强度控制目标少一个百分点，土地开发潜力很大。2010 年，本区域人均水资源量为 2 866.8 立方米 / 人，略高于全国平均水平 2 310.4 立方米 / 人；森林覆盖率约为 37.41%，是全国森林覆盖率的近两倍；二氧化硫排放量和工业固体废物产生量都不到全国总排放量的 1/6，仅为东部沿海地区的一半。总体来说，本区域可持续发展系统的三个子系统也处在失衡状态。经济、社会系统的发展水平均落后于全国平均水平，而生态环境系统的状况略高于全国平均水平，有较大的开发潜力。

（五）生态环境承载力较弱的欠发达区域

这类区域可持续发展系统中三个子系统的发展状况都处于全国的后段。经济基础比较薄弱；人口密度较低、城镇体系结构简单、各项社会事业发展水平较低；

资源环境的支持能力弱、环境承载力低。根据聚类结果本区域包括贵州、山西、新疆、甘肃、青海、宁夏6个省区。

本区的6个省区大部分位于我国的西北部，是我国经济发展的后进地带，经济基础比较薄弱，相对于全国平均发展水平有一定差距，本区6省的经济子系统得分居于全国末段。本区域约占全国国土面积的31.79%。2010年，区域地区生产总值只占全国国民生产总值的15.18%，还不到国土面积比重的一半，地均生产力较低；第一产业增加值占地区生产总值的9.55%，对外贸易额仅为全国进出口总额的2.03%，区域经济的开放性是全国最低的；人均地区生产总值为26 071元，略低于全国平均水平。社会事业发展也尚未完善，6省的社会子系统在全国的排名都比较落后。2010年，城镇人均可支配收入为15 388元，低于全国平均水平，仅为京津沪地区的1/2；每千人拥有医生数为4.26人、每10万人中有8 588人拥有大专以上学历，分别仅为京津沪地区的1/2和1/8。本区域不仅经济、社会系统发展水平较低，资源环境承载力也较弱。2010年水资源总量仅为全国水资源总量的1/10；森林覆盖率约为20.33%，与全国森林覆盖率相当；人均二氧化硫0.033吨/人，是全国人均二氧化硫排放量的2倍；人均工业固体废物产生量为3.21吨/人，是全国人均工业固体废物产生量的1.79倍。总体来说，本区域的可持续发展系统情况十分不乐观，经济、社会发展水平较低，资源环境承载力较弱，可持续发展面临巨大挑战。

第三节　中国可持续发展系统问题诊断及展望

一、中国可持续发展系统问题诊断

中国可持续发展系统存在的问题，根本上说，是新中国成立以来片面追求经济高速增长所积累下来的。经济子系统的高速发展伴随着资源环境的破坏和社会发展的滞后，导致经济、生态环境、社会子系统发展的严重不均衡。而三个子系统的内在制约关系，必然导致整个发展系统的低效性和不可持续性。

（一）现有经济的高速增长，后劲不足

自从1978年改革开放以来，中国经济始终保持超过8%的年均增长速度，世界上没有哪个国家可以和中国经济的长期持续高速增长相比。改革开放30年来，中国经济始终持续高速增长，远远高于同期的美国、日本、德国和韩国等国。成

为位列美国之后的世界第二大经济体。但快速增长的中国经济背后却存在经济发展的严重失衡。首先在国民经济的"三驾马车"中拉动中国经济增长的主要是固定资产投资和出口，这两项占到中国 GDP 总值的大约 70%，而且每年以 25% ~ 30% 的速度增长，而个人消费却只占到 GDP 的 30% 多。然而实际上，国民消费需求相对于出口拉动、政府投资增长对国民经济的增长拉动而言，才是最有效、最持久地保证经济稳定发展的最有效因素和原动力，过分依赖出口和投资的增长模式是不具有可持续性的。

从外部经济来看，中国巨额的贸易顺差和外汇储备的不断增加，产生了巨大的本币升值压力和贸易摩擦，与此同时，可供中国商品自由进入的国际市场却相对变小了，特别是在 2008 年发生全球性金融危机之后，情况更是如此。因此外部需求疲软和来自西方贸易保护主义的反弹，使中国进一步扩大出口缺乏动力。而且中国还面临着国家竞争力和企业竞争力极不对称的情况。中国已经成为全球吸引外资最多的国家，但是中国的企业在国际市场中的销售份额却极为有限，大部分中国生产制造的产品主要是通过加工贸易的渠道进入国际市场。虽然曾经得到一些国家和公众"世界工厂"的赞誉，但至多只是世界的加工厂，中国几乎没有具备国际竞争力的企业。然而，在开放经济环境下，只要中国的企业缺乏国际竞争力，那么要想实现可持续的经济增长几乎是不可能的，因为中国目前这种依靠外资和加工贸易来推动经济高速增长是不可持续的。

从内部经济来看，内需严重不足，经济增长过分依赖固定资产投资也使得现有经济的高速增长后劲不足。首先，我国居民消费表现长期疲软，令人担忧。居民最终消费占 GDP 的比重自 1990 年以来持续下降，2012 年已经下降到 30.18% 的历史最低水平。甚至显著低于改革开放以前计划经济时期最差的三年困难阶段。简单说来，我国的内需不足主要是由收入分配差距扩大、存量失业压制工资率提高以及居民资产性收入太少导致。虽然内需不足是发展中国家普遍存在的问题，今天的发达工业化国家，它们在工业化发展的早期阶段也都经历过内需不足的时代。但是我国内需长期不足，已经导致了我国经济结构失衡的严重后果。一是上述提到的外部经济中巨大的出口压力，是产生在国内内需不足的助力之下。二是居民消费长期疲软，更加剧了经济增长对于投资拉动的依赖。然而没有大众消费的相应增长，出口和投资的孤军奋战必将难以持久，从而使整个经济增长失去持续发展的动力。其次，投资部门也不可能持续增长，因为目前投资部门已经占到了 GDP 的 40%。在"六五""七五""八五""九五"和"十五"期间，每增加亿元 GDP 需要的固定资产分别是：1.8 亿元、2.15 亿元、1.6 亿元、4.49 亿元和 4.99

亿元。我国资本形成占 GDP 的比重：1980 年为 34.9%，1995 年为 40.8%，2000 年为 36.4%，2010 年为 48.6%，大大高于美、德、法、印度等一般为 20% 左右的水平。而且随着后工业化时期的到来，投资极度倚重的制造业也不能再继续创造大量的就业，同时却带来大量的资源消耗，在推高资源价格的同时还带来污染问题。我国百万美元工业产值的能源消耗量是日本的 9 倍多，欧美国家的 6 倍多，甚至高于印度。而在经历 30 多年高资源消耗的发展之后，再继续维系高资源投入强度也出现了困难，自 2003 年以来，中国经济中出现了明显的资源供给不足现象。能源、水资源、土地资源短缺在中国经济较发达的地区广泛存在，即便是以往被公认的可以"无限供给"的劳动力，也出现了大面积的"民工荒"。

持续了 30 多年的"中国奇迹"式的经济增长站在了一个十字路口，以往的高资本消耗低技术进步的生产方式成为中国经济发展的陷阱。毫无疑问，这种高速度、低效率的增长是很难长期持续的，特别是在中国这样一个资源紧缺的国家。如吴敬琏先生所指出的，我国经济增长质量太低。经济增长质量低的一个重要原因就是我国的科学技术水平依然处在较为落后的状态，许多产业的核心技术依然被国外大企业所掌握和垄断。而我国经济可持续发展的关键在于技术的进步和创新，必须摒弃旧的增长模式，通过创新延续中国的经济增长。我国必须转变发展观念，大力实施科教兴国战略、人才强国战略和可持续发展战略，以实现我国经济的可持续发展。

（二）"投入式"经济增长，资源环境付出的代价太大

大规模投资是驱动中国经济高速增长的主要引擎，然而作为这种"投入式"经济高速增长的代价，使我国资源环境的矛盾日趋尖锐。过去 30 多年，我国经济成长的 GDP 中，至少有 18% 是依靠资源和生态环境的"透支"获得的。可以说，我国的经济增长是建立在对资源、能源的过度消耗和对生态环境的严重破坏的基础之上的。高速经济增长首先意味着资源和能源消耗大量增加。统计资料表明，30 年来中国能源消耗年均增长 5.5%，能耗的绝对数量从 1978 年的 5.7 亿吨增加到 2012 年的 36.2 亿吨，增加了接近 6 倍，其中在 2000 年以后的 10 年间就翻了一番还多。在 30 年的时间内能源消耗如此迅猛的增加，在世界史上也是前所未有的。这种快速增加首先建立在对于国内能源、资源的无节制开采上，加上我国资源开采粗放和利用低效，使物质资源消耗惊人。我国资源产出效率大大低于国际先进水平，每吨标准煤的产出效率相当于美国的 28.6%，欧盟的 16.8%，日本的 10.3%。土地、水、森林等人均拥有量都大大低于国际水平，但单位产出的能耗和资源消耗却明显高于国际平均水平，如火电煤耗高 21%、吨钢可比能耗高 21%、水泥综合能耗高 45%、乙烯综合能耗高 31%。我国农业灌溉用水的利用系数只是国际平均水

平的一半左右，万元工业产值用水量是国际平均水平的 10 倍。矿产资源的消耗强度也比世界平均水平高出许多。据 2013 年国际统计年鉴计算，2011 年，中国创造出了全球 GDP 的 10.5%，却消耗了全球 48%、11%、30%、27% 和 40% 的原煤、石油、铁矿石、钢材、水泥。

在国内资源能源被快速消耗的情况下，我国在 20 世纪 90 年代之后则越来越多地依赖于进口。在中国的第二波工业化浪潮开始的 1992 年，中国能源消费量已经开始超过其能源生产量，当年能源产量为 10.73 亿吨，而消费量达到 10.92 亿吨，消费超过生产 1 914 万吨。2003 年，中国能源赤字超过 1 亿吨。到 2009 年，中国能源赤字高达 32 261 亿吨。超过的部分当然主要依赖进口，纯进口量在 2000 年相当于 4 700 万吨标准煤，到 2009 年则达到 46 578 万吨标准煤。而经济的急剧扩张导致了除煤炭之外的几乎所有的重要矿产资源越来越多地依赖于进口，尤其是石油、铁矿石等大宗短缺矿产品的对外依存度不断攀升。到 2009 年，中国消耗的 35% 的铁矿石、53.4% 的原油（加上成品油则达到 66%）、46% 的氧化铝和 60% 的铜依赖进口。以能源焦点—石油为例，1993 年中国变成石油纯进口国，石油对外依存度从 1995 年的 5.3% 上升到 2000 年的 30.7% 再到 2009 年的 66.8%。2009 年石油消费达 3.84 亿吨，是仅次于美国的世界石油消费大国。到 2009 年，中国石油进口量超过 2.5 亿吨，进口来源国家共有 20 多个。根据国际能源署（IEA）预测，到 2030 年中国的石油进口比例将高达 84%。也因此才会有人提出了全世界的资源能否支持中国的经济增长的疑问。

除了资源能源的消耗承受空前压力之外，中国环境与发展国际合作委员会和世界自然基金会（WWF）于 2010 年 6 月共同发布的《中国生态足迹报告》显示，中国从 20 世纪 70 年代中期就已经出现了生态赤字，每年需要的生物承载力都大于其自身生态系统的供给能力。2007 年，中国消耗的资源超过了其自身生态系统所能提供资源的 2 倍以上。这种种数据都表明，我国若沿着现有的工业化道路继续走下去，我们的经济增长与资源、环境和生态的矛盾会变得更加突出。

因此，我们不能再一味追求经济增长的速度，而是应转而追求经济增长和资源环境相协调的可持续发展。切实把握发展规律，转变发展方式，从粗放型增长转变为集约型增长，建立起节约能源、保护环境、维持生态的新型经济结构，提高发展质量和效益，以推动国民经济又好又快的发展。

（三）社会发展滞后于经济发展，社会发展欠账多

中国可持续发展系统中还存在的一个问题就是，社会发展滞后于经济发展，改革开放以来的 30 多年，我国创造了巨大的物质财富，大幅度提高了人民的生活水平。然而，这种以政绩为支撑的传统发展方式使得经济与社会领域的发展越来越不平衡，社会发展严重滞后于经济发展，引发了一系列社会问题，特别是民生问题突出，社会的差距甚至是"鸿沟"日益拉大。收入分配差距过大和公共产品供给不足成为当前社会普遍关注的两大焦点问题。这些问题解决不好，就可能出现一种"有增长无发展"、多数人分享不到改革发展成果的局面。

目前中国经济体制还不完善，经济发展与社会发展不同步，公共产品和社会保障供给滞后于经济发展。在某种程度上，政府将社会福利支出转嫁到了普通家庭的身上，部分经济的增长是用人民福利的下降换来的。2012年，中国教育的投入占 GDP 的比重为 5.05%，只有国际平均水平的一半；医疗卫生支出只有 5.36%，而美国、德国、英国、法国全都高于 15%。而我国包括社会保险、社会福利、社会救济和社会优抚等制度在内的社会保障体系更是存在保障覆盖面过窄、缺乏法制保障、市场化程度低等种种问题，并给经济和社会的发展带来了一系列复杂的问题。现在越来越多的人对中国经济的增长感到疑惑和不解，经济发展势头越来越好，人们感到的经济压力却越来越大，买不起房，读不起书，看不起病。其实中国经济的高增长是一个怪诞的组合，即高污染、高消耗、高剥夺，而它的另一面则是低工资、低福利、低消费以及急速扩大的贫富差距。在中国经济增长一路凯歌的表象之下，还有一个比环境的破坏、资源的消耗隐匿得更深的成本，那就是社会分化的成本。据 2011 年《中国居民收入分配年度报告》显示，我国城镇居民年收入分配差距继续扩大，10% 收入最高的一组是 10% 收入最低一组收入的 9.2 倍，相差 25 638 元，而农村居民人均纯收入只有城镇居民的 1/3。中国在以全球"第一高速"批量创造"富裕一极"的同时，也以全球"第一高速"批量创造"贫困一极"。既患寡又患不均，虽患贫更患不安。尽管贫富分化现象在世界各国都有存在，但以中国短短二十几年发展时间就形成如此强烈的贫富分化是很少见的。贫富差距问题是影响社会秩序稳定的经济根源。国务院总理温家宝也曾坦承，中国社会存在深层次的矛盾，且日趋尖锐化。

二、中国未来可持续发展展望

1992 年以来，中国有效实施了可持续发展战略，在经济、社会全面发展和人民生活水平不断提高的同时，人口过快增长的势头得到了控制，自然资源保护与管理得到加强，生态保护与生态建设步伐加快，部分城市和地区环境质量有所改善。2012 年是《21 世纪议程》颁布的 20 周年，20 年来的实践经验表明，实施可持续发展战略适合于中国人口众多、人均资源少、生态环境脆弱的国情。

展望未来，中国将在"可持续发展"的道路上长期地、坚定不移地走下去。并努力实现：到2020年全面建成小康社会和全面深化改革开放的目标：经济持续健康发展，人民民主不断扩大，文化软实力显著增强，全面落实经济建设、政治建设、文化建设、社会建设、生态文明建设五位一体的总体布局，不断开拓生产发展、生活富裕、生态良好的文明发展道路。

（一）中国经济子系统发展展望

1.深化经济体制改革和加快转变经济发展方式

全面深化经济体制改革。健全现代市场体系，加强宏观调控目标和政策手段机制化建设。加快改革财税体制，健全中央和地方财力与事权相匹配的体制，完善促进基本公共服务均等化和主体功能区建设的公共财政体系，构建地方税体系，形成有利于结构优化、社会公平的税收制度。建立公共资源出让收益合理共享机制。深化金融体制改革，健全促进宏观经济稳定、支持实体经济发展的现代金融体系，发展多层次资本市场，稳步推进利率和汇率市场化改革，逐步实现人民币资本项目可兑换。加快发展民营金融机构。完善金融监管，推进金融创新，维护金融稳定。

2.实施创新驱动发展战略

以改善需求结构、优化产业结构、促进区域协调发展、推进城镇化为重点，着力解决制约经济持续健康发展的重大结构性问题。要牢牢把握扩大内需这一战略基点，加快建立扩大消费需求长效机制，释放居民消费潜力，保持投资合理增长，扩大国内市场规模。牢牢把握发展实体经济这一坚实基础，实行更加有利于实体经济发展的政策措施，强化需求导向，推动战略性新兴产业、先进制造业健康发展，加快传统产业转型升级，推动服务业特别是现代服务业发展壮大，合理布局建设基础设施和基础产业。推进经济结构战略性调整。

3.全面提高开放型经济水平

完善互利共赢、多元平衡、安全高效的开放型经济体系。要加快转变对外经济发展方式，推动开放朝着优化结构、拓展深度、提高效益方向转变。创新开放模式，促进沿海内陆沿边开放，优势互补，形成引领国际经济合作和竞争的开放区域，培育带动区域发展的开放高地。坚持出口和进口并重，强化贸易政策和产业政策协调，形成以技术、品牌、质量、服务为核心的出口竞争优势，促进加工贸易转型升级，发展服务贸易，推动对外贸易平衡发展。提高利用外资综合优势和总体效益，推动引资、引技、引智有机结合。加快走出去步伐，增强企业国际化经营能力，培育一批世界水平的跨国公司。统筹双边、多边、区域次区域开放合作，加快实施自由贸易区战略，推动同周边国家互联互通。提高抵御国际经济风险能力。

（二）中国生态环境子系统发展展望

1. 大力推进生态文明建设

努力建设资源节约型、环境友好型社会。主体功能区布局基本形成，资源循环利用体系初步建立。单位国内生产总值能源消耗和二氧化碳排放大幅下降，主要污染物排放总量显著减少。森林覆盖率提高，生态系统稳定性增强，人居环境明显改善。

2. 优化国土空间开发格局

加快实施主体功能区战略，推动各地区严格按照主体功能定位发展，构建科学合理的城市化格局、农业发展格局、生态安全格局。全面促进资源节约。节约集约利用资源，推动资源利用方式根本转变，加强全过程节约管理，大幅降低能源、水、土地消耗强度，提高利用效率和效益。推动能源生产和消费革命，控制能源消费总量，加强节能降耗，支持节能低碳产业和新能源、可再生能源发展，确保国家能源安全。加强水源地保护和用水总量管理，推进水循环利用，建设节水型社会。严守耕地保护红线，严格土地用途管制。加强矿产资源勘查、保护、合理开发。发展循环经济，促进生产、流通、消费过程的减量化、再利用、资源化。

3. 加大自然生态系统和环境保护力度

要实施重大生态修复工程，增强生态产品生产能力，推进荒漠化、石漠化、水土流失综合治理，扩大森林、湖泊、湿地面积，保护生物多样性。加强生态文明制度建设。建立国土空间开发保护制度，完善最严格的耕地保护制度、水资源管理制度、环境保护制度。深化资源性产品价格和税费改革，建立反映市场供求和资源稀缺程度、体现生态价值和代际补偿的资源有偿使用制度和生态补偿制度。

（三）中国社会子系统发展展望

1. 在改善民生和创新社会管理中加强社会建设

努力办好人民满意的教育。全面实施素质教育，深化教育领域综合改革，着力提高教育质量，培养学生创新精神。办好学前教育，均衡发展九年义务教育，完善终身教育体系，建设学习型社会。大力促进教育公平，合理配置教育资源，重点向农村、边远、贫困、民族地区倾斜，支持特殊教育，提高家庭经济困难学生资助水平，积极推动农民工子女平等接受教育，让每个孩子都能成为有用之才。

2. 推动实现更高质量的就业

引导劳动者转变就业观念，鼓励多渠道多形式就业，促进创业带动就业，做好以高校毕业生为重点的青年就业工作和农村转移劳动力、城镇困难人员、退役军人就业工作。加强职业技能培训，提升劳动者就业创业能力，增强就业稳定性。健全人力资源市场，完善就业服务体系，增强失业保险对促进就业的作用。健全劳动标准体系和劳动关系协调机制，加强劳动保障监察和争议调解仲裁，构建和谐劳动关系。

3.千方百计增加居民收入

实现居民收入增长和经济发展同步、劳动报酬增长和劳动生产率提高同步，提高居民收入在国民收入分配中的比重，提高劳动报酬在初次分配中的比重。初次分配和再分配都要兼顾效率和公平，再分配更加注重公平。完善劳动、资本、技术、管理等要素按贡献参与分配的初次分配机制，加快健全以税收、社会保障、转移支付为主要手段的再分配调节机制。深化企业和机关事业单位工资制度改革，推行企业工资集体协商制度，保护劳动所得。多渠道增加居民财产性收入。规范收入分配秩序，保护合法收入，增加低收入者收入，调节过高收入，取缔非法收入。

4.统筹推进城乡社会保障体系建设

坚持全覆盖、保基本、多层次、可持续方针，以增强公平性、适应流动性、保证可持续性为重点，全面建成覆盖城乡居民的社会保障体系。改革和完善企业和机关事业单位社会保险制度，整合城乡居民基本养老保险和基本医疗保险制度，逐步做实养老保险个人账户，实现基础养老金全国统筹，建立兼顾各类人员的社会保障待遇确定机制和正常调整机制。

5.提高人民健康水平

为群众提供安全、有效、方便、价廉的公共卫生和基本医疗服务。健全全民医保体系，建立重特大疾病保障和救助机制，完善突发公共卫生事件应急和重大疾病防控机制。巩固基本药物制度。健全农村三级医疗卫生服务网络和城市社区卫生服务体系，深化公立医院改革，鼓励社会办医。扶持中医药和民族医药事业发展。

在21世纪的百年进程中，我们必须清醒地认识到，地球将负载着约90亿人口，在过去200余年的工业化进程中，许多宝贵的资源已被过度地消耗，排放了大量的污染物，人类赖以生存的基本生境受到了严重的威胁。21世纪我们正处于一个关键的时刻：挽救地球、保护自然，已经成为每一个人的责任。中国作为一个占世界人口20%的大国，又是一个快速发展中的大国，可持续发展战略的实施与实现，不仅是我们自身发展的唯一正确选择，而且将是对整个人类的巨大贡献。勤劳智慧的中华民族，既然曾在人类文明发展史上写下过辉煌的篇章，也一定能够在实现可持续发展的现代文明进程中，做出更加辉煌的贡献。

第七章 区域一体化视角下中国产业的辐射效应分析

第一节 辐射效应评价指标体系建立和权重赋值

一、指标体系

当前国内外对于城市辐射力范围的研究多采用断裂点公式和威尔逊模型，以城市实力或人口规模来间接计算出城市经济辐射范围。

本研究从辐射的物理学定义出发，将其衍生到经济地理空间，从辐射源和辐射流的角度，分别从经济发展水平、城市规模、科技实力、人力资源、经济开放程度、信息化水平、交通状况七个层面，选取了地区生产总值（D_1）、地区生产总值增长率（D_2）、第三产业占地区生产总值比例（D_3）、城乡居民储蓄年末余额（D_4）、职工年平均工资（D_5）、人均固定资产投资额（D_6）、年末总人口（D_7）、非农人口比重（D_8）、城市建成区面积（D_9）、人均科教财政预算支出（D_{10}）、科学支出占地方财政预算支出的比重（D_{11}）、科技服务从业人数（D_{12}）、年末单位从业人员数（D_{13}）、每万人高校在校学生数（D_{14}）、当年实际使用外资金额占区域固定资产投资比重（D_{15}）、人均实际利用外资额（D_{16}）、当年合同外资金额（D_{17}）、本地电话年末用户数（D_{18}）、人均邮电业务总量（D_{19}）、地区客运总量（D_{20}）、地区货运总量（D_{21}）共21个指标，构建了城市经济辐射力评价指标体系。

二、指标权重的赋值

层次分析法（AHP）是一种定性与定量相结合的多目标、多准则的决策分析方法。对各种类型问题，尤其是复杂问题的决策分析，具有较广泛的实用性，是目前国内外确定指标体系最常用的方法。鉴于在城市辐射力协调度评价的指标体系中，许多指标相互关联，甚至相互包含，因而在评判时所起的作用也不一样。故本文采用了层次分析法对该区城市辐射力指标体系各项指标进行赋权。基本步骤如下。

1. 确定城市辐射力指标体系的层次递接结构。本层级结构体系为 4 层，总目标经济辐射力 A，领域 B 有 2 个，准则 C 有 7 个，指标 D 有 21 个。

2. 根据层次结构构建判断矩阵。判断矩阵元素的值是根据专家评价结果，通过采用 1~9 及其倒数的标度方法（见表 7-1）两两比较后确定。作者邀请 5 位专家对各个因子的重要程度进行打分，再取每个元素得分的平均分作为其特征向量值，各判断矩阵及特征向量详见表 7-2 至 7-11。

表 7-1　层次分析法判断矩阵取值表

标度值	含义
1	两两元素相比，具有同等重要性
3	两两元素相比，一个元素比另一个元素稍重要
5	两两元素相比，一个元素比另一元素明显重要
7	两两元素相比，一个元素比另一个元素强烈重要
9	两两元素相比，一个元素比另一个元素极端重要
2.4.6.8	如果成对事物的差别介于两者之间，可取上述相邻判断的中间值
倒数	若元素 i 与元素 j 重要性之比为 a，那么元素 j 与元素 i 的重要性之比为 $1/a$

构建目标 A 对领域 B_i 的相对重要性判断矩阵 A–Bi，如表 7-2。

表 7-2　判断矩阵 A-Bi 及其特征向量

A	B_1	B_2	W
B_1	1	4	0.800 0
b_2	1/4	1	0.200 0

构建领域 B_i 对准则 C_i 的相对重要性判断矩阵，如表 7-3 与 7-4

表 7-3　判断矩阵 B_1-C_i 及其特征向量

B_1	C_1	C_2	C_3	C_4	W
C_1	1	5/2	5/2	5	0.461 3

续　表

B_1	C_1	C_2	C_3	C_4	W
C_2	2/5	1	I	2	0.217 8
C_3	2/5	1	1	2	0.217 8
C_4	1/5	1/2	1/2	1	0.103 1

表 7-4　判断矩阵 B_2-C_i 及其特征向量

B_2	C_5	C_6	C_7	W
C_5	1	1/3	1/5	0.109 5
C_6	3	1	1/2	0.309 0
C_7	5	2	1	0.581 6

构建准则 C_i 对指标 D_i 的相对重要性断矩阵，如表 7-5。

表 7-5　判断矩阵 C_1-D_i 及其特征向量

C_1	D_1	D_2	D_3	D_4	D_5	D_6	W
D_1	1	1	2	3	5	4	0.298 2
D_2	1	1	2	3	5	3	0.285 9
D_3	1/2	1/2	1/2	2	4	3	0.182 0
D_4	1/3	1/3	1/2	1	3	2	0.112 8
D_5	1/5	1/5	1/4	1/3	1	1/2	0.046 6
D_6	1/4	1/3	1/3	1/2	2	1	0.074 6

表 7-6　判断矩阵 C_6-D_i 及其特征向量

C_6	D_{18}	D_{19}	W
D_{18}	1	2	0.666 7
D_{19}	1/2	1	0.333 3

表 7-7 判断矩阵 C_7-D_i 及其特征向量

C_7	D_{20}	D_{21}	W
D_{20}	1	1	0.500
D_{21}	1	1	0.500

3. 权重的计算。利用求和法得出其特征向量，即其权重。详见表 7-8 至 7-9。

表 7-8 各准则对总目标的组合优先权重值

准则	B_1	B_2	各准则对总目标的优先权重
	0.800 0	0.200 0	W_c
C_1	0.461 3	0.000 0	0.369 0
C_2	0.217 8	0.000 0	0.174 2
C_3	0.217 8	0.000 0	0.174 2
C_4	0.103 1	0.000 0	0.082 5
C_5	0.000 0	0.109 5	0.021 9
C_6	0.000 0	0.309 0	0.061 8
C_7	0.000 0	0.581 6	0.116 3

表 W_c 行各元素分别乘表下部某行对应列元素，其积之和为该行的组合权重值。如 C_1 对总目标优先权重 $=0.800\,0 \times 0.461\,3 + 0.200\,0 \times 0.000\,0 = 0.369\,0$；$C_2$ 对总目标优先权重 $=0.800\,0 \times 0.217\,8 + 0.200\,0 \times 0.000\,0 = 0.174\,2$；其余如是计算。表 7-9 各指标对总目标的组合权重值计算方法与表 7-8 相同。

表 7-9 指标对总目标的组合权重值

指标	C_1	C_2	C_3	C_4	C_5	C_6	C_7	各指标对总目标的优先权重
	0.369 0	0.174 2	0.174 2	0.082 5	0.021 9	0.061 8	0.116 3	总排序权值 Wd
D_1	0.298 2	0	0	0	0	0	0	0.110 0
D_2	0.285 9	0	0	0	0	0	0	0.105 5

指标	C_1	C_2	C_3	C_4	C_5	C_6	C_7	各指标对总目标的优先权重
D_3	0.182 0	0	0	0	0	0	0	0.067 2
D_4	0.112 8	0	0	0	0	0	0	0.041 6
D_5	0.046 6	0	0	0	0	0	0	0.017 2
D_6	0.074 6	0	0	0	0	0	0	0.027 5
D_7	0	0.163 4	0	0	0	0	0	0.028 5
D_8	0	0.297 0	0	0	0	0	0	0.051 7
D_9	0	0.539 6	0	0	0	0	0	0.094 0
D_{10}	0	0.000 0	0.500 0	0	0	0	0	0.087 1
D_{11}	0	0	0.500 0	0	0	0	0	0.087 1
D_{12}	0	0	0	0.428 6	0	0	0	0.035 4
D_{13}	0	0	0	0.142 9	0	0	0	0.011 8
D_{14}	0	0	0	0.428 6	0	0	0	0.035 4
D_{15}	0	0	0	0	0.558 4	0	0	0.012 2
D_{16}	0	0	0	0	0.319 6	0	0	0.007 0
D_{17}	0	0	0	0	0.122 0	0	0	0.002 7
D_{18}	0	0	0	0	0	0.666 7	0	0.041 2
D_{19}	0	0	0	0	0	0.333 3	0	0.020 6
D_{20}	0	0	0	0	0	0	0.500 0	0.058 2
D_{21}	0	0	0	0	0	0	0.500 0	0.058 2

4. 一致性检验。层次分析法要求判断矩阵具有一致性，能使计算结果基本合理，对判断矩阵进行一致性检验，计算公式如下

$$CI = (\lambda \max - n)/(n-1); \quad CR = CI/RI$$

式中，CI 是一致性特征数（见表 7-10）；$\lambda \max$ 是判断矩阵的最大特征根；RI 是随机一致性指标，其值由表 7-10 确定；CR 是一致性比率；n 是成对比较因子个数。

表 7-10　随机一致性指标 RI 值

n	1	2	3	4	5	6	7	8
RI	0	0	0.58	0.90	1.12	1.24	1.32	1.41

当 CI < 0.1 时，即可认为该判断矩阵具有满意的一致性，也就是说判断矩阵的构造符合数学逻辑，可以依据该矩阵进行权值的计算，否则就要重新调整判断矩阵，再次进行一致性检验，直到满

足 CI < 0.1 这一要求为止。对于一阶、二阶矩阵总是一致的，所以 A–Bi、C3–Di、C6–Di、C7–Di 不需进行检验。

对于 B1–Ci 判断矩阵计算结果如下：

最大特征值：Lambder（max）=4.006 2E+00

一致性指标：C1=2.077 6E–03

平均随机一致性指标：RI=8.931 0E–01

一致性比例：CR=2.326 3E–03

对于 B2–Ci 判断矩阵计算结果如下：

最大特征值：Lambder（max）=3.003 7E+00

一致性指标：C1=1.848 1E–03

平均随机一致性指标：RI=5.149 0E–01

一致性比例：CR=3.589 3E–03

对于 C1–Di 判断矩阵计算结果如下：

最大特征值：Lambder（max）=6.095 4E+00

一致性指标：Cl=1.908 9E–02

平均随机一致性指标：RI=1.249 4E+00

一致性比例：CR=1.527 8E–02

对于 C2–Di 判断矩阵计算结果如下：

最大特征值：Lambder（max）=3.009 2E+00

一致性指标：Cl=4.604 3E–03

平均随机一致性指标：RI=5.149 0E–01

一致性比例：CR=8.942 2E–03

对于 C4–Di 判断矩阵计算结果如下：

最大特征值：Lambder（max）=3.0000E+OO

一致性指标：CI=0.0000E+OO

平均随机一致性指标：RI=5.149 0E-01

一致性比例：CR=0.000 0E+00

对于 C5-Di 判断矩阵计算结果如下：

最大特征值：Lambder（max）=3.018 3E+00

一致性指标：CI=9.147 7E-03

平均随机一致性指标：RI=5.149 0E-01

一致性比例：CR=1.776 6E-02

可见所有判断矩阵均具有满意的一致性。以上的层次分析结果是有效的。完整的城市经济辐射力评价指标体系及权重赋值见表 7-11。

表 7-11 城市经济辐射力评价指标体系及指标权重

目标层	领域层	准则层	指标层
城市经济辐射力 A	[0.800 0] 城市综合实力 B_1（辐射源）	[0.461 3] 经济发展水平 C_1	地区生产总值 D_1[0.298 2] 地区生产总值增长率 D_2[0.282 9] 第三产业占地区生产总值比例 D_3[0.182 0] 人均固定资产投资额 D_4[0.112 8] 城乡居民储蓄年末余额 D_5[0.046 6] 职工年平均工资 D_6[0.074 6]
		[0.217 8] 城市规模 C_2	年末总人口 D_7[0.163 4] 非农人口比重 D_8[0.297 0] 城市建成区面积 D_9[0.539 6]
		[0.217 8] 科技实力 C_3	人均科教财政预算支出 D_{10}[0.500 0] 科学支出占地方财政预算支出比重 D_{11}[0.500 0] 科技服务从业人数 D_{12}[0.428 6]
		[0.103 1] 人力资源 C_4	每万人高校在校生数 D_{13}[0.142 9] 年末单位从业人员数 D_{14}[0.428 6]
	[0.200 0] 对外联系程度 B_2（辐射流）	[0.109 5] 资金对外开放水平 C_5	实际使用外资金额占区域固定资产投资比重 D_{15}[0.558 4] 人均实际利用外资额 D_{16}[0.319 6] 当年合同外资金额 D_{17}[0.122 0]
		[0.309 0] 信息化水平 C_6	本地电话年末用户数 D_{18}[0.666 7] 人均邮电业务总量 D_{19}[0.333 3]
		[0.581 6] 交通状况 C_7	地区客运总量 D_{20}[0.500 0] 地区货运总量 D_{21}[0.500 0]

三、经济辐射力的计算

某城市某年的经济辐射力即为各个指标对总目标的组合权重值与该指标值积的和。城市经济辐射力为 A，各指标值为 Xn（n=1，2，…，21），各个指标对总目标的组合权重值为（n=1，2，…，21）。计算如下：

$$A=W_{D1}×X_1+W_{D2}×X_2+W_{D3}×X_3+……+W_{D20}×X_{20}+W_{D21}×X_{21}$$

第二节　辐射效应影响范围与指标分析

一、理论回顾

经济辐射效应是指以城市为经济发展的基点，通过其较强的经济、文化、科技、教育、人才等资源优势，带动周围乡村经济、文化、教育、科技的发展。经济增长不会同时出现在所有地区，总是首先由少数区位条件优越的点发展成为经济增长极。增长极的辐射表现为通过增长极的极化效应使资金、能量、信息、人才等向发达地区集中，之后再通过辐射效应把经济动力与创新成果传导到广大的腹地。布代维尔从理论上将增长极概念的经济空间推广到地理空间，认为增长极有两种含义：一是在经济意义上特指推进型主导产业部门；二是地理意义上特指区位条件优越的地区。

辐射理论是指经济发展水平和现代化程度相对较高地区与经济发展较落后的地区之间进行资本、人才，技术，市场等要素的流动和转移，以及思想观念，思维方式，生活习惯等方面的传播，以现代化的思想观念，思维方式，生活习惯替代与现代化相悖的旧习惯势力，从而进一步提高经济资源配置的效率。经济辐射的特点具体表现如下。

① 经济辐射的前提条件是经济对外开放和资源自由充分流动。

② 双向辐射，缩小差距。在经济辐射中，发达国家（地区或城市）与落后国家（地区或城市）存在着互相辐射。前者向后者传递先进的科学技术、资本、管理经验、信息、思想观念、思维习惯和生活方式等；后者向前者提供自然资源、人才、市场等到。由于前者向后者传递了先进的生产资源，通过接触能够缩小两者在经济发展水平上的差距。

③ 辐射的速度和程度与其距离和关系有关。经济发达的国家（地区或城市）

对落后国家（地区或城市）的辐射距离越近关系越好，其辐射越充分、辐射的速度越快，辐射的程度越高；反之亦然。

④ 经济辐射的媒介主要是交通网、信息网、关系网等，即经济辐射是通过交通、信息和各种关系进行的。

⑤ 经济辐射的方式主要有点辐射、线辐射和面辐射。

二、实例解析

此处将会以青藏铁路、海河开发、新上海和丝绸之路核心城市四大案例来分析一体化视角下中国产业的辐射效应影响范围。并对第四案例进行详细解析。

（一）青藏铁路

巍巍昆仑山彰显"山舞银蛇、原驰蜡象"的魅力，曲曲沱沱河尽释"长江之水天上来"的神韵，如果坐在火车上就能看到如此美景，怎叫人不心驰神往。7月1日全线建成通车的青藏铁路将满足人们这一愿望。这只是青藏铁路全线建成通车的一个最浅显的功用。仅从经济角度说，青藏铁路的影响也将是十分深广的。它结束了占全国八分之一国土面积的西藏自治区不通铁路的历史，将彻底改变过去"出国容易进藏难"的困境，明显加强内地与青藏地区的人流、物流、资金流的交流，托起青藏铁路沿线省区经济跃升的希望。

人们注意到，青藏铁路的全线建成通车虽然尚未到来，这条"天路"却早已成为一个巨大的热源，对相当大范围的投资及其他经济活动产生辐射带动作用，带来的变化已远远超出这条铁路本身。

首先，是交通运输建设上的"引致效应"。与青藏铁路格尔木至拉萨段建设相配套，青藏铁路西宁至格尔木二线应急工程正加紧建设，将于年内开通；西格二线电气化工程和兰青二线电化工程也开工在即。这意味着，青藏"东出"的通道将更加通畅。

青海省"十一五"规划提出"构建以西宁、格尔木为枢纽，青藏铁路、青藏公路、西格航线为主轴，呈放射状、立体型的现代综合交通运输网络"。青海省37个县中有18个县的县城还未成为建制镇。按照青海省副省长马建堂的说法，青藏铁路线的开通，对青藏地区小城镇的开发建设是个难得的机遇。这样一来，青海城乡之间、区域之间发展不平衡的问题将有所缓解。

西藏方面，据西藏自治区官员透露，青藏铁路全线建成后，还将投资数百亿元人民币，以拉萨火车站为中心向外辐射，再兴建拉萨至林芝、拉萨至日喀则、日喀则至亚东三条青藏铁路支线。随着青藏铁路的全线铺通，藏中公路网的完善，林芝机场的建成和投入使用，以交通为纽带，以经济联系为基础，西藏东部、中部、西部的经济区域发展格局初步显现，区域经济发展分布格局的雏形基本形成。

其次，是国际经贸交流也出现突破性变化。中国和印度将重新开放连接西藏和印度锡金段的乃堆拉山口边贸通道，恢复两国中断40多年的边境贸易。青藏铁路的通车运行将促中亚东边贸走乃堆拉山口，因为这样拉萨经亚东至加尔各答等印度港口的距离就可缩短至约1 200公里。这有利于促进从西藏、青海两省区和内地通往南亚陆路大通道的形成，更重要的是会促进沿喜马拉雅对外开放格局的逐渐形成，成为探索两省区与南亚主要国家建立自由贸易区的推手。

最后，是区域经济格局可能因此发生变化。青海、西藏作为同处青藏高原的近邻，有着地域、历史和传统文化等多方面的合作优势，自古以来联系就非常紧密，目前的经济往来也十分频繁。早在2005年7月，在西宁召开的青海西藏经贸合作交流座谈会上，两省区就提出了联合构建"青藏经济带"的设想。青藏铁路的全线建成通车，无疑使这一设想变得清晰了。譬如，借青藏铁路通车的机遇，不仅可以巩固两省区与西南地区的区域经贸合作，吸引其企业来两省区设立办事机构、窗口公司；还会加速两省区与西北地区的经贸合作；同时可以将"青藏经济带"作为内地对南亚邻国的经贸基地，开展与南亚各国特别是周边邻国的经贸合作。

青藏铁路的辐射效应还有显而易见的旅游业。受惠的不仅是青藏两地的旅游企业和相关服务业，甚至包括远在数千里之外的上海、北京的旅游企业。

（二）海河开发

五大战略举措龙头起舞城市功能快步优化提升，海河亲水平台与新建的古文化街、古玩城交相辉映。基础设施承载能力提高海河区域道路面积增加65.8%，新建改造桥梁完工后车辆跨河通行能力增长3倍以上，城市景观文化环境改善河道拓宽至100米，已有沿岸22万居民改善居住条件，初步形成和谐亲水的特色景观，海内外招商吸引力增强目前吸引社会投资480亿元，仅上游232万平方米土地出让金达160亿元。对带动本市经济发展、促进工业战略东移、提高城市文化品位和改善市民居住条件等具有重要意义的海河经济工程稳步推进，捷报频传，从2003年2月起步到现在，两年半时间里，累计完成建设投资约200亿元，到年底将达到233亿元，其中基础设施完成投资将达到83亿元，大型商贸、文化和房地产项目将完成投资150亿元。有效地提高了基础设施的承载能力，初步形成了大型商贸项目的建设规模，改善了城市景观文化环境，推动了工业战略东移，使6.2万户、22万居民改善了居住条件。发展海河经济是市委、市政府做出的重大战略决策，海河经济建设工程被海河市委列为"三步走"战略和"五大战略举措"的首位。市内六区和有关部门以及参建单位，在充分认识发展海河经济重要意义的基础上，积极落实市委、市政府的重大战略决策，以科学发展观为指导，以构建和谐社会为基础，以彰显辐射带动功能作为发展海河经济的方向，团结协作，顽强拼搏，努力开创海河经济开发新局面。

路桥管网建设快速推进。从2003年到现在，共完成拓宽改造道路28条，总长51.1公里，新增道路面积42.85万平方米。海河区域道路面积增加了65.8%。完成了狮子林桥、金汤桥、北安桥三座旧桥改造抬升和大沽桥的新建工程，正在建设的桥梁有：蚌埠桥、奉化桥、新三条石桥等5座桥梁。下半年还将动工建设通南桥、赤峰桥、富民桥3座桥梁。这些桥梁建成后，跨河通道将新增车道81条，车辆跨河通行能力将增长3倍以上。改造和新铺管网管线372.6公里，开工改造建设排水泵站6座。工程完工投入使用，收水范围将达到2 436万平方米，海河区域内，基本可实现小雨随时排放，中雨1小时内排放完毕，大雨3小时内排放完毕。

对海河实施综合治理提升河道河岸生态景观水平。对堤岸结构和景观工程进行全面改造，将直立和斜坡式护墙改造成直立退坡式护墙，岸线后移，使河道拓宽至100米以上。建设亲水平台和下沉式道路。慈海桥—北安桥左右岸4.76公里的堤岸改造全面完成。公园绿化建设工程，已完成解放公园、玉皇阁公园、会师公园、音乐公园的建设。新增绿地67万平方米，栽植胸径20厘米的大规格乔木近2万株。形成了海河沿岸生态环境和和谐亲水的特色景观效果。

拆旧建新改善百姓居住条件。从2003年到现在，海河两岸累计实施危旧房屋拆迁344万平方米，使6.2万户、22万居民改善了居住条件，赢得了广大群众的赞扬。

实施基础设施建设促进老企业改造，推动工业战略东移。通过注入资金的方式推动老企业搬迁，已完成搬迁中型工业企业40多家，有效地促进了工业东移战略的实施。同时促进了第三产业和现代服务业的发展。通过注入资金拆旧建新的方式，推动746家中小商业企业提升服务功能，为其创造了新的发展机遇。

挖掘历史文化资源保护性开发风貌建筑。已启动博爱道地区、平安街地区、解放北路地区等4个风貌建筑区的保护性开发工程，完成了玉皇阁、奥匈领事馆、袁氏宅邸、冯国璋旧居等58座、10万平方米风貌建筑的整修。金汤桥的修复，狮子林桥和北安桥的改造完成，展现了不同的艺术特色和传统文化特点。

随着海河经济工程基础设施承载能力的不断提高和大型商贸项目建设规模的不断扩大，以及景观文化环境设施的不断完善，对海内外投资商的吸引力日益增强。已签订16份投资合同，吸引社会投资达480亿元。海河上游42平方公里区域，已出让土地232.25万平方米，土地出让金达160.61亿元。

（三）新上海

上海在元朝以前是一个地理概念，包括了苏松太、杭嘉湖。专家预言：历史将重演，2050年的"上海"以长江为内河，那时大上海也许根本就不叫上海了，而形成一个经济带，成为中国经济的"核动力"。

陈正书，上海经济史权威，当把花白的头从书堆中抬起，发出的预言震动了记者："上海从来就应该是个大上海的概念。上海在元朝以前包括了苏松太、杭嘉湖。历史将重演，2050年上海将以长江为内河，那时大上海也许根本就不叫上海了。"陈先生所不知的是，在安静的书斋外，预言似乎正在喧闹的世界中应验上海的雄心。

早在600年前，上海已成为"全国一盘棋"中的关键一子，而不是传说中的偏远渔村。作为证据的是，元朝时，每年有几十万吨的黄豆渣饼从东北用沙船经海路运至上海码头，然后从长江水系到达安徽江苏浙江江西全境，然后倾倒在江南的土地上补充田力。黄豆渣让江南保有中国最肥沃的土地，养活了大江南北民众，而上海也因此获益，不仅出现随买卖黄豆渣而诞生的银庄，而且成为中国全国性的枢纽港。

历史证明，作为长江水系的龙头，上海一子下好了，全局皆活。

600年后的一天。上海政府决策咨询专家曾与上海某官员有一场激烈的争论。此官员说："上海只要守住1 600万人口。"

诸大建教授力辩："上海是中国的上海，不仅要带动整个三角洲，还要带动整个长江流域，不仅要把精英进来，还要把穷人圈进来。"

从地域上看，目前的上海大都市经济圈范围是逐步扩大的四个圈：第一个圈是上海市区600平方公里；第二个圈是6 300平方公里的上海市全境；第三个圈是包括苏锡常嘉的1.5万平方公里；第四个圈是9万平方公里长江三角洲全境。

在争论后，上海终于放弃了上海城计划而走向"大上海"，上海用20世纪90年代整个10年练的是第一圈的内功，之后，上海想用四条道路辐射出大上海经济圈：

第一条是南京到浦东机场的磁悬浮列车或高速轮轨，将南京纳入上海的一小时圈。

第二条是杭州到浦东机场的磁悬浮或高速轮轨，将杭州纳入"一小时圈"。

第三条是盐城经崇明至浦东大小洋山，过跨海大桥至宁波的沿海铁路。

第四条是大小洋山至上海市区的道路，以上海为中心的特大城市群将完成。

"上海的辐射与集聚为时尚早，关键是把路修出去，人家才能接受你辐射，这需要 7 ~ 10 年，中央已批准了四条辐射线的建设。"

据悉仅这些基础投资即达 1 万亿，在未来五年上海每年支出 2 000 亿。

诸大建说，上海的计划除了立意较高外，从小城镇战略转向特大城市竞争战略也得到中央认可。

并非上海"说故事能力"特别强，看似镜花水月的大上海战略有坚实的现实基础。在国际竞争中，特大城市蔓延带（或称经济统计区）成为国际竞争的主力，纽约经济带多达 200 个城市，在整个美国经济中举足轻重。特大城市群落控制国家命脉，大东京控制了日本全国 90% 的银行，三分之一的跨国公司。

国际城市理论权威彼得豪认为这些特大城市蔓延带将打破以往的城市中心论思想，将形成多个中心，或无中心，由于信息技术的发展，城市将平滑地自然延伸。

浙江的杭州湾跨海大桥的建立对于浙江来说是一大进步，宁波与上海直通，说明浙江摆脱了"增长极理论"的阴影，资源的自由流通，企业的选择将由他们根据自己的成本来进行。

同时浙江希望通过跨海大桥，能形成与上海相连的杭州湾城市群落。宁波、杭州、上海将形成等边三角形，浙江的三角战略明显是想以三角构成长三角的经济蔓延带，在浙江方面看来，这三角每一端分工明确：上海，金融中心；杭州，居住与旅游中心；宁波，航运中心。浙江政府将与上海协商杭州与上海的"点对点"交通，即杭州到上海各地实行城市间交通公交化。

而上海则坚持自己的"同心圆计划"，以上海目前城市中心向外放大圈。尽管上海的大战略以"三角洲发展"为己任，在城市布局上仍然用"摊大饼"的传统方式——尽力做大已有城市的边境。有专家认为，这显然与上海房地产行业的巨大利益有关，中心地区的土地批租已将耗尽，急需扩大新的增值土地。

（四）丝绸之路经济带

2013 年 9 月，习近平主席首次提出与中亚五国共同建设"丝绸之路经济带"。丝绸之路经济带中国段包括西北五省区陕西、甘肃、青海、宁夏、新疆和西南四省区市重庆、四川、云南、广西。每一个经济带都有不止一个的核心城市，经济带的发展离不开核心城市的经济辐射，经济带也是核心城市发挥经济辐射作用的结果。本文以丝绸之路经济带中国段建设的重点区域西北五省区的 36 个城市为研究对象，基于经济的视角来探讨丝绸之路经济带城市群中核心城市的辐射范围及辐射效果，揭示其经济空间的结构。

1. 研究区界定

西北五省区作为古丝绸之路中国段的主体部分，是丝绸之路经济带建设的前沿阵地。陕西将建设丝绸之路经济带"新起点"，甘肃努力打造丝绸之路经济带的"黄金段"，宁夏、青海两省也作为"战略基地"和"战略支点"，新疆建设丝绸之路经济带的"核心区"，可以看出丝绸之路经济带建设的重点区域在西北。因此此处研究丝绸之路经济带城市群包括西北五省区范围内的 36 个城市，具体包括陕西的西安、宝鸡、咸阳、渭南、铜川、延安、汉中、榆林、商洛、安康；甘肃的兰州、天水、白银、武威、张掖、平凉、陇南、庆阳、定西、酒泉：青海的西宁、海东：宁夏的银川、吴忠、固原、中卫和新疆的乌鲁木齐、昌吉、克拉玛依、伊宁、吐鲁番、哈密、库尔勒、阿克苏、喀什、和田。

2. 丝绸之路经济带城市能级测算

城市的能级是指一个城市的某种功能对该城市以外地区的辐射影响程度。城市功能的外部辐射范围越大，城市的水平越高。确定城市能级的方法有区位商法、绝对值法、综合评级法等。本文选用综合评级法建立城市能级评价指标体系，综合考虑丝绸之路经济带城市经济发展的特点，文中从城市的经济实力、社会发展、发展潜力三个维度选取 16 项指标对城市能级进行测度（见表 7-12）。数据来自 2014 年《中国城市统计年鉴》和各城市 2013 年《国民经济和社会发展公报》。此处选用突出局部差异的均方差法来确定指标权重，计算步骤如下

$$X_{ij} = \frac{x_{ij} - \min_j \left\{ x_{ij} \right\}}{\max_i \left\{ x_{ij} \right\} - \max_j \left\{ x_{ij} \right\}}$$

$$\bar{X}_j = \frac{1}{m} \sum_{i=1}^{m} X_{ij}$$

$$\sigma = \left\{ \frac{1}{m} \sum_{i=1}^{m} \left(X_{ij} - \bar{X}_j \right)^2 \right\}^{\frac{1}{2}}$$

$$\omega_j = \frac{\sigma}{\sum_{k=1}^{n} \sigma k}$$

式中，为 ω_j 项为第 j 项指标的权重：X_{ij} 第 i 个评价城市的第 j 项指标的标准值。由均方差法计算的权重（见表 7-12），再根据城市能级指数公式 $Z_i = \sum_{j=1}^{n} \omega_j X_{ij}$ 计算 36 个城市的城市能级（见表 7-13）。

表 7-12　城市能级指标体系及权重

评价维度	指标	权重
经济实力	人均地区生产总值（元）	0.061 5
	第二产业占 GDP 的比重（%）	0.086 7
	第二产业占 GDP 的比重 00	0.075 7
	固定资产投资（万元）	0.057 0
	公共财政收入（万元）	0.064 3
	社会消费品零售总额（万元）	0.056 7
社会发展	居民人民币储蓄存款余额（万元）	0.056 6
	人均用电量（千瓦时）	0.087 2
	医院、卫生院床位数（张）	0.064 4
	本地电话年末用户数（万户）	0.053 8
	互联网宽带接入用户数（万户）	0.055 2
	公共图书馆图书总藏量（千册）	0.059 1
发展潜力	货运总量（万吨）	0.056 5
	客运总量（万人）	0.054 6
	邮政业务收入（万元）	0.053 3
	电信业务收入（万元）	0.057 4

表 7-13　丝绸之路经济带城市能级指数

城市	能级指数	城市	能级指数	城市	能级指数
西安	0.801 2	天水	0.130 9	固原	0.077 0
铜川	0.157 5	武威	0.104 5	中卫	0.179 0
宝鸡	0.234 6	张掖	0.092 1	乌鲁木齐	0.405 7
咸阳	0.239 3	平凉	0.111 1	克拉玛依	0.278 8
渭南	0.218 6	酒泉	0.144 4	吐鲁番	0.085 0

城市	能级指数	城市	能级指数	城市	能级指数
延安	0.199 3	庆阳	0.134 6	哈密	0.164 8
汉中	0.165 9	定西	0.095 4	县吉	0.154 8
榆林	0.276 3	陇南	0.092 8	库尔勒	0.231 1
安康	0.149 0	西宁	0.225 1	阿克苏	0.132 9
商洛	0.116 1	海东	0.111 3	喀什	0.130 0
兰州	0.294 7	银川	0.302 4	和田	0.103 9
白银	0.167 2	吴忠	0.127 6	伊宁	0.136 5

从表 7–13 可以看出，西安的城市能级指数远高于其他 35 个城市，能级指数达到 0.801 2，可以认为西安在丝绸之路经济带城市群中综合能力较强，在丝绸之路经济带中处于绝对核心位置。能级指数紧随西安之后的是乌鲁木齐、银川、兰州，能级指数分别为 0.405 7、0.302 4、0.294 7，虽然它们的城市能级指数与西安有一定差距，但也可认为其在局部区域处于核心位置。因此可以认为西安、乌鲁木齐、银川、兰州为丝绸之路经济带上的核心城市。处于第二层次的有克拉玛依、榆林、咸阳、宝鸡、库尔勒、西宁、渭南、延安、中卫，K 于次级城市。其中能级指数最高的是克拉玛依的 0.278 8，最低的为中卫的 0.179。余下的 23 个城市则位于最后一层次，属于一般城市，这类城市数量多且为发展水平较差的城市，最差的固原的能级指数只有 0.077，与能级指数战大的西安相差达到 0.72，吐鲁番、张掖、陇南、定西等能级指数均低于 0.1，可以看出丝绸之路经济带的城市经济发展不平衡问题比较突出。

3. 核心城市经济辐射效应研究

（1）断裂点模型

断裂点理论研究的楚城市之间的相互作用，找到城市之间相互影响的平衡点，划分出城市间影响范围边界。本文采用改进的断裂点模型，对其赋予经济属性，计算式为 $D_a = \dfrac{D_{ab}}{\left(1+\sqrt{\dfrac{M_b}{M_a}}\right)}$，$D_{ab}$ 是核心城市 a 和 b 间的经济距离；M_a 和 M_b 表示城市 a 和 b 的经济发展水平。以简单的空间直线距离衡量两个城市之间的距离，结果并不科学。文中以城市间的经济距离衡量两个城市间的距离，经济距离的计算利用高汝熹（1998）的方法，计算式为 $D_{ab}=\alpha \cdot \beta \cdot D$，$\alpha$ 为经济落差修正权数，β 为通勤距离修正权数（见表 7-14）；D 为两个城市之间的空间直线距离，由中国电子地图测得。

表 7-14 经济距离修正权数

经济落差	周边城市人均GDP/核心城市人均GDP	< 45%	45% ~ 70%	> 70%	通勤距离	交通工具	火车	汽车	火车、汽车
	权数	1.2	1	0.8		权数	1	1.2	0.7

计算四个核心城市之间的断裂点（见表 7-15），由结果可得，西安与乌鲁木齐之间的断裂点距离西安的最短距离为 642.35，距乌鲁木齐的最短距离为 546.03，这表示以此断裂点划分的西安与乌鲁木齐之间的影响边界，西安的影响范围要大于乌鲁木齐，其断裂点大致位于酒泉市境内。西安与银川之间的断裂点距西安的最短距离为 152.66，与银川的战短距离为 137.59，其断裂点大致位于延安与榆林附近。西安与兰州之间的断裂点与西安的最短距离为 132.42，与兰州的最短距离为 148.48，其断裂点大致位于宝鸡市境内。乌鲁木齐与银川之间的断裂点与乌鲁木齐的较短距离为 452.29，与银川的最短距离为 479.55，其断裂点大致位于哈密与张掖的中间地带。乌鲁木齐与兰州之间的断裂点与乌鲁木齐的 W 短距离为 491.4，与兰州的战短距离为 648.2，其断裂点大致位于哈密与酒泉之间。兰州与银川之间的断裂点与兰州的最短距离为 132.99，与银川的最短距离为 106.9，其断裂点大致位于中卫市境内。

表 7-15 核心城市断裂点范围

西安				乌鲁木齐			
城市	经济距离	断裂点	参考城市	城市	经济距离	断裂点	参考城市
乌鲁木齐	1 188	642.35	酒泉（617）	西安	1 188	546.03	酒泉（708）
银川	290	152.66	延安（143）	银川	931	452.29	哈密 <279〉
兰州	280	132.42	宝鸡（109）	兰州	1 139	491.4	酒泉（708）

续　表

银川				兰州			
城市	经济距离	断裂点	参考城市	城市	经济距离	断裂点	参考城市
西安	290	137.59	榆林（172）	西安	280.9	148.48	宝鸡（201）
乌鲁木齐	931	479.55	张掖（422）	乌鲁木齐	1 139.6	648.2	哈密（646）
兰州	191	106.9	中卫（120）	银川	191.91	132.99	中卫（140）

（2）经济辐射场强模型

通过断裂点模型，大致测算出了核心城市的影响范围边界，从宏观上确定了边界。场强模型可以计算城市之间的场强和辐射力值，根据值的大小划分出影响层级，属于微观上确定结构。本节选用经济辐射场强 E 和辐射力 F 模型：

$$E_{ij} = \frac{\sqrt{P_i G_i}}{d_{ij}}$$

$$F_{ij} = \frac{\sqrt{P_i G_i}}{d_{ij}} \sqrt{P_j G_j}$$

P 和 G 为城市年末人口数和国内生产总值，$\sqrt{P_i G_i}$ 和 $\sqrt{P_j G_j}$ 分别为辐射源和受力点的城市质量，d_{ij} 为两者之间的经济距离：西安、乌鲁木齐、银川、兰州四个城市的经济发展在丝绸之路经济带上处于核心地位，以这四个城市作为辐射源测算其对周边城市的经济辐射能力。

首先以西安作为辐射源，测算西安与其他 35 个城市的经济距离，选择与西安距离小于 500 千米的 21 个城市作为受力城市（见表 7-16）。西安对受力点城市辐射场强最大的七个城市皆是与其同一省区的周边城市，分别是咸阳、铜川、渭南、商洛、宝鸡、延安、安康，它们接受西安辐射的能力也是很强的。其中咸阳紧邻西安，区位优势明显，场强与辐射力皆是第一，是第二名的 3 倍。铜川城市经济发展相对较差，接受西安辐射的能力较差。陕西的另外两个城市汉中、榆林，西安对其的场强并不大，榆林场强排名第 12，但接受辐射能力却排名第 4，这是因为榆林距离西安相对较远，但经济基础良好。西安的辐射场强较弱的城市有甘肃的定西、白银、宁复的吴忠、中卫和青海的西宁，这些城市接受辐射的能力也相对较差，其中中卫是唯一一个接受西安辐射能力低于 1 000 的城市。

表7-16　西安对受力城市的经济辐射

城市	经济距离	辐射场强	辐射力	辐射力排名	城市	经济距离	辐射场强	辐射力	辐射力排名
咸阳	15	133.77	133 234	1	榆林	249	7.97	8 260	4
铜川	43	40.57	7 731	7	固原	259	7.66	1 286	19
渭南	48	41.61	36 479	2	兰州	281	7.07	5 719	9
商洛	88	22.51	8 054	5	银川	290	6.84	3 226	13
宝鸡	110	18.06	13 947	3	陇南	323	6.15	1 633	16
延安	143	13.91	7 892	6	定西	349	5.69	1 564	17
安康	154	12.87	5 557	10	西宁	389	5.10	2 402	15
庆阳	164	12.13	4 851	11	吴忠	400	4.96	1 116	20
汉中	189	10.49	6 118	8	中卫	408	4.86	908	21
平凉	206	9.63	2 708	14	白银	420	4.73	1 355	18
天水	246	8.07	3 344	12	平均值		18.6	12 256	

由于乌鲁木齐特殊的地理位置，选择与乌鲁木齐经济距离小于1 200千米的17个城市，计算其对这17个城市的经济辐射影响程度（见表7-17）。乌鲁木齐市辐射场强战大的城市是紧邻的昌吉，场强值高达46.07，是第二名的8倍，接受辐

射的能力也是最强的。吐鲁番、库尔勒、克拉玛依场强值相对较高，但吐鲁番接受辐射的能力较弱。新疆境内的哈密、伊宁、阿克苏场强排名也相对靠前，但接受辐射的能力均排名较后，这几个城市与乌鲁木齐的距离相对较远且经济基础较差。西安、兰州、西宁等接受乌鲁木齐的辐射的能力较强，西安尤其显著。乌鲁木齐由于距离因素的影响，受力城市接受其辐射能力大于 1 000 的城市仅有两个，对丝绸之路经济带上内陆城市的经济辐射能力并不显著，但其对新疆地区经济发展的带动作用是其他城市不可替代的。

表 7-17　乌鲁木齐对受力城市的经济辐射

城市	经济距离	辐射场强	辐射力	辐射力排名	城市	经济距离	辐射场强	辐射力	辐射力排名
昌吉	17	46.07	4 787	1	喀什	902	0.84	78	16
吐鲁番	141	5.40	239	11	银川	932	0.82	385	7
库尔勒	146	5.20	909	3	张掖	1 010	0.75	158	14
克拉玛依	161	4.72	348	4	西宁	1 012	0.75	354	8
哈密	279	2.73	288	9	榆林	1 088	0.70	725	5
伊宁	418	1.82	170	13	兰州	1 140	0.67	540	6
阿克苏	595	1.28	109	15	西安	1 188	0.64	1 271	2
酒泉	708	1.07	287	10	武威	1 196	0.64	171	12
和田	827	0.92	36	17	平均值		4.41	667	

　　银川是处于发展中的区域性中心城市，选择与银川经济距离小于 500 千米的 22 个城市作为受力点城市（见表 7-18）。从银川的经济辐射能力计算结果来看，银川对受力城市辐射场强最大的 5 个城市为吴忠、中卫、榆林、延安、固原，其中吴忠最为显著。受力城市接受银川市辐射能力最强的 5 个城市为西安、中卫、榆林、关州、延安。而银川对受力城市场强以及受力城市接受银川辐射能力都较差的城市有海东、天水、酒泉、张掖、陇南等城市，这些城市都是距离银川相对较远的城市，所以银川对它们的经济辐射并不显著。

表7-18 银川对受力城市的经济辐射

城市	经济距离	辐射场强	辐射力	辐射力排名	城市	经济距离	辐射场强	辐射力	辐射力排名
吴忠	46	10.23	2 300	3	定西	296	1.60	439	16
中卫	120	3.95	737	9	西宁	312	1.51	713	10
榆林	172	2.75	2 844	2	银川	326	1.44	240	21
延安	200	2.35	1 335	5	宝鸡	327	1.44	1 115	7
固原	231	2.04	343	17	海东	357	1.32	317	19
白银	236	2.00	571	12	咸阳	360	1.31	1 306	6
兰州	240	1.97	1 591	4	天水	368	1.28	532	13
武威	268	1.76	472	15	酒泉	381	1.24	330	18
平凉	276	1.71	481	14	张掖	422	1.12	235	22
庆阳	278	1.70	680	11	渭南	447	1.05	925	8
西安	290	1.63	3 226	1	陇南	484	0.97	259	20
					平均值		2.11	954	

兰州是经济带上的重要节点城市，选择与兰州经济距离小于500千米的23个城市作为受力点（见表7-19）。兰州辐射场强最大的城市是白银和定西，场强值大于10，紧随其后的是青海地区的西宁、海东和宁夏地区的中卫、固原，但海东、中卫、固原三个城市接受兰州辐射的能力却较弱。接受兰州辐射能力最强的城市是西安，随后是白银、西宁、宝鸡、咸阳。相对于兰州距离较远的延安、汉中、张掖、酒泉等城市，从测算的辐射强度以及受力城市的接受程度来看，兰州对这些城市的经济辐射能力都是较弱的。

表7-19 兰州对受力城市的经济辐射

城市	经济距离	辐射场强	辐射力	辐射力排名	城市	经济距离	辐射场强	辐射力	辐射力排名
白银	43	18.95	5 427	2	庆阳	245	3.30	1 321	14

续 表

城市	经济距离	辐射场强	辐射力	辐射力排名	城市	经济距离	辐射场强	辐射力	辐射力排名
定西	76	10.59	2 912	6	陇南	266	3.04	808	19
西宁	110	7.36	3 468	3	铜川	269	3.01	499	23
海东	140	5.80	1 389	13	咸阳	271	2.99	2 973	5
中卫	140	5.78	1 079	16	西安	281	2.88	5 719	1
固原	182	1.44	746	20	延安	286	2.83	1 606	11
银川	192	4.22	1 989	8	汉中	305	2.65	1 549	12
天水	198	4.08	1 692	10	张掖	307	2.63	553	22
武威	199	4.06	1 090	15	榆林	324	2.50	2 587	7
宝鸡	201	4.03	3 108	4	酒泉	349	2.32	619	21
吴忠	210	3.85	867	18	渭南	381	2.13	1 863	9
平凉	218	3.70	1 042	17	平均值		4.66	1 952	

辐射源城市只对其周边少数几个城市产生较强的辐射场强，并遵循着"距离衰减"的规律，场强随距离的增大而减小；辐射的效果大小不仅与两个城市之间的距离有关，与受力城市自身城市质量大小也有关。对比辐射强度（E_{ij}）和辐射效果（F_{ij}）平均值大小可知：西安的经济辐射强度远高于其他核心城市，这与西安城市能级较大和便利的交通有关，受力城市接受西安辐射的能力也远高于其他城市，西安作为受力城市接受其他核心城市辐射的能力也都处于平均值水平之上；兰州辐射强度和辐射效果的平均值均处于第二位；乌鲁木齐的辐射场强略低于兰州，各城市接受其经济辐射的能力最差，这与其偏远的地理位置是分不开的：银川由于本身城市质量较差以及所处的地理位置，产生的辐射强度和辐射效果都是处于略低的水平。

（3）建议

根据以上研究结果，为了促进丝绸之路经济带城市群经济的更好发展，文章提出以下建议。

第一，培育丝绸之路经济带新的增长极。新强地域辽阔，甘肃地形狭长，两地应积极培育新的增长极，库尔勒、天水两个城市在人口规模与经济实力上具有绝对优势，两城市所处地理位置也十分合适，可以考虑将它们培育为次级区域中心。

第二，支持断裂点处的城市发展。断裂点处城市位于两个核心城市辐射的边缘地带，接收到核心城市的经济辐射强度和辐射效果都较差，所以这些城市更应该挖掘自身的发展潜力，从而更好地接受核心城市的经济辐射，再传递辐射。

第三，需要加大对欠发达城市发展的重视。西北各省区城市首位度普遍较高，非省会城市经济发展远远落后于省会城市，欠发达城市数量也较多，这不利于区域经济的整体发展，应给予欠发达城市相关政策优惠，以便更好地促进丝绸之路经济带城市群发展。

下篇

借力京津冀优势，续写河北产业发展新篇章

第八章 河北省产业结构与产业承接的现状分析

自 2014 年京津冀协同发展战略全面开启到现在已有三年时间，这已经为河北省的产业布局优化、各地市经济协调发展、提升经济实力创造新的机遇，甚至也可以说协同发展战略对河北省来说就是一场及时雨，能够有效地化解当前经济下行压力、经济环境复杂、环保任务重等造成的经济发展困境。并且为河北省的经济发展打通了内外向并重、创新驱动、多极联动的经济发展通道。协同发展战略的实施为京津两地企业进一步深化改革、调整产业结构开拓了更大的空间，使京津两地可以有更多的空间和资源来引进高新技术产业的发展，也强化了河北省产业集聚的广度和深度，为这河北省加速产业结构的优化和升级提供了强大动力，省产业转移园的开发也为河北省的经济发展提供了源源不断的动力。

但与此同时，协同发展战略的实施也显现出一些现实问题，例如，部分京津企业愿转移的产业，河北不宜承接；河北想承接的产业，京津不转移；京津能够转移的产业，河北承接能力不够；建设资金缺乏，产业转移工业园建设进展缓慢；没有处理好产业转移与经济增长的关系，这些问题的存在直接影响了协同发展战略的效果，应当引起政府和相关部门的重视，只有认清了问题并着手解决，才能把协同发展战略发挥出最大的效应。

第一节 河北省产业发展的总体现状

一、河北省经济发展基础

（一）国内生产总值和人均国内生产总值大幅提高

1992 年，河北省的国内生产总值是 1 278.50 亿元，2016 年，大幅上升至 32 070.45 亿元，按可比价格计算增长 24.1 倍（见下图 8-1）。人均国内生产总值由 1992 年的 1 843 元增加至 42 932 元，按可比价格计算增长了 23.29 倍。直观地看出在 2004 年前后，河北省的国内生产总值曲线斜率发生变化，即说明本组数据增速明显，河北省总体经济发展良好。

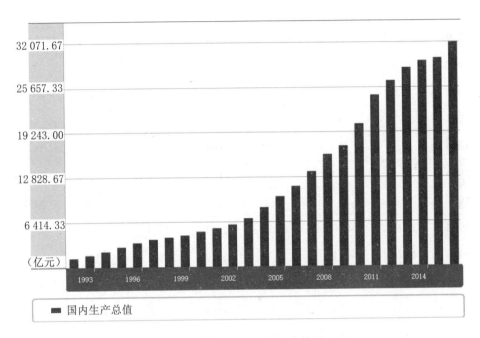

图 8-1　河北省 GDP 走势图

河北省的经济发展状况与京津地区的差距是不言而喻的，2016 年北京市的国内生产总值为 25 669.13 亿元，人均国内生产总值为 118 133 元 / 人。2016 年天津市的国内生产总值为 17 885.39 亿元，人均国内生产总值为 115 617 元 / 人。从人均 GDP 这个指标来看，京津两地是河北省的两倍还多。

（二）地方公共财政收入伴随着经济增长快速增加

1992 年，河北的财政收入是 101.17 亿元，2016 年，大幅上升至 4 373.4 亿元，与 1992 年相比增加了 43.22 倍。特别是近 10 年来财政收入呈快速上升状态。

（三）河北省三次产业占比持续调整，产业结构仍需进一步优化

1992 年，河北省三次产业的占比情况为 20.1：44.8：35.1，经过 30 多年的发展，2016 年河北省三次产业占有占比调整为：11.5：48.3：40.2。第一产业在三次产业中的比重不断下降，由 1992 年 20.1% 下降至 2016 年的 11.5%；第二产业一直作为河北省的主导产业，随着产业结构调整二次产业比重略有下降，第二产业

的比例由 2012 年的 52.2% 调整为至 2016 年的 48.3%。第三产业比重逐步上升，由 1992 年的 35.1% 上升到 2016 年的 40.2%（表 8–1）。

表 8-1　河北省三次产业比重

年份	第一产业	第二产业	第三产业	年份	第一产业	第二产业	第三产业
1992	20.1	44.8	35.1	2005	14.9	51.8	33.3
1993	17.8	50.1	32	2006	13.8	52.4	33.8
1994	20.7	48.1	31.2	2007	13.2	52.8	34
1995	22.2	46.4	31.4	2008	12.6	54.2	33.2
1996	33.6	43.9	22.6	2009	12.8	52	35.2
1997	30.3	46.4	23.2	2010	12.6	52.5	34.9
1998	18.60	49.00	32.50	2011	11.9	53.5	34.6
1999	17.60	49.10	33.30	2012	12	52.7	35.3
2000	16.20	50.30	33.50	2013	12.4	52.2	35.5
2001	16.4	49.6	34	2014	12.6	52.1	35.3
2002	15.6	49.8	34.6	2015	12	50.4	37.6
2003	15	51.5	33.5	2016	11.5	48.3	40.2
2004	15.63	52.86	31.51	—	—	—	—

　　1992 年北京市三次产业的占比情况分别为 6.86：48.78：44.35，随着自身的发展战略的变化，产业结构的不断调整，2016 年北京市三次产业的占比优化成为 0.51：19.26：80.23（如图 8-2 所示）。由"二三一"产业发展模式调整为"三二一"产业发展结构，一次产业占比不足百分之一，第三产业十分发达。

　　1992 年天津市三次产业的占比情况分别为 5.7：54.7：39.6，和当时的北京一样以第二产业为主导产业，如今，天津市三次产业的占比优化成为 1.23：42.33：56.44（如图 8-3 所示），第一产业明显缩小占比，第三产业也已经成为地区主导产业。

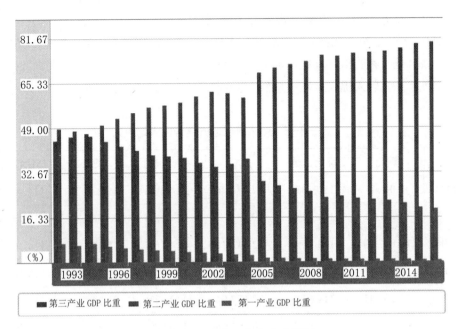

图 8-2　北京市三次产业示意图

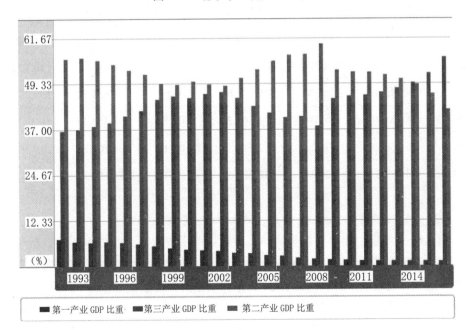

图 8-3　天津市三次产业示意图

（四）城镇居民人均收入水平不断提高

2004年河北省城镇居民人均总收入是 8 381.45 元，2016年大幅上升至 33 616.7 元，增加 4 倍。最近五年环比增加均值为 11.3%（表 8-2）。一方面，说明河北省经济发展使得居民收入提高；另一方面，也反映了人力成本也在不断地调整。

表 8-2　京津冀三地城镇居民人均收入

年份	河北	环比指数	北京	环比指数	天津	环比指数
2004	8 381.45	110.16%	17 116.46	114.42%	12 279.73	111.92%
2005	9 616.80	114.74%	19 533.33	114.12%	13 563.32	110.45%
2006	10 887.19	113.21%	22 417.16	114.76%	15 476.04	114.10%
2007	12 335.96	113.31%	24 575.58	109.63%	17 828.15	115.20%
2008	14 141.41	114.64%	27 677.94	112.62%	21 174.04	118.77%
2009	15 675.75	110.85%	30 673.68	110.82%	23 565.67	111.30%
2010	17 334.42	110.58%	33 360.42	108.76%	26 942.00	114.33%
2011	19 591.91	113.02%	37 124.39	111.28%	29 916.04	111.04%
2012	21 899.42	111.78%	41 103.11	110.72%	32 944.01	110.12%
2013	24 142.88	110.24%	45 273.84	110.15%	35 655.52	108.23%
2014	25 137.46	104.11%	49 345.23	109.1%	33 465.47	93.91%
2015	26 156.76	104.0%	52 837.32	107.1%	34 108.86	101.9%
2016	28 249.31	108.0%	57 275.66	108.4%	37 110.45	108.8%

（五）劳动力年龄人口数量大，人口红利窗口依旧存在

根据统计年鉴中抽样人口与抽样人口数量中十五岁到六十四岁的人口数量计算，得出河北省劳动年龄人口抽样比例，再由此与河北总人口相乘得出河北省的劳动年龄人口数量。经计算河北省 2016 年劳动年龄人口数量为 5 355.3 万人。而同期的北京劳动年龄人口数量为 1 723.56 万人，天津的劳动年龄人口数量为 1 138.87 万人（表 8-3）。从趋势上看，京津地区的劳动年龄人口数量仍然逐渐增加，而河北地区的劳动年龄人口数量增加缓慢，所以河北省应该利用尚未消失的人口红利区，积极转变经济发展方式。

表8-3　河北省劳动年龄人口数量

年份	总人口（万人）	抽样数：人口数（人）	抽样数：15～64岁（人）	劳动年龄人口抽样比例	劳动年龄人口
2005	6 851.000 0	906 856.00	672 459.00	0.74	5 080.21
2006	6 898.000 0	63 675.00	47 687.00	0.75	5 166.00
2007	6 943.000 0	63 501.00	47 235.00	0.74	5 164.53
2008	6 988.820 0	62 981.00	47 362.00	0.75	5 255.62
2009	7 034.000 0	62 243.00	46 457.00	0.75	5 250.04
2010	7 194.000 0	-	-	0.75	5 369.47
2011	7 240.510 0	61 861.00	45 918.00	0.74	5 374.46
2012	7 287.510 0	60 806.00	44 366.00	0.73	5 317.20
2013	7 332.610 0	60 517.00	44 198.00	0.73	5 355.30
2014	7 384.470 0	-	-	0.74	5 344.17
2015	7 425.640 0	61 000.30	44 530.22	0.73	5 420.71
2016	7 470.050 0	61 447.00	44 856.31	0.73	5 453.13

第二节　河北省产业承接的多维度分析

由于国内地区间的产业转移数据并没有专门的统计年鉴，寻找难度比较大，所以在衡量某一地区承接产业转移能力的数据用外资利用额代替，利用内外资额度的高低能够从侧面上说明某一地区承接产业转移的能力。同时，利用内外资数量越高，证明该地的投资价值越大，以及经过投资后的该地产业承接能力越高。

一、河北省承接京津产业转移现状分析

（一）河北省利用外资现状

（1）截至2016年12月，河北省外商投资企业年底注册登记企业数为6 887户，外商投资企业年底注册登记投资总额为744.35亿美元，实际利用外商直接投资额

73.51 亿美元（表 8-4）。其中以 2009 年较为特殊，2008 年之前，实际利用外商直接投资额环比五年均值为 126.02%；2008 年之后，实际利用外商直接投资额环比 8 年均值为 119.5%，河北省利用外资投资额明显受到 2008 年全球金融危机影响增速减缓，但随着全球经济复苏河北省外资利用水平正在逐渐增长。

表 8-4　河北省利用外资基本情况表

年份	实际利用外商直接投资额（万美元）	环比百分数	外商投资企业年底注册登记投资总额（亿美元）	环比百分数	外商投资企业年底注册登记企业数（户）	环比百分数
2004	162 341.00	–	200.57	–	3 500.00	–
2005	191 256.00	117.81%	219.30	109.34%	3 637.00	103.91%
2006	201 434.00	105.32%	247.00	112.63%	3 819.00	105.00%
2007	241 621.00	119.95%	291.13	117.87%	3 696.00	96.78%
2008	341 868.00	141.49%	338.41	116.24%	10 536.00	285.06%
2009	359 824.00	105.25%	370.40	109.45%	9 559.00	90.73%
2010	383 074.00	106.46%	403.48	108.93%	9 531.00	99.71%
2011	468 095.00	122.19%	457.00	113.26%	8 817.00	92.51%
2012	580 486.00	124.01%	489.60	107.13%	7 426.00	84.22%
2013	644 720.00	111.07%	545.42	111.40%	6 832.00	92.00%
2014	621 320.00	96.28%	621.35	113.9%	6 811.00	99.69%
2015	657 210.00	105.8%	736.42	118.5%	6 867.00	100.82%
2016	735 109.00	185.01%	744.35	101.1%	6 887.00	100.29%

（2）河北省各个地区利用外资的情况

从河北省历年利用外资的区域分布情况可以得知，五年来河北省各个地区承接外资投资的比重变化不大，2016 年，全省外商直接投资使用金额的 60% 多主要集中在石家庄、唐山、邯郸、秦皇岛四个地区，而衡水、承德、张家口三地接受的外资投资之和占全省总体接受的外商投资额的不到 8%，这种现象的存在，说明河北省各个地区发展水平较为不均衡。

（二）河北省利用内资现状

1. 河北省利用内资企业全社会固定资产投资完成额数量逐年递增

2015 年河北省内资企业全社会固定资产投资完成额为 28，854.12 亿元。2009年至 2015 年，7 年平均增长 19.70%，较北京期年均增长 11.12% 的速度要快。说明河北省接受国内其他省份或地区的投资较多，河北省正处在产业升级、转变经济发展方式的重要事情，吸引国内其他地区的固定资产投资正是我省现阶段的重要途径。北京市、天津市经济现状、产业结构、区域位置等原因决定了其投资方向为轻资产或高新技术产业。北京的战略定位是金融中心、现代服务、信息产业等；天津的战略定位是现代高新技术产业，精密仪器制造、现代物流、贸易产业等，因此，固定资产投资的数量决定因素来源于地区的战略定位。

表 8-6　京津冀三地利用内资投资固定资产完成额

年份	河北	环比	北京	环比	天津	环比
2009	11 838.00	141.10%	4 176.70	123.53%	4 355.50	143.89%
2010	14 691.00	124.10%	5 009.60	119.94%	5 827.00	133.78%
2011	15 929.66	108.43%	5 063.51	101.08%	6 576.71	112.87%
2012	19 137.02	120.13%	5 625.34	111.10%	7 460.47	113.44%
2013	22 587.22	118.03%	6 084.15	108.16%	8 611.23	115.42%
2014	26 067.96	115.41%	6 331.02	104.06%	9 865.38	114.56%
2015	28 854.12	110.69%	6 961.28	109.96%	11 152.99	113.05%

2. 河北利用内资结构

从河北省利用内资投资完成额的产业分布情况来看，内资主要投资与第二产业和第三产业。2015 年中，总共投资完成 28 854.12 亿元的固定资产投资，其中投资于第二产业的资金是 14 689.2 亿元，占总投资额的 48.41%，第三产业投资完成额占总投资完成额的 51%，说明我省对第三产业的发展是十分看重的。其中值得注意的是，第三产业中，建筑业增幅较大，比上期增加近 268.3%。

表 8-7 河北省利用内资投资完成额产业分布

年份	2011	2012	2013	2014	2015
内资投资完成额	16 389.32	19 392.2	22 847.82	26 067.96	28 854.12
第一产业	590.36	804.40	901.32	1 035.65	1 458.92
第二产业	7 463.94	9 387.03	11 060.64	13 120.37	14 689.2
采矿业	575.98	620.53	690.98	659.92	561.6
制造业	6 128.98	8 008.89	9 566.45	11 424.89	12 578.8
电力、燃气及水的生产和供应业	716.97	713.37	785.78	1 030.1	1 528.7
建筑业	42.01	44.24	17.42	5.46	20.1
第三产业	8 335.02	9 201.36	10 885.85	11 911.94	12 706.40
交通运输、仓储和邮政业	1 433.06	1 543.25	2 123.59	2 025.57	2 035.7
信息传输、计算机服务和软件业	78.64	88.80	115.63	133.45	147.2
批发和零售业	440.30	658.30	848.73	876.27	967.4
住宿和餐饮业	130.41	214.66	272.95	242.61	221.5
金融业	24.14	24.38	44.69	25.96	47.9
房地产业	4 437.60	4 656.52	4 888.47	5 123.84	5 287.8
租赁和商务服务业	80.81	210.85	338.96	320.45	416.9
科学研究、技术服务和地质勘查业	73.49	110.44	150.65	207.61	185.6
水利、环境和公共设施管理业	1 067.31	1 200.21	1 496.40	1 866.44	2 219.2
居民服务和其他服务业	52.80	51.30	69.30	56.81	87.2
教育	141.80	149.10	143.30	254.45	260.3

续　表

年份	2011	2012	2013	2014	2015
卫生、社会保障和社会福利业	115.20	112.20	91.03	231.53	261.4
文化、体育和娱乐业	90.30	128.90	157.81	362.81	461.5
公共管理和社会组织	125.90	147.40	107.82	184.14	106.8

（三）小结

当前，京津冀协同发展战略尚处在发展初期阶段，首先以交通、环保、产业作为协同发展战略的突破点，为后续的经济融合、人文交流打开突破口。由于尚未出台国家发展规划，产业转移多以地市政府招商引资的形式完成的，且京津周边、东部沿海的河北省地市承接产业数量较多。

保定市与京津两市中多个开发区、区政府合作筹划新型产业园区，吸引了光大国际、中铁电气化、中体产业等一批央企；截至 2017 年 4 月，北京新发地高碑店农副产品物流园已签约商户 5 850 家；1 500 家北京商户入驻白沟大红门服装城；中国北方商品电子交易博览中心开工建设；中关村保定创新中心、解放军总医院涿州基地、同仁堂和天士力等项目进展顺利。全市谋划推进对接京津项目 256 个、总投资 7 740 亿元，与央企合作重点项目 39 项、总投资 1 158 亿元。

廊坊市与北京经济技术开发区合作共建亦庄永清产业园，双方共建筹委会办公室已全面启动，首批 6 个项目即将开工建设。与北京西城区共建现代物流园区、永清国际服装城。清华大学重大科技项目中试孵化基地开工建设，北京大学非人灵长类动物试验中心建成投用，香河与清华大学共建了研发教学实践基地。沧州市与北京现代合作，计划年产 30 万辆整车、总投资 120 亿元的北京现代四工厂项目于 2014 年 12 月 29 日签约。且全年新开工亿元以上项目 216 个，竣工投产 212 个。

可以看到，伴随着京津冀协同发展战略的不断推进，及京津冀三地自身定位的确定，河北省必然会不断迎来京津地区疏散出来的转移产业，三地的分工协作必然为三省市的经济发展提供强大的驱动力。

就上文对河北省利用内外投资情况进行的分析，可以得出的初步的几个判断：

首先，河北省利用内外投资的数量正在快速增长，甚至 2009 年度曾比 2008 年投资增长 41% 之多，后又逐渐平稳与年增长 20% 左右的水平。固定资产投资快速增长，一方面，说明该地区经济活跃；另一方面，也有可能是产业趋同，其结果就是造成产业差异性不强、互补性不够、产业链不长、增加值不高等现象。

其次，从内外资投资三次产业的分布情况看，投资于第一产业的固定资产投资数量极其渺小，相对于我省的第一产业所占总体经济份额相显得不成比例。投资于第二产业的固定资产投资大都集中在制造业，如果没有先进工艺、技术支持，河北省的制造业很难摆脱高耗能、高污染的生产模式。投资于第三产业的固定资产投资多集中于房地产行业，虽然该行业增幅放缓，但仍占据很多资金，相对缺少对教育、金融、信息、文化等产业的投资。

最后，从固定资产投资区域看，原本经济总量较大的地区接受的投资越多，如唐山、秦皇岛、石家庄，而经济发展相对落后的地区就会面临更加尴尬的境地，有可能进一步造成承接产业转移区域失灵的表现，而这种现象对于打造经济强省的河北是明显不利的。

二、河北省承接京津地区产业转移的优势

产业转移是经济发展和社会进步所带来的必然结果，具体到京津冀地区来说，由于京津冀地区经济发展极不平衡，河北一度被认为处在大树底下不长草的境地，三地之间的经济水平差距日益扩大。另一方面，由于区域位置、人口结构、资源禀赋、技术水平等在该区域内部也是有很大差异。这就导致了在经济发展到一定阶段后，会发生经济相对发达地区的产业向外转移现象。

（一）产业转移的原动力：京津地区经济发展内在要求

首先，京津地区产业结构不断优化升级，产业转移是其必由之路。梯度转移理论认为，产业存在着在国家和地区间转移的规律，即由于各个国家或者地区之间的技术上的差异，决定了其产业结构也存在一定的产业梯度差异。由于这种产业梯度的存在以及各国或地区产业结构优化升级的需要，国家或者地区之间的产业可以进行产业承接或者产业转移。这种产业转移对双方都具备积极影响，是对产业移出方和承接方双赢的良性举动。对于京津冀区域经济发展的状况来说，同样存在产业阶梯差，京津两地能从产业转移中获利，有着将不在具有竞争优势产业移出的冲动。

北京市以打造世界高端城市为目标，以人文、科技、绿色为理念，成为全球意义上的战略资源聚集和配置中心。而处在产品生命周期中衰退期的传统产业为了获取边际利益必须进行产业转移，在相对低的梯度区域——河北省找到新的发展点。通过产业转移，可以有效地实现生产要素重新分配，为高附加值产业腾出发

展空间，进一步在京津冀区域建立其开放互动的产业分工体系。

其次，京津地区在自然环境和社会环境双重压力下，促使其疏散一部分非核心功能以及传统产业。以北京为例，2016 年，北京市搭建产业疏解合作平台 77 个，推进产业转移疏解项目 68 个，拆除中心城商品交易市场 26 个，中关村企业在天津、河北累计设立分支机构 2 085 个。由此可见随着经济高速发展，生产要素需求不断增加，要素价格上升，土地、劳动力、资源和能源等生产要素经济增长的矛盾日益以突出，进而减弱了劳动密集型加工制造业的相对优势和发展空间。而环绕京津的河北省拥有价格相对低廉的土地，量多而价低的劳动力以及富足的自然资源、不断完备功能的交通体系建设，具备了一定的承接京津地区产业转移的基础，这也成为京津地区转移产业到河北省的一个重要理由。

（二）产业转移的吸引力：河北省是理想的转移产业承接地

由本章第一节中叙述的河北省经济发展水平及与京津两地发展状况的比较分析结果可知，河北省与京津两地相比处于产业阶梯的低阶层，从经济发展的客观要求上，河北省既需要承接京津地区的产业转移以促进本地区经济发展，又具备良好的产业承接环境。

首先，河北具有区位优势明显，河北省是京津冀协同发展区域的腹地和依托，环抱京、津二市，与山东、江苏经济大省为邻，四个地市处于沿海地区，省内连接京、津通向外省的公路、铁路四通八达。四个港口分别为：秦皇岛港、京唐港、曹妃甸港、黄骅港，水路发达。

其次，政策方面的支持。京津冀协同发展战略是新一届中央政府提出的国家战略，这将对河北的经济发展提供新的机遇。

最后，较好的工业发展水平及人力资源。如上文提到，河北省三次产业占比为 11.5：48.3：40.2，较高的工业化水平能够很好地承接京津区域移出的相关产业，也可以依靠人口优势发展劳动密集型产业。

三、河北省承接产业转移存在的问题分析

不可否认，河北省在参与协同发展战略，积极对接京津产业转移的过程中，也暴露了一些问题。着眼京津冀协同发展，河北省遇到的问题突出表现可以总结归纳为以下几个方面：

（一）三地经济水发展水平不均衡

京津冀三地在社会经济发展的阶段和水平上存在全面巨大的落差，区域二元结构过于突出的直接后果是：一方面，它使区域中落后或边缘的地区没能力引进、

吸收、消化周边发达或中心地区的各种必要的生产要素和先进的管理理念和制度；另一方面，它又使发达或中心地区所出现的产业集聚、所形成的产业规模、所造就的产业链条因找不到适宜的生存和发展环境，而不能向周边的落后地区推广或扩散。

（二）京津冀区域产业结构有待优化

城市之间的功能合作和产业分工是城市经济可持续发展的必要条件，一个城市的功能和产业毕竟是有限的，其自身的功能和产业不可能在一个封闭的城市里实现自我交换，这就要求产业结构之间的竞争转变为各城市之间的大规模全方位的分工协作，北京在这方面的转变明显落后于长三角和珠三角的一些大城市。北京还没有与周围城市形成相互依托的产业链条，与天津河北工业城市的合作还缺乏深度。

新兴的高新技术产业首要依托的是区域的创新能力，而这正是河北的弱势，作为新经济策源地的北京自然无法很好地带动河北的发展并促进经济一体化，因此需要认真研究与实施该都市圈工业布局与三次产业全面调整的问题。

（三）京津冀区域未能形成统一的市场

京津冀之间生产要素的流动与共享远远不够，在市场经济条件下，生产要素的跨地区流动是促进区域经济协作和融合的重要途径，而从京津冀来看，目前京津冀在生产要素市场建设、供求信息沟通、政策支持等方面存在诸多问题，从而阻碍了生产要素的流动和经济的进一步融合。

（四）三地重复建设严重，缺乏区域整体规划

京津冀区域基础设施建设缺乏统一的规划和协调，尤其是在港口、机场等重大交通设施方面，重复建设问题比较严重，资源浪费现象普遍存在。如在机场、港口建设等方面，北京首都和天津滨海机场已经实现了跨区域的联合。但是，北京又在兴建首都机场第三条跑道和第三候机楼；北京与河北共同开发建设了京唐港，北京与天津港口口岸开始直通，实现了港口功能一体化，但河北唐山又计划在距王滩京唐港区几十公里的曹妃甸另外新建港口，此时京唐港吞吐能力仅利用了2/3，且地处沧州市的黄骅港也处于入不敷出的状态。

（五）河北省城市间产业趋同，缺乏分工协调

在计划经济体制下，河北省各城市自我封闭，各自为战，造成城市间产业结构趋同和低水平重复建设，改革开放后，城市对内开放程度有了很大提高，但地方保护主义仍然存在，外地商品难以进入本地市场。在城市化建设过程中。各城市在制定发展战略和发展规划时。一般都难以跳出行政区划的框框，而热衷于自

成体系，自我配套的产业体系建设。在主导产业的选择方面，各城市缺乏分工，没有体现出各自的特点和优势，产业部门多集中于机械工业、石化工业、建材工业、纺织工业等低层次、资源型工业。

表8-8 京津冀各地市的主导产业城市主导产业

城市	主导产业
石家庄	医药、纺织、电子、机械、化工、建材、食品
保定	机械、电子、化工、新能源、建材、医药、旅游
秦皇岛	食品、机械制造、建材、旅游
承德	冶金、机械加工、建材、食品、化工、医药
沧州	化工、电力、装备制造、生物医药、纺织、食品
廊坊	电子、汽摩配件、建材、旅游、印刷包装、房地产、食品
唐山	钢铁、旅游、水泥、机械、化工、陶瓷、造纸、电子、食品
衡水	纺织、皮毛、建材、食品、化工
邢台	建材、食品、装备制造
邯郸	矿山、钢铁、化工、建材、食品
张家口	新能源、绿色煤化工、装备制造、钢铁、卷烟、矿山、食品、旅游

（六）京津冀区域自然生态条件总体较差

在北京和天津周围，存在环京津贫困带，这些地区的生态环境十分脆弱，是极易遭受人为破坏并且难以得到恢复的地区。环京津贫困带地处京津冀众多城市的上风上水位置，是京津冀平原地区的生态屏障、城市供水水源地、风沙源重点治理区。环京津贫困带的形成和发展已经造成了区域环境恶化，雾霾天数增加、河湖干枯断流、水土流失加剧，地表水源污染，土地沙化，草场退化，森林破坏和沙尘暴的频繁发生，导致京津冀区域生态环境态势紧张，威胁京津冀区城市供水安全和大气环境质量的改善。

四、河北省承接产业转移问题产生的原因分析

河北在承接产业转移的过程中，之所以会出现这些问题，可以说是多方面原因造成的。如地方融资成本高、政绩诉求、地方政府偿债压力、园区缺少布局规划以及本身产业承接的基础薄弱造成的。俗话说打铁还需自身硬，仅仅针对承接产业转移这种经济现象而言，自身的产业承接能力无疑是最重要的因素。

如果在承接产业转移时，河北省本身拥有足够的产业吸引力，包括廉价的生产要素，良好的产业基础配套，并且在招商选资时能够在明确各个园区产业定位

的基础上，科学合理的选择符合园区规划的产业来承接，并且严把环保关，同时提升节能减排的技术水平，那么这些问题可能就不会出现，并且可以在后续的承接过程中，不断地支撑这些产业发展，使这些转移的产业与河北省的产业融为一体，真正成为河北省经济发展的一大动力。这些问题的产生与河北省的人才、教育、技术、产业配套及经济基础等因素密切相关。事实上，在产业转移这个双方博弈的过程中，当产业承接方能够提供优良经济运营环境和完善的产业配套设施，成为孕育优秀企业的一方热土之时，产业转移的主动性就落在了产业承接方了。因此，对于河北省发展水平排名靠后地区而言，如何提升产业承接能力直接关系到了产业转移承接的成败。只有从各方面不断提升产业承接的能力，才能在前期更好的"引企业"，在后期更好的"育企业"，从而使承接进来的产业真正变成经济增长引擎。

第三节　河北省产业承接的思路研究

本章主要参照展宝卫提出的转移产业承接能力评价模型理论并作出相应调整，运用主成分分析法评价了河北省11个地区的转移产业承接能力，作为评价依据的相关指标虽然可以综合评价该地区对京津地区转移占有的承接能力，只是从各个地区的视角来考量自身的承接能力，并没有站在河北省的高度思考如何提升河北省在京津冀协同发展战略下提高全省的综合经济实力。本章分为两部分，首先，以河北省为主体分别从三次产业的发展路径出发，依次对相应产业给出相应对策建议；其次，分别根据第五章实证分析结果，分别从影响转移产业承接能力的四个方面提出相应建议。

一、河北省第一产业对接京津产业转移的承接路径

从广义的角度来说，产品贸易是产业转移的一种重要方式。农副产品的生产依赖于土地，土地不可移动，因此，农业内部各产业转移主要通过农副产品贸易进行。农业生产的组织化、商品化、集约化程度和技术含量提高了，农产品在市场竞争中才能占据优势地位。在竞争压力下，质次价高的生产者就可以逐步退出市场，转向别的领域。这就会导致农业内部的产业转移，区域分工的格局就会形成，达到优化产业结构、提高区域产业竞争力的目标。就河北省来说，产业大规模的劳动密集型产品具有比较优势，就要在扩大生产规模上下功夫，同时逐步提

高资金和技术投入，提高劳动生产效率。而京津地区因为自身土地资源禀赋的限制，在具体的农业生产上所能参与的机会不多，但是可以依靠强大的科研能力、资金优势，参与河北省的农业发展项目，从事资金、技术密集型的高附加值的农副产品加工业。再比如，京津地区以其巨大的市场消费能力，与河北一道发展农业观光产业，依靠河北这个农业大省，积极开发、推进与农业相关的新兴产业。

（一）发挥区域资源优势，优化农业空间布局，开发新型产品品牌

这是发展农业产业化、推进产业梯度转移、提高京津冀地区生态质量的基本依据。需要强调的是，产业梯度转移不是全部转移，而是农业内部的非优势产业、产品向外转移，优势企业、产品要巩固和发展，不是教条式的画地自限，而是因地制宜，突出区域特色、专业优势、产业特色和产品特色，在长期的市场实践中培育自己的品牌。

（二）资源选择组织形式，突出保障农户权益

在我国，具体的国情决定了农业现代化发展必然少不了农民、农户的参与。农业发展产业化依靠市场化来推动，市场化依靠产业化进行组织。从已经出现的农业产业化基本模式看，可以总结为如下几种：当地主导企业带动型，主要是组织形式为主导企业为农产品收购方，农业基地为农产品生产方，农民提供具体生产劳动方。农产品专业市场辐射型，主要是指组成转移的产品交易物流平台，联合现代农业生产基地，组织农户参与生产经营的模式。还包括主导产业带动型、中介组织协调型、合作经济组织带动型等资源整合模式。在模式选择上，要根据产业、产品的不同特点进行组织，以求与当地的生产力发展水平和农户素质、企业状况相适应。但不论选择什么样的组织形式，都要签订明确界定企业与农户之间权责利的合约，保障双方的经济利益，特别是保障在交易中占弱势的农户的合法权益。

（三）推进农业土地资源流转，促进农业规模化经营

农业产化对提高土地产效率，以及土地流转使用提出了较高要求。联产承包责任制虽然在农村改革后的较长时间里调动了农民的生产积极性，但从长远角度看，不利于农业规模化经营、提高市场竞争力。

（四）采取多种措施，降低经营风险

农业面临自然和市场的双重风险，加之农户抵抗风险的能力又不高，应当借鉴发达国家把农业保险作为扶持农业的重要手段，尽快建立农业风险和保险基金等保障体系，提高涉农企业的抗风险能力。

（五）注重专业知识培训学习，提高农民专业化素质

农业产业结构进一步调整所需要农业经营者与市场深层次融合，在绿色种植

培育、农产品深加工、市场风险把控等方面的知识结构缺陷，将是农业从业者面临的重要挑战。而河北的专业农业科学技术支撑团队不足也为提升农民专业化提出考验。这是面临的困难，也要发现现代农民的优势，如今的农民并不是上个时代那种知识存量几乎为零的状态，经过多年的九年义务教育及互联网带来的知识熏陶，现代农民可以进行学习的途径有很多。同时可以借助高水平的技术人才，有市场主体组织专业方向的农业知识培训，定向提升劳动力素质。劳动力素质具有两层含义：一层是文化素质，另一个是生产素质，前者来自于教育和理论活动，后者来源于生产实践和经验积累。

（六）发挥政府主导职能，扶持农业产业化

政府制定的农业产业政策对农业发展起到了决定性作用，当地政府应制定适合当地实际情况、当地特色的农业发展项目，适当根据市场发展情况，提供特定方向的农产品转移发展思路。就河北省的情况看，目前已确立了以分散的小规模农户为市场主体的竞争秩序，农业产业组织政策应该更多地带有促进集中和联合、抑制过度竞争的倾向，其重点是以家庭经营为前提推进农业的横向一体化经营。

二、河北省第二产业对接京津产业转移的承接路径

面对京津冀协同发展这个大命题，不能仅仅吸引京津企业来冀投资，应根据各自在工业分工体系中所处的不同梯度层次，适时适度的摆脱传统产业发展路径，运用现代经营理念，把握市场发展趋势，通过提升工业产品科技含量、提升产品质量促进区域工业产品结构的不断升级。

（一）京津冀优势资源整合再配置，提升竞争优势，凸显区域整体竞争力

通过加强市场机制的作用和地方宏观经济政策的支持，促进京津冀企业的优化组合，带动河北第二产业的发展。如，在京津冀三地中有一定优势的特色产业项目，或者京津转移出来的相关产业，三省市应该考虑进行联合协作，并不是投资者换个生产经营场所，也不是零和博弈那样非有既无，而是努力研发产业链上的价值所在，寻找与京津更多的合作机会。如食品行业，主要是北京和河北企业的合作，以适应人们绿色消费的趋势，发展精加工等。

（二）合理分工，优势互补，形成产业链的分工与协作

从资源禀赋的角度看，京津冀三省市各有优劣，但由于三省市上的不可分割性、要素与产业方面的互补性，从而需要三省市资源共享。如京津的高新技术产业十分发达，河北环京津的地区可以在其产业价值链上嵌入自己的专业分工，参

与前沿科技产品的生产流程当中，各自发挥自身的优势。

三、河北省第三产业对接京津产业转移的承接路径

从人类经济形态的演变来看，已经经历了农耕经济、工业经济、服务经济的发展历程，正在向知识经济迈进。由于知识经济对一个国家或者地区的经济实力、创新能力及人才素质的要求较高，因此，我国在知识经济背景下，大多数区域正处在从工业化向服务经济演进的阶段。在服务需求上升及服务供给上升的共同作用下，河北省在第三产业整体梯度上属于较低位置，第三产业发展情况较为分散，产业化水平不高，但是从另一个方面可以看出，河北省第三产业的发展潜力巨大，将会引导河北省在第三产业经济发展中找到新的增长点。

（一）以京津为动力核，将河北省第三产业的整体优化放在与京津第三产业融为一体的高度进行

从国外其他世界级城市发展的经验看，京津地区今后对周围地区城市第三产业的带动作用将越来越强，而这种对城市群发展的带动作用是其他一般城市所无法实现的。目前，京津在农产品贸易、劳动服务业等传统服务业方面对河北有一定的依赖性，但需要指出的是北京和天津要在这些行业上与河北进行协作，需要河北拥有较高素质的劳动力，而河北省在这方面还有很大不足，解决的一个途径便是通过教育、培训等方式提高劳动者的职业技能，是河北的劳动者能够适应多种工作要求，促进该类行业的顺利发展。

（二）积极推进旅游业的融合和可持续发展

河北省旅游资源总量居全国第二位，现有省级以上文物保护单位600多处，其中国家级文物保护单位五十多处，可以说，河北旅游资源十分丰富。而且旅游业是第三产业中成本低、收益高、污染少的行业，其就业覆盖面与就业乘数效应居行业之首，被誉为"黄金产业"。河北省应从京津冀角度，系统地对环京津旅游区进行统一规划、统一布局、统一开发，打破行政界线，把旅游业的发展从单个景点扩大到线和面上，创建环京津旅游区的新局面。

（三）利用京津新兴第三产业的优势带动河北该行业的发展

在京津冀三地中，北京、天津无论是在技术、资金还是在人才、信息等方面都有雄厚的基础，河北发展新兴第三产业的基础与京津相比明显较弱。河北应与一流大学和科研机构建立省校合作、校校合作、校企合作等机制，形成正式组织之间的交流与协作的方式。另外，还应进一步建立和提高京津冀的科研协作网，促使京津冀建立在优势互补、资源共享、政府支持的基础上，按市场经济规则运

作，开发京津冀科研条件资源和市场需求，通过信息高速路穿过地域限制而融为一体。

第四节 河北省产业承接中存在的问题及应对策略

从我省范围内的经济发展状况来看，我省各市区的经济发展较为不均衡，与发达省份相比产业布局不合理，所以各个区域根据自身发展情况积极承接产业转移、招商引资以促进当地经济发展以满足自身经济发展的需要。同时由中央政府主导的京津冀协同发展战略已经开始实施。这是河北省不可多得的历史机遇。因此，河北省 11 个地区政府当地根据各自发展情况、产业转移承接能力优劣点，有针对性的加强当地产业转移承接能力短板的建设，把握发展机遇，优化经济发展环境和调整产业结构，促进经济快速增长。

一、提升河北省产业转移承载能力的吸引力对策

（一）提高市场吸引力

经济增长水平和产业规模大小存在一个相辅相成和相互促进的关系，产业规模的扩大有两种基本途径：一种是自身发展，区域自有资金的积累，投资兴建新项目从而达到产业规模扩大的目的。另外一种是承接外部高产业梯度区域转移而来的产业规模扩大方式。显然，承接产业转移无疑能较快地促进地方经济增长，迅速扩大产业规模，同时承接地经济增长后，其必然会增加的市场规模和区域发展潜力，因此再一次增加承接产业转移的吸引力，形成一个良性发展循环。目前，河北整体的经济发展处于稳定的上升发展期。但省内各地区间的却存在着明显的差异，特别是衡水、张家口、保定等地市经济发展程度较为落后，区域居民消费能力不强，造成市场潜力偏小，影响承接产业转移的吸引力。因此，河北省各地市需要依托当地的优势资源与主导产业，不断提高自身的经济规模，重点提高居民的收入水平。如，衡水地区的安平丝网产业集群，邢台地区的羊绒产业、宁晋休闲服装产业等等。

河北省经济发展不仅存在区域差距，也是典型的"二元经济"社会，地域广大的农村发展较为缓慢，不利于区域整体市场规模的扩大。如果打破二元经济发展方式，缩小与城市的发展水平差异，那么市场规模将得到极大的拓展，必将对产业转移产生巨大的吸引力。河北省各地市政府需要应该根据当地的特色，积极

地发展县域经济，小城镇经济，增大对乡镇企业的支持力度，打造知名名牌。比如将昌黎的缝纫机零件、大蒲河的玉米罐头、卢龙的甘薯，荣成的男装、沧县的红枣等产业等培育成当地的支柱产业。

（二）提高生产成本吸引力

众所周知，生产成本是影响产业转移的重要因素，劳动力、土地和资金成本是生产成本的主要方面。对于河北省来说发挥劳动力优势要做到，首先，大力发展社会主义新农业，使农业生产向着现代化和机械化发展。这一方面能提高农村经济的发展水平，缩小与城镇的差距，另一方面有利于农业人口向非农业人口转换，从而为发展工业和承接产业转移提高丰富的劳动力。其次，积极促进农民工返乡就业。一方面，有效解决承接产业转移时对专业技术工人的需求；另一方面，有效缓和农村现在普遍存在的"空巢老人"和"留守儿童"等社会问题，对构建和谐社会具有积极的影响作用。比如邯郸、沧州等地虽然是人口虽然很多，但大多数青壮年都选择外出务工，从而降低其在承接产业转移过程中的劳动成本吸引力。发挥土地优势就要做好工业用地资源储备。土地使用权和地上附着物（厂房等）所有权对企业发展十分重要，政府需要通过政策倾斜来降低产业转移的工业用地价格。

相比京津地区，河北具有劳动力和土地成本优势是不争的事实，但河北省金融体系不发达，融资成本不具有优势。如何构建一个新的金融体系以降低融资难度和成本对河北承接产业转移至关重要。首要，政府需要搭建融资平台，扩宽企业的融资渠道。

一般来说，中小企业在国有大型商业银行获得贷款的机会比较少，因此，河北省各地市政府应该运用多方的力量（包括相关行业协会），积极为转移来的企业和银行之间搭建融资平台。其次，加大金融市场创新活动。对金融组织方式和融资方式进行创新以降低河北金融市场风险，降低融资难度，促进河北金融市场健康发展。最后，建立健全信贷管理机制。建立完善信用体系，鼓励金融机构细化信贷政策。合理配置金融机构营业网点，增加对产业承接集聚区的营业网点建设，延伸金融服务领域。

（三）提高政策吸引力

市场化程度越高，政策越具有吸引力。可以说，河北整体市场化程度不高，影响产业转移承接能力。市场化程度一般包括对外贸易的参与程度、法律体系的完善程度和政府干预经济的程度等。对于地方政府河北来说非公有经济或民营经济体现了市场化程度，市场化程度越高，非公有制经济或民营经济越发达，地方经济越活跃，越有利于承接产业转移。因此，河北各地市应鼓励和支持民营资本进入通信、金融和水电等垄断型行业，以此吸引更多的资本进入河北。

制定包括对土地、税收、基础设施保障、技术人才和各种费用减免等的优惠政策。与转移的产业深入沟通，引导其发展壮大。对于企业而言，不仅看重制定政策是否优惠，更看重政府的行政效率，在意制定的政策是否能够切实有效的执行。从实证的结果看，衡水、邢台的政府效率相对较低，导致其政策吸引力不高。把产业进过来后，先前制定的政策不能兑现，会导致入驻的产业又撤离，这种短视的行为极大地降低了产业转移承接能力。因此，河北各地市政府要加大政策的执行力度，保持政策的全面和连贯性，以增强产业转移承接能力。

二、提升河北省产业转移承接能力的选择力对策

（一）大力提高信息化水平

从实证的结果看，除了石家庄和廊坊等少数地市信息化能力相对较强外，其他地市的信息能力都较弱，且相差不多。因此，需要整体提升河北省信息化水平，需要做到以下几点：

大力发展电子政务和电子商务，加快建设政府和企业的信息化。积极发展电子商务和电子政务。信息化能帮助企业降低成本、发现更多的客户和提高产品质量等。企业应该根据自身的实际情况购买或者研发管理软件，建立网站，开展电了商务活动，与长期客户建立网络关系。政府也应该加强信息化建设，实行电子政务，推行政府信息公开化，建立高效廉洁的政府。河北各地市政府要充分利用已有的资源，建立并完善数据库网络系统，为企业和公众提高全面高效的信息服务。

（二）大力发展信息产业

河北省各地市政府要加大力度支持信息产业的发展，发挥信息产业优化配置社会资源的作用。集中优势资源发展具有自主知识产权的信息技术，实现关键领域的重大突破。发展信息服务业，以市场为导向，推进信息资源商品化。促进软件产业发展，提高软件制作效率和质量，保护软件知识产权。

（三）提高外部咨询水平

在进行承接产业转移时，政府不仅要加强自身决策的科学性，更要广泛征求科研机构、专业咨询机构、高等院校、行业协会和各种社会团体等意见，和各领域的专家学者和技术人员交流沟通，增加决策的科学性。

（四）提高人才素质

接受教育程度越高的人才，越容易获取信息，处理信息的能力更强。河北大

多数地市教育水平偏低，各地政府应该加强教育体系建设，建立由高等教育、继续教存、职业教育、基础教育和专业培训等的教育体系。学校和企业应该加强联合，探索各种培养模式，将大学理论教育与企业生产实践、科技创新活动有机结合在一起。同时河北省企业应加强与周边省市特别是京津地区的高校的合作交流，满足河北对优秀人才的需求。

三、提升河北省产业转移承载能力的支撑力对策

（一）加强基础设施建设

依托唐山、秦皇岛、沧州等地市的有利地理环境，建设区域性现代化港口群，完善沿江集装箱、煤炭、矿石和石油等专业化运输体系。

建设内畅外通的公路网络建设。加强省际高速公路网建设，完善其与东部各省份高速公路的对接。加强省内高速公路网建设，加强省内干线公路、重要旅游公路、村镇公路建设。

加快铁路和航空建设。加快建设快速客运铁路和城际铁路，构建于其他省市一体化的客货运铁路网。发挥京津铁路枢纽作用，加强高铁网络建设，提高铁路货运能力。

建设现代化综合交通枢纽。努力建设一批功能完备和布局合理的现代化综合交通枢纽站，科学布局各种运输方式结合的综合客运枢纽，大力推进铁路、公路、港口的货运交通立体网和物流中心。以石家庄为中心建设冀南现代物流产业带，将石家庄建设成为在全国范围内具有影响力的物流中心。

工业用水、用电和邮电通信等也是基础设施重要的组成部分，是产业转移支撑力的重要组成部分，河北各地市政府应该加大财政支出以增加这些基础设施的供给。从实证结果看，衡水、邢台、承德等地市的工业用电量不大，在一定程度上说明了这些地市的工业基础设施不强，需要加强。

（二）培植地区优势产业

以资源位依托，培植资源型优势产业。河北的农特产品资源、矿产资源、旅游资源丰富，丰富的资源转化为经济必须通过产业来进行。目前，河北省资源类加工产业已具备一定的基础，初步形成了一批实力较强的资源加工企业。但与发达省市相比，我省的资源加工工业大多为初级加工，对产品进行深加工能力不足，经济效用不明显。因此，河北省应该围绕优势资源，在现有的基础上发展精深加工企业，增加产品的附加值，提高产品的科技含量和竞争力。不断发展资源加工型产业，将有力地扩大我省的经济总量、是提高产业转移承接能力的现实选择。

突破关键技术，培植具有特色的优势产业。经过多年的发展，河北的汽车制造、冶金水泥、机械制造和电子信息等产业在全国范围内已具有一定的地位。但是技术水平不高，实力还具有很大的上升空间，对河北省经济的拉动力还较小。因此，这些产业应该加强关键技术和关键环节的建设，提高专业化和现代化程度，以使这些优势产业在我国的地位进一步上升，形成一些在全国范围内有重大影响力的产业，这必将大大提升我省产业转移承接能力。

四、提升河北省产业转移承载能力的发展力对策

（一）促进地区科研创新能力

不断加大科技投入的力度，提高河北省的技术消化吸收和自主创新能力。在引进、吸收和消化外来先进技术的基础上，增加河北省本土的自主创新能力，实现技术引进和自主创新的均衡发展。河北的一些地市在科研创新投入上，无论是总量规模和投入强度都比较弱。科学技术的投入有可能在短期内不能产生立竿见影的效果，但其关系到当地产业的长久发展，因此，河北各地市政府应该以发展的眼光来看待科技的投入。

优化科技投资结构。在加大科技投入的同时，各地市要有针对性制定科技资源投资策略。结合各地的高新技术产业特色，集中力量攻克一批关键技术，迅速提高科技创新能力，使河北各地市形成各具特色、具有规模的高新技术支柱产业。

加强科技中介体系建设。科技中介在科技创新过程中起了润滑剂的作用，能够有效促进技术扩散和转移，优化科技资源配置。完善河北科技中介体系建设要做到：建设孵化器以构建创业平台，建设生产力促进中心和工程技术研究中心以构建科技成果转化平台，建设风险投资机构以构建融资平台。大力发展人才信息服务、管理咨询、产权，科技项目和无形资产评估等的科技中介服务机构，加强服务体系和服务规范建设。

（二）提高地区产业配套能力

产业集群的发展程度关系到一地区产业配套能力的大小。河北各地市应该在明确定位自身产业发展的基础上，做好主导和支柱产业集群的配置工作，形成龙头企业带领、骨干企业中间支持、中小企协调发展的产业发展格局。如衡水应该发展酿酒、汽车零配件等重点产业，磁县这几年童装加工产业发展迅速。当地政府应该围绕这些产业成立专门的工业园，引导相关产业向工业园集聚，形成市场影响力大、生产集聚程度高的大型产业集群。

在产业向工业园转移的过程中，政府要着力完善园区的基础设施，加快水、

电、气、公路和通信等建设。建立健全基础设施投入机制，积极引进社会资金以多种方式参与参与园区的基础建设，以增加园区基础设施投入资金的规模。探索以企业为主体的园区开发机制，推动园区经营项目实行市场化运行方式，推进招商引资专业化、制度化和透明化。同时制定各种政策以改善产业集群的外部发展环境，减少政府对园区发展的干涉程度，依靠市场的力量，严格控制危害产业集群发展的行为发生。

服务业发展水平在一定程度上决定着产业配套能力。现代化的工业制造业离不开现代化的服务业支撑配套，现代服务业参与现代制造业研发、设计、管理、融资、物流、销售、售后服务和信息反馈各个环节。目前河北各地市的服务业发展水平低，第三产业占国民经济增加值的比重小，因此，各地政府应该在做大经济规模的同时，要致力于调整经济结构，增加第三产业在国民经济中的地位。

第九章 河北省产业承接能力评估与实证分析

第一节 河北省产业承接的影响分析

一、概述

"京津冀一体化协同发展"战略，是北京市、天津市、河北省积极转变经济发展方式，优化产业结构，应对当前复杂经济形势的重要举措，是形成我国又一个区域经济增长极的创新性尝试，也是第一次以中央政府为主导的区域经济一体化的国家战略，因此这对于河北省的经济发展的意义不言而喻。"京津冀一体化协同发展"战略对三省市的影响是深远巨大的，2015 年 4 月 30 日中央政治局审议通过的《京津冀协同发展纲要》指出，将以交通、环保、产业为重点突破方向，那么在今后的发展过程中，无疑会促使三省市往来经济协作日益频繁。而京津冀区域之间发展水平的巨大差异为嗅觉敏锐的市场主体寻找盈利机会提供更大的可能，产业转移经济现象必然逐渐增多。2016 年，河北省人均可消费水平为 28 249 元，比上年增加 2 097 元，环比增长 8.0%，但是与京津相比，经济发展水平尚且有很大差距，并一度被喻为处于"大树底下不长草""灯下黑"的尴尬境地。河北省经济发展要保持长期可持续发展、实现稳定增长、成为经济强省，就必须积极抓住"京津冀一体化协同发展"这个契机，不但要动员本地区内部资源来发展经济，更重要的是要整合外部资源，通过承接产业转移来盘活河北省各个地市的经济发展这个棋局。能否有效地承接从京津和其他省市转入的产业，直接影响了河北省的产业结构调整和经济发展的质量。

河北省的经济发展水平不断提高，承接产业转移的能力不断增强，但在京津冀协同发展的战略背景下，以现在的经济现状与京津地区进行产业对接还存在着一些问题。例如：关于京津冀协作的顶层设计尚未完善、河北省人均消费支出不断提升（劳动力成本增加）、金融系统不发达（企业融资成本高）；工业制造集中在技术相对低下的钢铁、化工产业，造成产业转移的支撑力不足；高新技术产业配套能力、科研创新水平等较低，使得该区域内的产业发展缺乏继续竞争优势。因此，为了有效承接国内外尤其是京津地区产业转移，河北省需要制定措施吸引外来资金进入，同时要充分了解自身特点，有选择地承接适合当地发展优势的产业，结合当地比较优势因素，通过不断挖掘区域经济特点、完善基础设施建设、推出有效发展政策等支持手段，推动河北省区域经济发展和优化产业结构。承接能力的高低是决定地区产业承接转移成功与否的一个重要因素，对承接地的产业结构调整和经济发展有至关重要的意义。

在研究河北省产业转移承接力时，既要看到河北是个整体，又要看到河北省各个地区的经济发展程度存在很大差异、产业转移承接能力也良莠不齐，那么对于同一产业的承接也许该产业后续发展的状况会相差很大。以地理位置相距不远的邯郸、衡水作为比较对象，2016 年邯郸、衡水地区生产总值分别为 3 337.1 亿元、1 413.4 亿元，邯郸地区的生产总值约为衡水地区的两倍多。就社会消费品零售总额指标来看看邯郸地区（1 319.07 亿元）约为衡水地区（674.35 亿元）的两倍。可见，在分析河北省产业转移承接力时应该结合每个地市的实际情况分别进行有针对性的研究。

因此，京津冀三地要突破上述发展瓶颈，走出目前的经济发展的困境，就需要努力促进地区间的交流互动、实现跨越式发展，强化京津冀三地内外间的互动互补关系，实现优势互补，促进共同发展，也就是要转变经济发展方式。如何转变经济发展方式，答案就是走"京津冀协同发展"这条道路，即实施创新科技产业与区域优势资源相结合的协同发展战略。对于河北省来说，这不仅仅是一次极好的发展机遇，同时也对产业转移政策提出更高的要求。例如，以河北省内某地区作为产业承接地区，如何发现本地区的比较优势，吸引与自身发展规划相符的产业项目；如何有能力选择那些具有发展前景的产业项目；以及对选择承接下来的产业，如何使转移产业更好地与本区域产业相衔接、融合，最终形成当地的优势产业、龙头产业，这些问题的存在实际上都与承接地的产业转移政策息息相关，如果只是盲目的招商引资，并没有实际的政策支持、发展规划等关于提升区域承接能力的举动，那么京津冀协同发展战略无疑会变成纸上谈兵。因此，本文从河北省产业承接能力为对象，以省内 11 个地区为研究着眼点，以京津冀协同发展为背景，从产业承接的角度，研究河北省的产业承接能力的问题。

二、影响分析

在由中央政府主导的"京津冀一体化协同发展"战略实施背景下，从河北省所属的 11 个地级市的经济发展情况出发，分别从产业吸引、产业选择、产业支撑、产业发展四个维度研究各个地区的产业承接能力，通过数据处理及分析研究，给出相应的对策建议，从而达到提升河北省整体的产业承接能力，有效地承接京津地区及其他地区产业转移，因此，这项研究不仅存在理论意义，也能发挥相应的现实意义。

（一）理论意义

实施"京津冀一体化协同发展"战略是一项复杂的系统工程，这给三省市从各个方面都带来了充足的想象空间和促进改革创新的动力。随着中央政府主导的顶层设计不断完善、三省市间政府的协作共同管理机制组建，必然会促进京津冀三省市的经济、文化等方面的不断融合。产业区域间的转移作为经济共同发展的重要方面，是不能忽视的研究领域。由于关注角度的不同，人们在看待产业转移问题时，首先从产业移出地的角度考虑，研究产业转移的动因、转移产业结构、产业转移方式等，且是宏观性较强的研究，对承接地的研究较少，只是简单地从经济基础层面提出加强基础设施建设、人才培养等浅显应对策略，缺乏系统的提升安排。而从承接地角度出发，研究区域转移产业承接能力如何提升，并做出切实有效对策建议的理论研究成为下一阶段的研究方向。本文的研究，将集中在评价区域范围内如何科学地测算不同区域的产业承接能力，从承接方的视角来研究如果提升区域转移承接能力。在查阅相关理论文献后，分析总结出关于产业承接能力的定义、范围，进而构建评价产业承接能力的指标体系，对河北省各地市区域的产业承接能力进行定量分析，并对实证分析结果做出详细解释，然后据此对河北省提升产业承接能力的发展思路提出相关的意见和建议，因此本研究在研究方法上对从一省范围内进行承接能力测评方面的探索，从一定意义上丰富了产业经济学的内容。

（二）现实意义

河北省作为国内的经济总量较大的省份，但整体经济的发展方式和可持续发展水平却并不尽人意，与同为沿海省份的山东、江苏等地相比更是存在很大的差距。在过去的 2016 年，河北省的经济发展状况更是说明了我省亟待调整发展路径，谋求创新发展的需要。以唐山市为例，唐山以传统行业为主导产业，由于产业结构失衡，产业链较短，产品技术含量低、市场低迷因素等原因，导致唐山地区生产总值增长仅 5.1%，是近 20 年最低水平。从河北整体而言各个地区均有产业结构不合理，经济发展较为粗放的特征存在。显然河北省还未走上科学发展的道路，各个地区的发展都有自身的发展障碍。那么，为了使河北省摆脱传统产业发展困境，推动新兴工业产业及新兴优势服务业成长，就必须充分认识到"京津冀一体化协同发展"对于河北省经济发展的重要意义。重新审视自身优势，寻找阻碍区域发展的短板。具体来说，本文从 11 个地区为起点研究河北省的产业承接能力，同时也可以看作是对河北省具体地市的发展状况的详细展示，实际意义主要在于，以目前普遍使用的承接能力测算理论为基础，根据河北省地市的具体情况对所需指标进行选取或改良，从四个维度对各个地区的实际产业承接能力进行计算和描述。如原指标体系中的反映经济活跃程度的指标由非国有经济比重被替换为区域内人均注册企业个数，原因在于由于企业经营管理模式、投资方式的多样化。参股控股形成市场主体去参与社会经济分工的情况日益普遍，企业数量更能体现一个区域内的经济活跃程度。以这种重新制定的指标体系测算的结果更能反映实际情况。同时较为真实地反映出河北省内不同地区间的产业承接能力差距，为河北省进行产业发展和升级提供参考依据。同时，本文第六章根据研究结果，对河北省各地区的产业发展提出了相应的对策建议，具有一定的现实借鉴意义。

第二节　河北省产业承接能力评价指标体系的构建

一、转移产业承接能力分析思路及指标选取原则

（一）转移产业承接能力分析思路

在研究产业转移承接的众多成果中，目前研究成果大多集中在产业转移的动因、产业转移的模式及方法等方面。关于研究产业转移承接能力的著作并不多，关于产业转移承接能力的相关内涵与外延理论有待进一步完善。目前，流传较广且被认可度较高的关于产业转移承接能力理论是展宝卫（2006 年）在《产业转移承接力建设概论》一书当中所论述的产业承接能力模型理论，该理论模型包括四个方面：转移产业吸引力、选择力、支撑力、发展力。在研究关于某区域转移产业承接能力的研究成果中，此模型方法多次被运用，也经过不同程度的修改，本文通过分析比对得出所用分析指标。

考虑到计算指标的分组具有一定的主观性，容易使得事先分类的指标在运算

结束后并不能按照之前设想归类，按照四个维度分析各个地市承接能力时容易造成混乱和不客观。本文的研究设想是在主成分分析时，根据计算结果进行初步分析和综合上的评价。本文在进行主成分分析之前，把为了容易理解完整的承接能力模型的四个方面能力所包含的具体指标看仅仅看作为一个定量指标，在提取公因子后，再根据各个指标所能代表的含义给各个公因子命名。这样安排的目的是，一方面能够对实证分析结果的进行验证；另一方面，能够更加具体的支出各个地市的承接能力不足。

（二）指标选择指导原则

为了尽可能科学、客观地评价河北省 11 个地市的转移产业承接能力，选择模型指标时遵循如下原则：

1.客观性和全面性

本着科学、规范的态度，认真分析选择影响承接能力影响因素，使得每个指标都能有效的反映到转移产业承接能力的结果上。转移产业承接能力是反映某一区域的综合能力，在评价时必须考虑周全，把能够分析的指标都纳入到评价指标体系当中。

2.层次性和关联性

尽管分析思路不同，但是在解释某一区域的综合转移产业承接能力时，尽量有层次性、逻辑性，按照上文成熟的指标模型做出恰当合理的分析及描述，使指标体系间的整体关联性不受到影响。

3.可比性和规范性

数字分析指求每个指标计量单位相同，时间前后可比，统计口径一致。规范的语言描述，指标的选择要有严谨的科学的理论基础，不能主观的创造指标，用规范的语言详尽的论述。

4.代表性和可得性

正如 4.1 所论述的那样，转移产业承接能力评价体系是一个十分复杂的体系，包含的指标和内容特别多，还有相当部分指标可能统计起来特别困难而且不易查找，所以在选择指标时不需要求全责备，只要选择有代表性的，能够代表区域转移产业承接能力的差异及变化的，就可以使用该指标。

本文所选取的定量指标大多数来自河北省经济年鉴（2012—2016）和河北省各市国民经济和社会发展统计公报（2012—2016）。

二、指标选取及构成

基于对产业转移经典理论及其影响因素的深入剖析和产业转移形成机理的全

面把握，结合评价要素和指标选取原则，设计出了承接能力的评价指标体系，共分三个层次，包括吸引能力、选择能力、支撑能力、发展能力 4 个二级指标、10 个三级指标及 16 个运算指标。在进行主成分分析时打破指标归属分类，仅仅看作一个定量指标（见表 9-1）。

表 9-1　分析指标示意表

A 级指标	B 级指标	C 级指标	运算指标
A1 吸引能力	B1 市场潜力	生活消费能力	批发和零售销售总额
		工业产品销售能力	工业企业主营业务收入
	B2 成本吸引力	人力成本	在岗职工平均工资
		土地成本	商品房平均销售价格
		生产成本	工业企业单位利润成本率
	B3 政策吸引力	经济活跃度	私营企业较国有及控股企业数量比率
		外资企业数量	到 2016 年底实有外商投资企业数
A2 选择能力	B4 信息能力	信息产业规模	投资信息传输、软件和信息技术服务业
			投资额
	B5 论证能力	专家数量	每万人高校教师数量
A3 支撑能力	B6 基础支撑力	公路覆盖水平	每平方公里道路数量
		全社会固定资产投资	全社会投资总额
	B7 经济发展支撑力	第三产业发水平	第三产业生产总值
		GDP 单位能耗	单位 GDP 能耗
A4 发展能力	B8 科研创新能力	科研创新能力	专利申请授权量
	B9 产业盈利能力	产业盈利能力	资产贡献率
	B10 产业聚集能力	产业聚集能力	每万人规模企业数最

（一）产业吸引能力指标选取及构成

1.市场潜力

市场潜力是指该地区市场的消费能力，既包括生活类用品也包括工商业产品及服务。以往代表市场潜力的指标往往是人口数量、人均可支配收入等等。如今，市场商品、生产要素流动的成本降低，仅仅因为某地区的消费市场而转移的吸引力越来越低，而且转移企业往往为工业为主，并不对该地区的消费人群进行直接售卖。因此，衡量某地区的销售能力更能够说明该地区的市场潜力。批发零售额解释该地区销售出去的商品数额，工业企业主营业务收入代表该地区的工业产品销售能力。

2.成本因素

根据经济基础理论得知，工人工资、土地使用成本、生产成本影响影响企业的运营成本，所以选取了在岗职工平均工资、商品房平均销售价格、工业企业单位利润成本率来表示。其中工、商业用地价格和商品房销售价格在某一区域范围内是正相关的，因而采用数据易得的商品房价格代替。生产成本的高低并不能简单地用某一种价格的高低来衡量。本文采用同等利润率时单位利润所用成本衡量。

3.政策吸引力

当地的政策对企业经营和市场繁荣有着重要作用，本文采用市场活跃度及外资企业个数来表示。这两个指标多可以说明，当地政府对市场的开放程度，及政策法规的积极引导作用。

（二）产业选择能力指标选取及构成

1.信息产业投资

现今社会的信息化能力不仅能够创造出不同的商业模式，降低个人、企业组织间的沟通协作能力，也能够增加地区对市场的判断能力，因此一个地区对信息产业的投资大小，能够代表这个地区对整个外部市场环境的信息搜集能力和判断力，本文采用投资信息传输、软件和信息技术服务业投资额来表示。

2.论证能力

决策能力对于产业的发展有着至关重要的作用，我们用某一地区的专家数量来反映该地区对外在市场的判断和承接产业的可行性能力，比较符合的指标有知识高等知识分子的数量。为了使数据更具可比性，采用每万人高校教师数量表示。

（三）产业支撑能力指标选取及构成

1.基础支撑能力

这一指标反映该地区的基础设施建设情况、产业配套能力。其中公路覆盖水平说明现在该地区的基础设施完善水平，这时候并没有采用比值的方式呈现，原因在于基础设施投资多集中于某一特定的范围内，通水通电需要集群供应，投资者往往看重的是该地区的存量有多少，因此采用标准表达数值。

2.经济发展支撑能力

根据经济发展规律得知，经济发展水平越高的地区，经济发展环境越好，相应的产业配套能力就越强，而表现出来的是产业结构倾向于三二一结构。如果第三产业占比较高，可以判断该地区的发展水平可能就相对好一些。单位 GDP 的衡量是对能源的依靠程度的做出的解释，能耗高的地区必然不利于经济的长久发展，当地的产业发展状况必然对产业的支撑力产生消极影响。

（四）产业发展能力指标选取及构成

1.科研创新能力

该地区对技术创新能力的支持力度大，能够持续的发展产业的技术水平，使得企业有持续的发展动力，采用指标为专利授权数量。

2.企业盈利能力

反映该地区企业的管理水平和技术水平，相同的资产总额产生利润上的差别，必然源于企业产品的技术先进水平和管理能力。

3.产业聚集水平

产业的聚集能够产生规模效应，从而能够有效地降低生产成本，促进产业交流，有利于产业升级。

三、产业承接能力评价方法

（一）分析方法的选择

本文主要采用主成分分析法来进行评价，主成分是使用最多的因子分析方法之一。由于综合评价方法最终都以加权的形式获得被评价对象的评价结果，而这一方法要求各指标是相互独立的，只有这样才能保证评价指标之间的信息不会相互重叠。然而在综合评价指标体系中，每个指标仅是从某一方面、某种程度上反映了被评价对象的信息，但由于评价指标个数太多，不仅会增加评价的复杂性和工作量，而且评价指标彼此之间往往存在着一定的相关性。这种相关性使研究数据所反映的信息在一定程度上有所重叠，造成评价信息的重复使用，在客观上会影响评价结果的有效性，从而使评价结果缺乏足够的说服力。为此，人们总希望能寻找到一种方法，可以去除指标间的相关性，增强评价结果的有效性。

（二）主成分分析方法简介

主成分分析分析方法（Principal Component Analysis）是指由于指标体系间存

在相关性，通过降维的方法把多个相关变量指标变化为几个互不相关的指标，从而使研究目标公式变的相对简单的一种多元统计方法。该方法的运算原理就是在损失最少信息的前提下，把多个指标降维后，用几个综合指标来表示，那么这几个经过处理的综合指标被称为主成分。基本的做法就是用 $F1$（第 1 个线性组合，也即第 1 个综合指标）的方差来解释，方差 $Var(F1)$ 越大，说明 $F1$ 所包含的原始信息越大，因此 $F1$ 称为第 1 主成分。如果第 1 个主成分还不能充分代表所有的信息，再选用 $F2$（第 2 个线性组合）。$F2$ 所包含的信息不能是 $F1$ 中已包含的信息，用数学公式表示就是

$$Cov(F1, F2) = 0$$

$F2$ 为第 2 个主成分。以此类推，选取出第 3 ～ P 个主成分。

（三）主成分分析的数学模型

假设向量 $e' = (x_1, x_2, ..., x_p)$ 的相关系数矩阵是 R，$\lambda_1 \geq \lambda_2 \geq ... \lambda_p$ 是 R 的特征值，$e_1, e_2, e_3, ..., e_p$ 是特征值对应的标准正交特征向量。第 i 个主成分为

$$y_1 = e_i'x = e_{1i}x_1 + e_{2i}x_2 + \cdots e_{pi}x_p, \quad i = 1, 2, \cdots p$$

此时有：

$$Var(y_i) = e_i' \mathrm{Re}_i = \lambda_i, \quad i = 1, 2, \cdots p$$

$$Cov(y_i, y_k) = e_i' \mathrm{Re}_k = 0, \quad i = 1, 2, \cdots p$$

假设第 k 个主成分的方差在总方差的比重是 Pk，则有

$$Pk = \frac{\lambda k}{\sum_{i=1}^{p} \lambda i}$$

当变量个数 P 足够大时，则前几个主成分的方差和占了总方差很大的比重（如 80% 以上），则用这几个主成分代替原 P 个变量没有损失多少信息。

（四）主成分分析的主要步骤

假定输入一个决策表 T=(U，C ∪ D，V，F)，X={X_1，$\cdots$，X_m}，C 和 D 分别是条件和决策属性集。需输出的主成分 P={$y_1 \cdots y_p$}。主要步骤有如下五步。

第 1 步对原来的数据进行标准化处理。

标准化处理公式：

$$X_{ij} = \frac{X_{ij} - \bar{X}_j}{\sqrt{Var(X_j)}}$$

每个属性的均值是 0，方差是 1。

　　第 2 步求出协方差或者相关系数矩阵。根据第 1 步得到的标准化数据矩阵 X，计算出相关系数矩阵 R。

　　第 3 步求出特征值和单位特征向量。首先，求出 R 的特征值 ^ 和其对应的特征向量，然后按大小顺序对特征值进行排序，$\lambda_1 > \lambda_2 > ... > \lambda_m$。

　　第 4 步求出方差贡献率和累计方差贡献率。

　　第 k 个主成分方差是 $a_k = \lambda_k / \left(\sum\limits_{i=1}^{m} \lambda_i \right)$ 则 P 个主成分的累计方差贡献率是：

$$\left(\sum_{i=1}^{p} \lambda_i \right) / \left(\sum_{i=1}^{m} \lambda_i \right)$$

其中，第 1 个主成分 y，所包含的信息最多，即 a，的值最大。主成分的个数 P 值的选择标准是：特征值大于 1 的主成分或者累计方差贡献率大于 85%。

　　第 5 步确定主成分，并进行适当的相关解释

　　利用前 P 个特征值对应的特征值向量，按照主成分的计算公式计算出主成分，y_1，y_2，y_3，…，y_P。

四、主成分函数求解

　　根据已经选择出的计算指标，结合数据，通过回归计算，可以得到因子得分系数矩阵，根据因子得分系数矩阵，求得主成分表达式。

　　原始数据见附录，通过统计软件计算，分别对计算输出的主要结果做出介绍：

（一）检验

　　由于相关矩阵过大，在本处无法显示，详情参见附录。表 9-2 显示的是 KMO 检验和巴特莱特球形检验的结果，一般 KMO 值大于 0.65 为适合做因子分析，表明各个变量间的相关程度差别不大；巴特莱特球形检验用来检验变量之间的相关性，从本次计算结果来看，KMO 值为 0.745，球形检验指约为 0，每个变量间均具有较强的相关性，适合做因子分析。

表 9-2　KMO 检验及巴特莱特球形检验

KMO and Bartlett's Test		
Kaiser-Meyer-Olkin Measure of Sampling Adequacy.		0.745
Bartlett's Test of Sphericity	Approx.Chi-Square	1 049.342

KMO and Bartlett's Test		
Bartlett's Test of Sphericity	df	120
	Sig.	0.000

（二）共同度

表9-3显示了按照标准提取公因子后各变量中的信息被提取的程度。从表中看出，除第9个因子为0.554外，其他各个因子大都超过0.6，各个变量被提取的信息较高。

表9-3　共同度

Communalities		
	Initial	Extraction
f1	1.000	1.911
f2	1.000	1.933
f3	1.000	1.780
f4	1.000	1.921
f5	1.000	1.645
f6	1.000	1.717
f7	1.000	1.643
f8	1.000	1.610
f9	1.000	1.544
f1O	1.000	1.817
f11	1.000	1.945
f12	1.000	1.964
f13	1.000	1.820
f14	1.000	1.810

续　表

Communalities		
	Initial	Extraction
f15	1.000	1.861
f16	1.000	1.816

（三）变量解释程度

表 9-4 显示出的是总的变量解释程度的说明，按照设定的提取特征值大于 1 来提取，可以提取前 4 个公因子，这 4 个公因子提取了原始信息的 79.6%。

表9-4　变量解释程度

Total Variance Explained						
Compon ent	Initial Eigenvalues Initial			Extraction Sums of Squared Loadings		
	total	of Variance	Cumulative	Total	of Variance	Cumulative
1	6.683	41.766	41.766	6.683	41.766	41.766
2	2.866	17.914	59.680	2.866	17.914	59.680
3	1.845	11.533	71.213	1.845	11.533	71.213
4	1.343	8.394	79.607	1.343	8.394	79.607
5	1.981	6.128	85.735	–	–	–
6	1.670	4.188	89.923	–	–	–
7	1.531	3.316	93.239	–	–	–
8	1.384	2.401	95.641	–	–	–
9	1.285	1.780	97.420	–	–	–
10	1.131	0.818	98.238	–	–	–
11	1.108	0.677	98.916	–	–	–
12	1.074	0.463	99.378	–	–	–
13	1.053	0.332	99.710	–	–	–

Total Variance Explained

Compon ent	Initial Eigenvalues Initial			Extraction Sums of Squared Loadings		
	total	of Variance	Cumulative	Total	of Variance	Cumulative
14	1.023	0.144	99.854	–	–	–
15	1.015	0.092	99.946	–	–	–
16	1.009	0.054	100.000	–	–	–

（四）因子得分系数矩阵

表9-5给出的是因子载荷矩阵，因为本文所用的是主成分分析方法，所以因子载荷矩阵并不是主成分函数的系数矩阵，也就是说表9-5中并不是主成分1、主成分2、主成分3、主成分4的系数，主成分系数的求法是：各自主成分载荷向量除以各自主成分特征值的算数平方根。即表9-5中四列数据。

表9-5　因子载荷矩阵

Component Matrix	1	2	3	4
f1	0.871	0.335	167	–108
f2	0.854	0.271	–288	–219
f3	0.532	0.388	0.468	–358
f4	0.626	0.350	0.596	–226
f5	–046	0.503	0.374	0.500
f6	0.324	–770	–135	–029
f7	0.633	–188	0.414	0.189
f8	0.718	–157	–054	0.260
f9	0.550	0.122	0.307	0.363
f10	0.488	–087	–254	0.712

Component Matrix				
	1	2	3	4
f11	0.908	0.152	−310	−043
f12	0.923	0.180	−249	−136
f13	−057	0.648	−625	−078
f14	0.892	−047	0.030	.108
f15	0.538	−725	−207	−051
f16	0.440	−690	0.276	−266

这将是进行主成分分析的最终结果，按照主成分表达式如下：

$$f1=0.34x^*1+0.33x^*2+0.21x^*3+\cdots+0.17x^*16$$

$$f2=0.20x^*1+0.16x^*2+0.23x^*3+\cdots-0.41x^*16$$

$$f3=-0.12x^*1-0.21x^*2+0.43x^*3+\cdots+0.20x^*16$$

$$f4=-0.09x^*1-0.19x^*2-0.31x^*3+\cdots-0.23x^*16$$

其中，x^*为原始数据标准化后结果。

第三节 河北省各地市产业承接能力各指标成分分析

本节将分别从连个方面来分析河北省各地市产业承接能力指标。一是利用主成分分析分析方法借助 SPSS 软件的结果进行计算，通过河北省 11 个地市区转移产业承接综合能力排序定位各个地区的转移产业承接能力优劣势。二是根据指标体系所包含提取的四个主成分得分，分别针对 11 地市发展的四个维度进行比对得出优劣判断。目的在于利用细化的数据指标更加清晰的指出河北省各地区承接产业转移能力的弱项。

一、河北省各地市承接产业转移能力总体分析

（一）河北省各个地市产业承接能力总体分析结果

结合上文的分析，按照主成分分析的计算要求，通过四个成分因子的方差贡

献率为权重，进行各因子得分计算加权求和结果，即按照公式 F= ∑ WiFi（Wi 为 i 因子的贡献率、Fi 为某地区 i 因子的得分），可得出综合得分公式为

$$F = \frac{6.683}{6.683+2.866+1.845+1.343}F1 + \frac{2.866}{6.683+2.866+1.845+1.343}F2 + \frac{1.845}{6.683+2.866+1.845+1.343}F3 + \frac{1.343}{6.683+2.866+1.845+1.343}F4$$

由此结合标准化数据计算出河北省 2012 年至 2016 年 11 个地区转移产业承接能力综合得分，并将综合得分的排名次序列于下表 9-6 与图 9-1。

表 9-6　2012—2016 年河北省 11 地市承接产业转移综合能力表

年份	2012		2013		2014		2015		2016	
	得分	名次	得分	名次	得分	名次	得分	名次	得分	名次
石家庄	5.190 4575	1	5.921 205 8	1	6.532 548 7	1	7.254 879 1	1	7.821 349 8	1
承德	−2.083 901 0	10	−1.621 226	10	−1.718 040 2	8	−1.228 283 2	4	−2.186 549 7	3
张家口	−2.577 454 7	11	−2.352 898	11	−2.898 971 4	7	−1.256 475 11	6	−3.365 741 25	2
秦皇岛	1.208 018 58	4	2.192 471 8	4	0.630 600 78	4	0.263 147 541	3	0.687 125 548	11
唐山	1.430 576 49	3	1.597 318 0	3	0.884 242 02	11	−1.684 212 57	7	−0.639 758 54	6
廊坊	1.878 438 04	2	2.611 195 0	2	1.413 902 50	10	1.212 677 45	8	1.258 745 88	5
保定	0.301 762 14	6	1.048 216 8	6	0.096 767 61	2	−0.354 732 21	10	−0.367 841 24	8
沧州	0.630 214 43	5	1.414 834 4	5	0.603 028 41	3	0.364 711 115	11	−0.358 779 44	7
衡水	−1.648 132 6	9	−1.361 800	9	−1.569 663 5	5	−2.354 781 78	9	−1.367 458 49	9
邢台	−1.049 508 6	8	−0.700 357	7	−1.549 296 0	6	−1.575 158 17	5	−1.754 869 78	4
邯郸	−0.313 129 7	7	0.019 600 4	7	−0.685 067 2	6	−1.014 647 065	2	−1.470 633 97	10

（二）河北省各个地市产业承接能力总体分析结果评价

（1）由图 9-1 可直观看到，各个地区随着时间推移，每个地区的综合产业承接能力不断加强，即如果仅仅观察某一地区的历年得分情况，那么可以得知每个

地区的综合得分情况逐年增加，并向左倾斜。这里需要注意的是，有的地区得分为负，并不是说该地区没有承接转移产业的能力，标出负号，仅仅是因为起始原点的定位不同造成的。

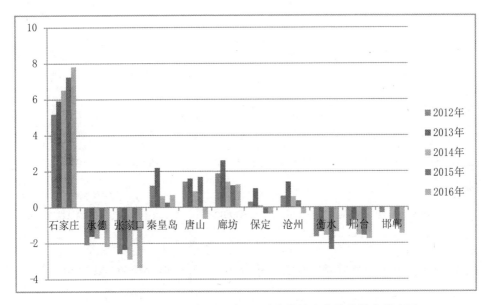

图9-1 2012—2016年河北省11地市承接产业转移综合能力图

（2）直观上看，石家庄、秦皇岛、唐山、廊坊、保定、沧州六个地市的综合得分近年来为正，其中河北省会石家庄变现尤为明显，始终保持在得分排名的首位，另外，秦皇岛、唐山、廊坊、保定、沧州五个地市的承接能力较强，主要是因为他们各自都有其相应独特的优势。比如说石家庄，这里是河北省的省会城市，具有政府投资力度大，人才密集，基础设施建设相对完善，科研机构多，消费能力强等优点。秦皇岛、唐山、廊坊、保定、沧州是环京津的主要地市，他们首先有着地理优势，与京津经贸往来密切。因此从侧面印证了，积极与京津对接，在京津冀协同发展战略中发挥自身优势，勇于承担实施协同发展的责任，必定会促进本地市的经济发展，进一步提高产业承接能力。

（3）从上述计算结果中还能够得出这样一个结论：提高地区转移产业承接综合能力是一项持久的重点工作，这种能力的提高，并不是一蹴而就的，需要长期不懈的努力。

二、河北省各地市产业承接能力各个主成分计算结果分析

（一）河北省各地市产业承接能力各个主成分计算结果（表9-7至9-10，图9-2至9-5）

表9-7　F1各地历年得分情况

F1	2012 得分	名次	2013 得分	名次	2014 得分	名次	2015 得分	名次	2016 得分	名次
石家庄	10.257 174 93	1	10.982 068 4	1	11.282 901 359	1	12.085 518 46	1	12.668 794 5	1
承德	-4.099 094 413	10	-3.567 122 9	10	-3.889 372 32	10	-2.148 179 693	10	-3.245 784 4	10
张家口	-5.031 644 869	11	-4.682 131 3	11	-5.477 575 25	11	-6.827 872 062	11	-4.656 784 1	11
秦皇岛	0.633 072 124	5	2.186 075 78	6	0.840 816 042	4	-0.137 172 645	4	-1.254 788 7	7
唐山	2.082 487 33	4	2.553 342 55	4	2.619 858 32	5	2.729 044 57	6	2.024 588 75	4
廊坊	3.066 963 62	2	4.460 990 24	2	4.375 552 58	2	4.760 794 81	2	2.364 417 71	3
保定	0.180 667 53	6	1.329 440 51	5	-0.205 144 109	6	-0.646 706 01	5	-0.132 554 4	5
沧州	2.422 631 427	3	3.310 559 22	3	2.656 933 072	3	2.370 793 019	3	3.364 711 25	2
衡水	-2.227 451 569	9	-1.629 359 9	8	-2.017 305 244	7	-1.489 699 307	8	-1.778 549 2	9
邢台	-1.890 281 881	8	-1.264 335 7	9	-1.683 790 776	9	-1.251 646 176	7	-1.354 777 5	8

续 表

F1	2012		2013		2014		2015		2016	
	得分	名次	得分	名次	得分	名次	得分	名次	得分	名次
邯郸	−1.227 736 35	7	−0.612 884 6	7	−0.257 213 19	8	−0.181 046 4	9	−0.231 547 8	6

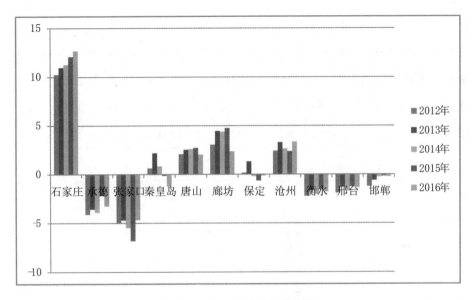

图 9-2 F1 各地历年得分图

表 9-8 F2 各地历年得分情况

年份	2012		2013		2014		2015		2016	
	得分	名次	得分	名次	得分	名次	得分	名次	得分	名次
石家庄	0.119 400 2	6	2.386 112 503	7	2.436 453 9	2	2.332 529 9	2	3.021 457 4	2
承德	0.676 024 9	5	0.911 874 261	5	1.344 111	6	1.501 700 3	5	1.987 451 47	5
张家口	0.906 079 6	4	0.491 920 386	3	1.364 653 3	5	1.359 636 05	3	1.687 412 3	6

年份	2012		2013		2014		2015		2016	
	得分	名次	得分	名次	得分	名次	得分	名次	得分	名次
秦皇岛	1.047 719 8	3	1.187 652 671	4	1.681 097	4	1.636 482 3	6	2.031 257 7	4
唐山	6.076 998 8	1	6.055 468 387	1	6.151 355 3	1	6.712 502 25	1	6.987 451 2	1
廊坊	−1.484 309	9	−1.332 542 082	10	−1.859 117	11	−1.418 097 7	9	−0.856 414 7	11
保定	0.079 059 5	7	0.506 337 964	8	0.603 589	8	0.215 901 8	8	1.321 571 1	8
沧州	−2.113 809	10	−0.358 971 998	9	1.211 971	7	1.527 023 5	10	1.354 587 45	7
衡水	−2.214 784	11	−1.902 629 165	11	0.114 889	9	0.904 898 6	11	1.254 784 14	9
邢台	−0.559 727	8	−0.416 902 491	6	−0.062 990	10	−0.526 996 6	7	0.215 455 77	10
邯郸	2.261 830 6	2	1.834 754 302	2	2.159 779 8	3	2.046 544 82	3	2.312 547 74	3

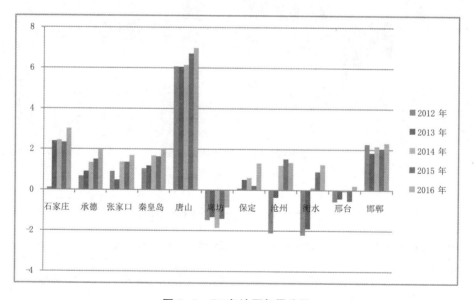

图 9-3　F2 各地历年得分图

表 9-9　F3 各地历年得分情况

年份	2012		2013		2014		2015		2016	
	得分	名次	得分	名次	得分	名次	得分	名次	得分	名次
石家庄	2.846 075 28	1	3.442 089 818	1	3.801 961 53	1	4.293 547 8	1	4.702 847 5	1
秦皇岛	2.750 366 37	2	2.484 580 006	2	2.211 350 81	2	2.263 743 8	2	2.210 123 58	2
廊坊	0.035 745 79	5	0.165 328 338	5	0.030 320 494	7	-0.037 469 7	8	0.980 567 45	3
唐山	1.047 719 8	8	-0.478 995 56	8	-0.557 191 4	8	-0.070 166 2	9	0.663 540 97	5
保定	-0.479 966 1	4	1.144 886 832	4	0.329 928 31	6	0.398 173 36	6	0.533 365 36	6
邯郸	1.018 056 89	3	1.592 990 405	3	0.792 001 16	4	0.238 052 58	7	0.354 791 73	8
张家口	-0.149 900 6	6	-0.349 324 52	7	0.476 331 0	5	0.578 476 7	5	-0.325 728 82	9
承德	-1.769 937 4	9	-1.297 570 05	9	0.863 223 7	3	0.678 614 4	3	0.420 270 46	7
衡水	-0.470 257 0	7	-0.329 357 68	6	-0.337 460 6	9	0.614 648 3	4	0.686 426 281	4
沧州	-2.263 401 5	10	-2.936 682 21	10	-2.236 979 3	10	-1.536 725 6	10	-1.023 593 93	10
邢台	-3.590 770 3	11	-3.374 758 26	11	-3.425 412 8	11	-2.057 745 8	11	-1.436 434 97	11

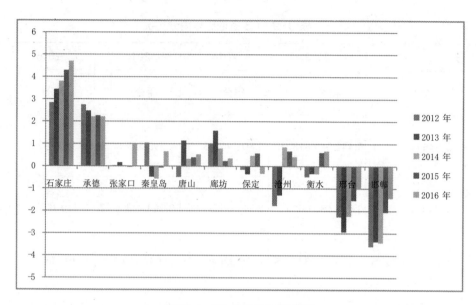

图 9-4　F3 各地历年得分图

表 9-10　F4 各地历年得分情况

年份	2012		2013		2014		2015		2016	
	得分	名次	得分	名次	得分	名次	得分	名次	得分	名次
秦皇岛	2.089 172 4	1	2.202 985 26	1	2.636 547	1	2.710 257 5	1	3.328 663 8	1
保定	1.645 559 3	2	1.775 996 85	2	2.119 770 9	2	2.260 437 7	2	3.125 800 7	2
邯郸	0.122 662 5	4	0.789 272 42	7	1.325 714	3	1.402 218 8	3	2.635 274 3	3
邢台	1.512 162 0	3	1.118 159 73	3	0.196 371 0	7	0.669 759 1	6	0.034 180 5	10
衡水	0.132 494 9	7	-0.509 526 7	6	1.017 142	5	1.201 959 9	4	1.848 824 8	4

续　表

年份	2012		2013		2014		2015		2016	
	得分	名次	得分	名次	得分	名次	得分	名次	得分	名次
张家口	−0.738 915	6	−0.367 423 1	9	−0.919 588	9	0.482 176 8	7	1.486 886 9	5
廊坊	0.440 137 7	5	0.234 376 14	5	1.043 136	4	0.214 576 7	8	1.356 867 5	6
石家庄	0.597 389 5	8	−0.527 170 6	4	0.282 755 3	6	−0.323 345 89	9	1.013 661 8	8
沧州	−0.361 955	10	−1.299 459 6	8	−1.035 358	10	−0.530 255 8	10	1.036 749 5	7
承德	−0.974 122	9	−0.627 789 6	10	−0.254 609	8	1.023 785 0	5	0.257 708	9
唐山	−4.578 450	11	−4.453 352 2	11	−4.458 763	11	−3.102 432 1	11	−2.412 620 6	11

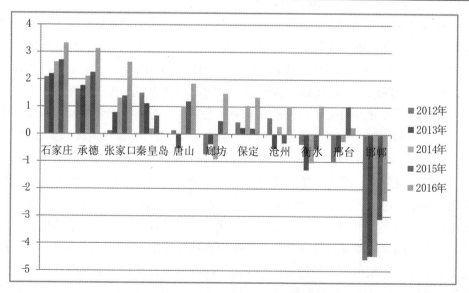

图 9-5　F4 各地历年得分图

（二）河北省各地市产业承接能力各个主成分计算结果评价

F1 是主要包括的是产业吸引力因子，它是产业承接能力建设的前提和基础，与承接地的基础设施水平、市场潜力等因素密切相关。在这个因子的得分上，衡水、张家口排名第 10、11，整个河北省的排名都比较靠后的有衡水、邢台、张家口、承德，因此对于这四个地市而言，产业吸引力的提高是当务之急。而排名靠前的分别是唐山、廊坊、石家庄、秦皇岛，除了张家口，环京津的其他城市都具有较强的产业吸引力。这主要是因为自身所具有的地理优势、经济发展水平优势，在优化发展环境、推进基础设施建设方面取得了很大的进展，这也恰恰是产业吸引力评价的主要方面，所以唐山、廊坊、石家庄在这项指标上能够名列前茅。

F2 是产业选择力因子，产业选择力是指承接地政府在综合考虑经济、社会、生态效益基础上对产业转移项进行认识、判断、筛选的能力。在产业选择力的得分上，环京津的地市中经济综合实力排名靠前的唐山、保定，以及作为省会的石家庄，仍然排在前列，这些城市以较强的经济实力，带动了科学技术研究和信息系统开发，也能够吸引更多的人才，这些优势使得它们能够在选择承接产业方面有更强的实力。

F3 是产业支撑力因子，产业支撑力是产业转移承接力建设的关键内容。较强的支撑力既是承接产业转移的客观要求，又是转移产业进一步发展的前提。在该项因子上，石家庄、秦皇岛、唐山都有较高的得分，说明这些地区在劳动力供给、生产效率水平、基础服务设施等方面都有较好的基础，冀南除邯郸外，邢台、沧州产业支撑能力较弱，分别排名 10、11。

F4 是产业发展力因子，是指产业承接地使转移进来的产业规模不断扩张、优势地位不断递进，进而推动产业结构不断高度化和合理化，从而促进经济可持续发展的能力。石家庄、沧州、保定、唐山在产业发展力因子得分上排名特比较靠前，依次排列前四位。这些地区有较强的后续发展能力，承接产业转移以后可以利用其拥有的各方面的优势，包括成本要素优势、生态环境优势以及技术发展优势等，对所承接的产业进行消化吸收和创新，实现原有产业与承接产业的融合，促进经济社会的不断发展。

在综合得分上，城市竞争力排名靠前的几个城市也仍然是位居榜首，包括石家庄、保定、唐山、廊坊、沧州，因此在一定程度上可以说，经济竞争力强劲的城市在产业承接上也仍然具有不可比拟的优势，但是经济竞争力与承接能力始终是两个不同的衡量指标，像秦皇岛、张家口这些经济发展稍微落后的城市在承接能力上也能够有相对较高的得分，反映出了这些地区在承接产业转移以后具有较大的发展空间和较强的发展后劲。

第十章 提升河北省产业能力和辐射效应的途径

第一节 提升河北省产业能力的途径

一、以全面深化改革增强发展动力和活力

围绕我省"十三五"时期经济社会发展，以经济体制改革为重点，着力推进供给侧结构性改革，积极承担国家改革试点任务，支持有条件的地区先行先试，加快释放深化改革新红利，加快形成引领经济发展新常态的体制机制和发展方式，推动实现更高质量、更有效率、更加公平、更可持续的发展。

（一）深化行政体制改革

积极转变政府职能，协同推进简政放权、放管结合、优化服务。大力实施减权放权，除涉及国家安全、生态安全和公众健康等重大公共利益事项外，其他审批事项能取消的坚决取消；深化行政审批规范化、标准化建设，规范行政审批行为，提高审批效率；强化市场监管，创新监管机制和监管方式，提高监管效能。积极稳妥地实施大部门制，理顺部门职责关系，建设人民满意的服务型政府。加快事业单位分类改革，完善绩效工资制度。全面推行权力清单、监管清单、负面清单、责任清单制度，划定政府与市场、企业、社会的权责边界，打造阳光政府。优化政府职能和业务流程，建设电子政务网上综合服务平台，办好网上政务服务中心，提高服务效率，提升服务水平。深化商事制度改革，全面推行"三证合一、一照一码"，积极推进"多证合一"，进一步改进市场主体注册条件，完善网上申请注册登记功能，为市场主体提供优质高效的服务，使我省万人市场主体数量尽快达到并超过全国平均水平。

（二）深化国有企业改革

推进国有企业实行分类改革、分类发展、分类监管、分类定责、分类考核。

完善现代企业制度，加快推动集团层面股份制改革，健全法人治理结构，建立国有企业领导人员分类分层管理制度，完善企业薪酬分配制度，深化企业内部用人制度改革，形成优胜劣汰市场化经营管理机制。完善国有资产管理体制，以资本为主推进国有资产监管机构职能转变，改革国有资本授权经营体制，推进经营性国有资产集中统一监管，优化国有资本布局和结构，加大重组整合，加快劣势企业和低效无效资产退出。探索公有制多种有效实现形式，加快推进国有企业上市，支持非国有资本参与国有企业改革，探索实行混合所有制企业员工持股，建立激励约束长效机制。加强内外部监督，坚决防止国有资产流失。

（三）大力发展民营经济

加快完善落实支持民营经济、激活民营投资的政策措施，依法平等保护民营经济主体产权和合法权益，保证民营经济主体依法平等使用土地、信贷资金等生产要素，实行统一的市场准入和监管，保证民营经济主体公平参与市场竞争。鼓励民间资本参与

基础设施、市政公用事业、金融服务等领域建设。积极支持和引导民营企业调整产业结构，开展民营企业建立现代企业制度试点示范，加快改革、改组和改造，加强企业管理，提升企业档次，推进企业联合重组，打造一批市场前景广阔、规模效益明显、行业领先的优势企业和企业集团。到 2020 年，民营经济增加值占全省生产总值达到 75% 左右。

（四）大力推进金融创新

（1）培育金融主体：加快推进京津冀金融政策一体化，探索组建京津冀发展银行，建设京津冀金融后台服务基地，积极引进各类金融机构入驻河北。着力培育壮大地方金融体系，改革地方国有金融资本授权经营体制，探索组建河北金融控股集团、河北金融资产管理公司，做大做强城市商业银行，深化农村信用社改革，鼓励社会资本发起设立民营银行、小额贷款公司、民间资本管理公司。深化与互联网巨头战略合作，打造一批行业地位居前、特色鲜明、竞争力强的 P2P 网络借贷平台、众筹、第三方支付、电商金融、大数据金融等标杆性企业，建设大数据交易所。支持有条件的金融机构建设创新型互联网平台，开展网络银行、网络证券、网络保险、网络基金销售和网络消费金融等业务。

（2）推动金融业态创新：鼓励发展天使基金、创业投资、产业投资等各类型股权投资基金，加快发展融资租赁。规范发展互联网金融，全面提升互联网金融服务能力和普惠水平，鼓励互联网与银行、证券、保险、基金的融合创新，为大众提供丰富、安全、便捷的金融产品和服务。支持金融机构和互联网企业依法合

规开展网络借贷、网络证券、网络保险、互联网基金销售等业务。积极引导风险投资基金、私募股权投资基金和产业投资基金投资于互联网金融企业。发展壮大燕赵财产保险公司，鼓励保险公司创新保险营销模式，开展互联网保险等新兴业态。建立巨灾保险制度，推进环境污染、食品安全、医疗等领域责任保险发展，积极发展小微企业贷款保证保险。

（3）完善中小企业融资担保体系：健全中小企业融资担保体系，形成由政府出资的融资担保中心、企业之间的互助性担保机构、商业性担保公司和专项担保基金四个层次组成的中小企业融资担保机构体系，促进担保资金来源多元化。优化担保机构内控机制，形成科学的担保业务流程、合理的组织架构和完善的管理制度。

（4）健全地方金融监管体制机制：建立存款保险、投资者保护和保险保障制度，提高金融风险识别、预警和控制能力，守住不发生系统性区域性金融风险的底线。利用互联网技术，改进和完善金融监管，提高金融服务安全性，有效防范互联网金融风险及其外溢效应。

（五）深化财税体制和投融资体制改革

（1）深化财税体制改革：建立现代财政制度，合理划分省与市县政府间事权和支出责任，进一步理顺省以下政府间财政收入划分；完善转移支付制度，清理、整合、规范专项转移支付，建立以一般性转移支付为主、专项转移支付为辅的省以下转移支付体系；完善政府预算体系，推进全口径预算管理改革，建立全面规范、公开透明的现代预算制度；实行绩效预算管理，建立全过程绩效预算管理新机制；改进预算控制方式，建立跨年度预算平衡机制，实行中期财政规划管理；强化地方债务管控，建立举债融资机制，控制和化解地方政府债务风险；推进国库集中收付改革，规范国库资金管理，逐步建立权责发生制的政府综合财务报告制度。全面落实中央税制改革部署，完成营改增，改革增值税，推进消费税、资源税及房地产税分类改革，建立环境保护税制度及综合与分类相结合的个人所得税制度。深化国税、地税征管体制改革。

（2）大力推进投融资体制改革：进一步精简投资审批事项，严格落实企业投资决策自主权。创新投资管理方式，建立投资项目在线审批监管平台和协同监管机制。创新政府资金扶持产业发展模式，设立产业引导股权投资基金，着力发挥财政资金的引导和放大作用。以轨道交通、地下综合管廊等城市基础设施及公共服务领域为重点，积极推行政府和社会资本合作模式。

（3）建立有利于化解过剩产能的体制机制：探索建立省级产能指标市场交易

平台，完善银企对接机制，鼓励商业银行加大金融信贷支持，争取国家政策资金支持，落实兼并重组的相关税费优惠和"三补一降"援企稳岗政策。改进产业发展调控方式，由主要依靠行政手段向综合运用市场、法律等手段转变。

（六）深化价格机制改革

加快完善主要由市场决定价格机制，建立健全政府定价制度，减少政府对价格形成的干预，加强市场价格监管和反垄断执法，全面放开竞争性领域商品和服务价格，推进农产品、能源、医疗服务、公用事业等重点领域价格改革，充分发展价格杠杆作用，促进节能环保和结构调整，推进经济转型升级。到2017年，竞争性领域和环节价格基本放开，政府定价范围主要限定在重要公用事业、公益性服务、网络型自然垄断环节。到2020年，市场决定价格机制基本完善，科学、规范、透明的价格监管制度和反垄断执法体系基本建立，价格调控机制基本健全。

（七）深化农村改革

（1）深化农村集体产权制度改革：深化农村土地制度改革，坚守土地公有性质不改变、耕地红线不突破、农民利益不受损"三条底线"，落实集体所有权，稳定农户承包权，放活土地经营权，开展农村土地征收制度改革试点，深化农村土地承包经营制度改革，健全耕地保护和补偿制度。基本完成农村土地承包经营权确权、登记和颁证，深入推进农村集体经济股份合作制改造，将资产折股量化到本集体经济组织成员，建立省级农村产权交易中心，加快建设县级农村产权交易平台，统筹农村各类产权交易。到2020年，实现全省农村产权交易平台全覆盖。稳步推进农业水价综合改革。深化集体林权制度改革，吸引社会资本投资林业建设。

（2）加快构建新型农业经营体系：规范引导土地流转，鼓励承包农户依法采取转包、出租、互换、转让、入股、托管等形式，发展多种形式适度规模经营，积极发展家庭农场。加强农民合作社规范化建设，构建农户、合作社、企业之间互利共赢的合作模式，让农民更多分享产业链增值收益，到2020年，省、市、县三级示范社数量达到6 000家。积极发展农村股份合作经济，探索按劳分配和按股分配相结合的多种有效实现形式，培养职业农民队伍，扶持有技能和经营能力的农民工返乡创办家庭农场、领办农民合作社，创立农产品加工、营销企业和农业社会化服务组织。全面深化供销合作社综合改革，构建以现代农业生产、农村现代流通、农村合作金融、新型农民培训、农村产权交易和农机专业化为重点的为农服务体系。推进国有林场改革，明确生态公益功能定位。推进国有农场改革发展，形成具有影响力和竞争力的企业集团。

（3）健全农业支持保护制度：建立农业农村投入稳定增长机制，把农业农村作为财政支出的优先保障领域，切实提高涉农资金投入绩效，引导带动金融和社会资本投向农业农村。落实国家农产品市场调控制度和农产品收储政策，加强粮食现代仓储物流设施建设，创新农产品流通方式。完善农业补贴制度，开展"农业支持保护补贴"改革试点，调整部分存量资金和新增补贴资金向各类适度规模经营的新型农业经营主体倾斜。加快农村金融制度创新，健全金融机构农村存款主要用于农业农村的制度。探索建立"政府＋保险＋银行"合作机制和县乡村三级金融服务新模式，加快形成多层次、多元化的金融服务格局。积极稳妥开展农村承包土地的经营权、农民住房财产权、林权抵押贷款机制改革创新，拓宽"三农"直接融资渠道。

（八）创新协同发展体制机制

推进与京津改革同步，加快破除制约协同发展和要素流动的体制机制障碍，建立优势互补、互利共赢的区域一体化发展制度体系。

（1）推进要素市场一体化：推进金融市场一体化改革，加强与京津各类资本市场的分工协作，开展金融及金融服务机构的业务合作与资源共享，推进异地存储、支付清算、保险理赔、信用担保、融资租赁等业务同城化。推进信息市场一体化改革，加快建设区域一体化网络基础设施，与京津统筹规划部署新一代宽带无线移动通信网，实质性推进三网融合，整合区域信息资源，打破信息壁垒，强化互联互通。推进人力资源市场一体化改革，加快与京津建立劳务对接、就业协作机制，推动建立人力资源合理配置信息交流渠道，加快建立高层次人才信息库，制定实施京津冀人才帮扶计划，共享高端人才资源。

（2）推进公共服务一体化：推进京津冀高等教育考试招生制度改革，扩大部属高校在冀招生规模，开展同城化试点，推动逐步实现联考联招。支持京津医疗机构通过合作办医、设立分院、整体搬迁等形式向河北布局，完善医疗保险转移接续和异地就医服务政策措施，加快建立完善分级诊疗和远程医疗体系，深化与京津公共卫生联防联控。积极促进社会保险服务一体化，实现与京津社会保险关系转移接续。与京津共同探索公共文化服务投入、建设、运行、管理的新路径、新机制，构建辐射毗邻地区的公共文化服务体系。

（3）深入开展试点示范：在曹妃甸协同发展示范区等共建园区，开展统一规划、统一建设、统一招商、统一管理试点，建立责任分担、利益共享机制。在张承地区开展碳排放权交易、生态资源资产化、生态共建投融资机制试点，在环京津周边地区先行开展高等教育、社会保障、医疗卫生等方面的同城化试点。开展跨地区购买养老服务试点，与京津联合开展跨区域基础设施项目政府与社会资本合作（PPP）试点。

二、以全面扩大开放提升发展层次和水平

坚持以开放促改革、促发展、促转型，牢固树立全方位开放、区域协同开放的理念，积极融入"一带一路"战略，大力"引进来"，积极"走出去"，构建开放型经济新体制，加快培育国际合作和竞争新优势，为经济发展注入新动力、增添新活力、拓展新空间。

（一）构筑开放新平台

（1）培育开放特殊功能区：借鉴推广上海自贸区试点经验，积极对接天津自贸区，复制推广国内自贸试验区在投资管理、贸易便利化、服务业开放以及事中事后监管等方面的创新制度经验。建设好石家庄空港、曹妃甸综合保税区，设立黄骅港等综合保税区。支持有条件的县（市、区）设立保税物流中心、保税仓库或出口监管仓库等保税监管场所。充分运用海关特殊监管区域和场所的制度平台优势，创新贸易模式，发展大宗商品期货保税交割业务。抓住北京建设新机场、京张联合举办冬奥会的机遇，加快建设廊保空港新区和奥运经济板块，打造环首都地区开放新载体。提速唐山港、秦皇岛港蒙古国出海口和黄骅港陆海联合国际物流中心建设，谋划开通石新欧、冀蒙俄国际货运班列，加密集装箱航线，积极开辟国际远洋航线，打造"一带一路"国际综合物流通道。加快石家庄、邢台、邯郸、保定、张家口等市"无水港"建设。

（2）建设一批国别（地区）产业园：采取差异化招商策略，实施差别化扶持政策，精心谋划一批在空间布局、产业特色及生活配套设施等方面符合外商投资意向和偏好的国别特色产业园区。力争每个设区市至少建设一个国别（地区）产业园区，沿海和环京津地区要率先实现突破。强化示范引导，集中力量打造若干规模大、质量好、产业层次高的国别（地区）产业园区，重点推进中日韩（曹妃甸）循环经济示范基地、高碑店中德节能门窗产业园、沧州中欧产业园、中日（冀州）复合材料产业国别园等建成产业高端化、环境国际化、管理现代化的开放合作示范区。

（二）培育外贸竞争新优势

（1）大力推动外贸结构调整：优化出口贸易结构，加大对机电、高新技术等高附加值产品出口扶持力度，培育以技术、品牌、质量、服务为核心的出口竞争新优势，支持农业、林业、轻工、纺织等劳动密集型出口行业创新发展，加快形成特色鲜明和竞争力强的出口产业集群。扩大出口贸易区域范围，深耕欧美和日

韩及港台等传统市场，继续拓展俄罗斯、印度及中东、非洲、拉美等新兴市场，不断加强与东盟及智利、秘鲁、新西兰、瑞士等自贸区市场的贸易合作。积极扩大进口，扩大河北省产业发展需要的铁矿石、精品钢、煤炭、农产品等重要能源资源和原材料进口，增加先进技术、重要设备和关键零部件进口，特别是新技术、新材料和节能环保等有利于转型升级的产品进口。大力发展服务贸易，加快发展基于"大物移云"等新技术的服务产业，推动软件和信息技术服务出口企业做大做强，加快发展科技服务和技术出口；加大旅游、物流等服务业对外开放；培育和扩大文化、金融等新兴服务贸易，提高服务贸易在对外贸易中的比重。积极发展服务外包，力争离岸服务外包年均增长 2W 以上。

（2）加强外贸基地建设：实施外贸基地出口倍增行动计划，高水平建设一批外向度高、特色鲜明的国家级、省级外贸基地和服务外包示范区，引导产业集群参与国际市场竞争。支持外贸基地建设研发设计等公共服务平台，对外贸基地和基地企业，优先赋予配额资质、使用政策资金、安排展会展位。

（3）大力培育出口品牌：实施出口品牌培育计划，重点支持具有自主知识产权、自主品牌企业及成套设备出口企业。建立出口品牌评价、推广和保护体系，鼓励企业开展境外商标注册、出口认证和宣传推广，提高"河北制造"的国际知名度和市场竞争力。

（4）支持发展新型贸易方式：鼓励企业借助第三方或自建平台，开展跨境贸易电子商务。完善电子口岸功能，建成信息流、物流和资金流"三流合一"的跨境电子商务公共服务平台。增强白沟箱包、辛集皮革等特色交易市场的外贸功能，培育一批具有示范效应的内外贸结合专业市场。引进和培育一批外贸综合服务企业，为外贸企业提供物流、通关、信保、融资、收汇等综合服务。在具有较强辐射效应的俄罗斯、南非及中东等重点市场，打造若干海外展销平台，重点支持机电、新能源、卫生陶瓷等行业的优势企业在海外设立自主营销和服务网络。

（5）营造良好贸易环境：加强电子口岸和国际贸易单一窗口建设，深入推进京津冀区域通关、检验检疫一体化，改革口岸监管服务模式，推进关检"三个一"合作，实现口岸管理相关部门"三互"，提高通关效率，促进贸易便利化。认真落实国家和我省已出台政策措施，优化口岸合作，优化出口退税管理机制，扩大出口信保覆盖面，加强对有出口订单企业融资支持。强化贸易摩擦和产业损害预警监测，完善贸易摩擦应对联动机制，增强涉案企业应对意识和能力。

（三）开创利用外资新局面

（1）创新招商引资方式：以品牌化、国际化、市场化为方向，整合提升各类经贸活动，办好中国—中东欧地方领导人会议、中国—拉美企业家高峰会、唐山世界园艺博览会，创新中国·廊坊国际经济贸易洽谈会等重大经贸活动举办方式，重点培育支持 1 至 2 个国家级、国际性经贸展会，有条件的设区市可因地制宜重点谋划培育 1 至 2 个地方特色专业性展会。实施境外招商"窗口前移"，在重点招商国别地区开展委托招商和驻点招商，以国际友好城市为纽带，在政府高层互访、部门对口洽谈、企业深度对接、民间友好交流 4 个层面形成长效机制。

（2）实施精准招商：开展产业链招商，围绕结构调整谋划一批产业龙头项目和协力配套项目，锁定目标区域、目标产业和目标企业，提高招商引资的精准度和命中率。加强与香港和台湾在电子信息、物流、金融保险、旅游、基础设施等领域的合作，加强与日本和韩国在汽车、造船、石化、工程机械、食品工业等领域的合作，加强与欧洲和美国在数控机床、精密仪器、生物工程、新材料、新能源等领域的合作，不断提升合作深度和广度。

（3）拓宽利用外资领域：创新利用外资管理体制，实行准入前国民待遇加负面清单管理模式。扩大制造业开放，进一步放开对一般制造业的股比限制，更加注重引进先进技术、先进管理经验和理念。进一步开放金融领域，大力引进外资金融机构，吸引有实力的境外金融企业来我省设立分支机构。大力开放现代物流业，鼓励外商投资物流设施、物流网络、信息配套服务等，吸引更多的国际知名物流企业落户。促进教育、文化、旅游、健康养老等领域对外开放。实施引智五大计划，促进引资与引智相结合。鼓励外资以参股并购等方式参与我省企业兼并重组，鼓励优势企业境外上市融资，探索发行境外债券等融资途径。拓宽间接利用外资渠道，进一步优化外债结构，采用政策导向型、结果导向型等新型贷款工具，获取世界银行、亚洲开发银行低成本长期贷款。

（四）探索"走出去"新路径

（1）打造国际产能合作新样板：抓住国家将河北作为国际产能和装备制造合作示范省契机，以优势产能国际合作为重点，鼓励优势企业在全球范围内配置资源，在境外建立长期稳定战略资源供应基地和生产制造基地。积极参与"一带一路"沿线国家石油化工、建筑建材、能源电力、交通路桥、水利电力、勘察设计等工程建设，带动设备、原材料出口和对外劳务输出。加强分类指导，推动与中东欧、拉美国家合作取得更大突破，鼓励钢铁、水泥、玻璃等企业通过产能合作拓展周边国家和非洲、北美、欧洲市场，支持有实力的企业在西欧及美国、日本、韩国等发达国家开展以获取技术、人才等高端要素为目的并购投资，引导企业加大对澳洲、非洲、拉美、中亚及俄罗斯、蒙古等地区能源资源开发力度。创新合作模式，鼓励优势企业积极参与境外产业集聚区、经贸合作区、经济特区等合作园区建设，培育一批河北跨国公司。推进一批重大境外生产基地项目、资源开发基地项目和境外工业园项目，力促早落地、早投产。"十三五"时期，对外投资年均增长15%，境外建设钢铁产能1 000万吨、水泥产能1 000万吨、玻璃产能1 000万重量箱。

（2）完善服务监管机制：加快建立扶持企业"走出去"产业引导股权投资基金，完善信息服务、融资支持、风险防范、项目对接等公共平台，为企业"走出去"创造条件、提供便利。健全境外投资事前事中事后综合监管体系，落实企业境外投资自主权。规范对外承包工程项目竞争秩序，加强对外劳务合作的规范管理。

（五）构建区域合作新格局

贯彻落实《环渤海地区合作发展纲要》，建立、完善省际双边合作机制，协商合作发展框架和重大事项，在基础设施互联互通、能源资源合作开发利用、产业、港口、物流等领域进行深度合作。发挥我省港口资源优势，打造内陆腹地地区出海口；加强与陕西、内蒙古、宁夏、新疆等"一带一路"沿线省区的合作，加快推进蒙晋冀（乌大张）长城三角合作区建设，利用沿边省区对外开放平台，推动我省优势产能和产业向国外转移。广泛参与中原经济区分工协作。加强与长三角、珠三角等发达地区的交流与合作，引资与引智并重，推动我省制造业、现代服务业、战略性新兴产业发展与提升。加大与央企、重点骨干民企的合作，吸引国内优质要素向我省聚集。按照中央部署，继续在资金、干部人才等方面对口支援新疆巴州、新疆兵团第二师、西藏阿里地区和重庆三峡库区丰都县，同时大力开展产业合作。

第二节　提升河北省辐射效应的途径

一、精准推进京津冀协同发展任务落实

立足京津冀区域整体功能定位和河北省"三区一基地"定位，精准确定功能分区，精准承接北京非首都功能疏解和产业转移，精准打造发展平台和载体，以交通、生态环保、产业三个重点领域率先突破为着力点，聚焦承接疏解、补齐短板，推动京津冀协同发展战略在我省全面落实。

（一）积极承接北京非首都功能疏解

坚持政府引导与市场主导相结合，集中承接与分散承接相结合，根据需要疏解的非首都功能特点和我省发展条件，明确承接重点、次序、方式和区域，实施分类指导，搭建承接载体，创新承接方式，优化承接环境，确保非首都功能转得来、稳得住、能发展。

（1）明确承接对象及重点：重点承接各类产业转移，特别是对严禁进入北京的京外中央企业总部、科技创新成果转化型企业、制造业零部件配套加工企业，引导其向省级以上经济开发区、高新技术产业园区、交通沿线重点产业园区和沿海重化工业基地转移。积极承接教育、医疗、健康养老和培训机构等社会公共服务功能疏解，特别是对严禁在北京审批或升格的高等教育单位、综合性医疗机构，重点向教育医疗资源相对集中、基础雄厚、生态环境良好的地区布局。有序承接区域性物流基地、专业市场等部分第三产业，特别是对严禁在北京设立的信息中心、后台呼叫中心、数据中心等金融后台机构，重点由商贸物流业发展势头较好、具有比较优势的地区承接，并通过发展电子商务、连锁经营、品牌营销等方式，促进产业转型升级。主动承接行政性、事业性服务机构及社会组织和企业总部疏解，特别是对严格控制成立或迁入北京的事业性服务单位、社会团体以及行政性、事业性服务机构，重点由位于首都"半小时通勤圈"内的生态环境优、商务成本低、生活品质高的重点城镇承接。

（2）加快推进"微中心"建设：按照"突出重点、统筹兼顾"的原则，综合考虑区位、交通、土地、水资源和能源保障、环境承载、人口及经济社会发展状况等，依托中小城市，沿京广、京九、京沪、京哈、京沈、京张等铁路和高速公路通道，布局建设一批定位明确、特色鲜明、职住合一、规模适度、专业化发展的"微中心"，发挥比较优势，科学合理有序地承接北京非首都功能疏解，以及聚集发展要求较高的产业或生产环节转移。

（二）推动重点领域率先突破

围绕京津冀协同发展的主要目标任务，着力推动交通一体化、生态环境保护和产业升级转移等重点领域率先突破，为协同发展起到支撑、示范和带动作用。

（1）推进交通一体化发展：坚持协同发展交通先行，着眼京津冀城市群整体空间布局，适应疏解北京非首都功能和产业升级转移需要，加快重大交通一体化项目建设，构建"四纵四横一环"网络化格局。优先完善北京与沿海、北京与周边、设区市与京津之间的路网布局。加快建设"轨道上的京津冀"，重点推进京唐、京张、京沈、京衡等铁路建设，形成便捷的快速客运通道；推进北京新机场"五纵两横"配套交通项目建设，完善临空经济区交通网络以及与北京之间的快速轨道交通；推进北京城市轨道交通延伸项目，积极谋划亦庄至廊坊、房山至涿州、大兴至固安、通州至燕郊轻轨项目建设，加快北京与周边轨道通勤交通发展。加快"对接路"建设，全部打通我省境内与京津交界的"断头路"、拓宽"瓶颈路"，推进京津冀交通环线通道建设，完善设区市通达京津的多通道高速公路网络。构建统一开放的运输市场，提升一体化运输服务管理水平。到 2020 年，区域一体化现代综合交通网络基本形成。

（2）加强生态环境共建共享：按照"统筹谋划、严格标准、重点突破、联防联控"的原则，划定和严守生态保护红线，建立区域环境监测预警、信息共享和协调联动机制，对区域内排污企业实行一体化台账式管理，推进跨区环境联合监察、跨界交叉执法、环评会商、区域污染联防联控。与京津联合开展污染防治技术攻关，持续推进科学治霾、精准治污。探索开展跨区域排污权交易，建立水权交易平台，深入推进碳排放权交易。加快区域生态屏障建设，实施山水林田湖生态修复工程，构建京津保生态过渡带、坝上高原生态防护区、燕山—太行山水源涵养区、低平原生态修复区和沿海生态防护区"一带四区"的生态安全格局。携手京津建立区域生态环境保护基金和横向生态补偿机制，重点支持生态建设和环境保护领域的重大工程。到 2020 年实现区域生态环境质量明显好转。

（3）推进产业对接协作：积极推进京津冀区域产业布局调整和产业链重构，把承接京津产业转移与加快自身转型升级有机结合起来，借力京津在更高层次上参与区域产业分工协作，实现与京津的错位发展，打造产业发展新优势。

（4）打造跨区域优势产业链：围绕汽车、新能源装备、智能终端、大数据、现代农业、生物医药等产业链条长、协同发展基础较好的重点领域，着力增强配套生产能力，提升加工制造水平，加快科技成果转化，拓展研发营销服务，与京津共同构建从研发设计到孵化转化、从总部经济到生产基地、从整机组装到零部件制造等多种形式的产业链条，逐步形成协作共赢的产业发展模式。

（5）搭建产业合作平台：积极探索与京津共建共管共享园区新模式，重点推进北京新机场临空经济区、曹妃甸协同发展示范区、冀南新区产城融合发展示范区、亦庄永清高新技术产业开发区、渤海新区北京生物医药产业园、冀津涉县天铁循环经济产业示范区、芦台汉沽协同发展示范区、中关村海淀园秦皇岛分园等合作园区建设，进一步完善园区基础设施和配套公共服务，利用京津品牌优势开展联合招商，争取央企和国内行业领军企业率先入驻，吸引相关产业和协作企业聚集发展，打造新的产业发展增长点。到 2020 年，与京津优势互补、分工协作、创新驱动、协同发展的产业格局基本形成。

二、推进全省区域协调发展

按照"一核、双城、三轴、四区、多节点"京津冀空间发展格局及其功能指向，实施主体功能区战略，依据主体功能区定位，重点打造四个战略功能区，构建要素有序自由流动、主体功能约束有效、基本公共服务均等、资源环境可承载的区域协调发展格局。

（一）着力打造环京津核心功能区

保定平原地区和廊坊市，依托独特的区位优势，着力提升非首都功能疏解和京津产业转移承接能力，规划建设白洋淀科技城、北京新机场临空经济区和京南科技成果转化试验区等功能承接平台，加快建设科技研发和成果转化基地，大力发展战略性新兴产业、现代服务业、都市现代农业和先进制造业，打造全省创新发展先行区，加快形成与京津功能互补、协调联动、产业层次高、创新能力强、引领协同发展的核心区域，成为河北发展的新增长极，推动京津保地区率先联动发展。

保定市，重点发展汽车及零部件、新能源、航空航天及新材料、节能环保和智能制造等先进制造业，积极发展现代农业，提升现代服务业水平，努力建设先进制造业和战略性新兴产业基地、京津冀协同创新试验区、新型城镇化和城乡统筹示范区、绿色低碳宜居生态文明新区。廊坊市，以生态、智能、休闲、商务为发展方向，重点发展电子信息、新材料及节能环保、先进制造、生物医药、会议会展、现代物流等产业，努力将廊坊建设成京津产业转移提升的承载地、全国科技创新成果孵化转化基地、战略性新兴产业和现代服务业聚集区。

（二）着力打造沿海率先发展区

唐山、沧州、秦皇岛，抓住国家实施"一带一路"战略的重大机遇，推进《河北沿海地区发展规划》、《京津冀协同发展规划纲要》、《环渤海地区合作发展纲要》实施中的有机融合，发挥发展空间广阔、开放条件优越、发展势头强劲的优势，深入推进开放开发，优化港口功能布局，完善集疏运体系，强化要素聚集、项目聚集、产业聚集，大力发展临港产业，壮大战略性新兴产业，推动港产城互动，实现沿海经济新突破，形成与生态保护相协调的滨海型产业聚集带、城镇发展区和河北开放型经济的引领区，打造支撑全省发展的战略增长极。着力承接新型重化工业的转移升级，大力发展先进制造业、战略性新兴产业、生产性服务业及海洋经济；建设和提升临港产业园区，高标准推进滨海新城新区建设，把曹妃甸建设成为世界一流石化产业基地，把渤海新区建设成为国际先进的合成材料、生物医药和装备制造业基地，把北戴河新区建设成为生命健康产业创新示范区，构建沿海经济带与腹地经济区优势互补、良性互动、连接顺畅、协调发展的新格局。

　　唐山市，推进率先转型发展，大力发展循环经济，重点发展精品钢铁、高端装备、石油化工、现代物流等现代产业，建成东北亚地区经济合作窗口城市、环渤海地区的新型工业化基地、首都经济圈的重要支点。沧州市，重点发展石油化工和精细化工、汽车制造、清洁能源、生物医药、现代物流等产业，打造京津冀城市群重要的产业支撑基地、国家重要化工和能源保障基地、冀中南地区及纵深腹地重要出海口。秦皇岛市，突出滨海、生态、旅游、科技特色，加快港口转型升级，重点发展高端装备、电子信息、休闲旅游、健康养生等产业，努力建设国际滨海休闲度假之都、国际健康城和科技创新之城，打造绿色发展"国际名片"。

（三）着力打造冀中南功能拓展区

　　石家庄、邯郸、邢台平原地区和衡水市，充分发挥产业基础良好、自然资源丰富、增长潜力较大的优势，重点承担科技成果产业化、高新技术产业发展和农副产品供给功能，努力成为全省转型升级的重要引擎、城乡统筹的重要示范区。加快对接引进京津战略性新兴产业、现代服务业，推进冶金、建材、纺织服装等传统产业改造升级和布局优化，重点发展生物医药、高端装备、电子信息、节能环保等先进制造业和现代商贸物流、现代农业，促进产业结构向中高端迈进。加大正定新区、冀南新区、邢东新区和滨湖新区等重点平台建设，加快交通沿线主要城镇发展，提高综合承载和辐射带动能力，加强环境治理与生态建设，促进城乡一体化发展。

　　石家庄市，强化科技创新和文化引领，促进高端要素集聚，突出综合交通枢纽地位，重点发展生物医药、新一代信息、高端装备、节能环保、商贸物流等产业，搬迁和改造传统产业，建成全省经济中心、国家重要的综合交通枢纽和物流中心。邯郸市，全面推进化解过剩产能和污染防治，重点发展先进装备制造、精品钢铁、新能源及新能源汽车、新材料、现代物流等产业，建设全国重要的先进制造业基地和区域性商贸物流中心。邢台市，加快产业转型升级和生态环境治理，重点发展先进装备制造、新能源及新能源汽车、节能环保、现代农业、现代服务业等产业，努力建成国家新能源产业基地、产业转型升级示范区和冀中南物流枢纽城市。衡水市，加快借力借势跨越赶超步伐，重点发展装备制造、食品加工、节能环保、纺织服装、现代农业等产业，努力建成京津冀中南部交通物流枢纽、安全食品和优质农产品生产加工配送基地、生态屏障保障基地、技术成果转化基地、教育医疗休闲养生功能疏散基地。

（四）着力打造冀西北生态涵养区

张家口、承德及燕山、太行山山区，充分发挥生态系统较为完整、环境质量相对较好、水资源比较丰富的优势，重点提升生态保障、水源涵养、旅游休闲、绿色产品供给等功能。以承办冬奥会为契机，加快生态低碳城镇建设，大力发展清洁能源、新材料、装备制造、农副产品加工、文化旅游、休闲观光、健康养生等产业，构建绿色生态产业体系。加强生态建设和环境保护，建设坝上高原生态防护区和燕山、太行山生态涵养区，打造京津冀生态屏障，建成全国生态文明先行示范区。

张家口市，牢牢抓住与北京联合承办冬奥会的历史机遇，重点发展大生态、大旅游、大健康和新能源、高端制造等产业，努力建成国家可再生能源示范区、国际休闲运动旅游区和国际奥运新城。承德市，重点发展文化旅游、健康养老、清洁能源、钒钛新材料、绿色大数据、节能环保、现代物流等产业，努力建成国家绿色发展先行区、国家绿色数据中心和国际旅游城市。

三、加快新型城镇化进程

围绕打造京津冀世界级城市群、建设全国新型城镇化与城乡统筹示范区，实施"一融双新"工程，有序推进农业转移人口市民化，优化城镇布局形态，提高城镇规划建设管理水平，构建定位清晰、特色鲜明、功能完善、生态宜居的现代城镇体系。

（一）加快农业转移人口市民化

（1）健全农业转移人口落户制度：在自愿、分类、有序的前提下实施差别化落户政策，制定农业转移人口落户标准，合理确定石家庄、唐山、保定、邯郸等区域性中心城市及环首都地区城镇落户条件，全面放开中小城市和建制镇落户限制。健全人口信息管理制度，深化居住证制度改革，探索社区公共地址等方法解决新进城人员临时落户问题。到2020年力争户籍人口城镇化率达到全国平均水平。

（2）保障农业转移人口享有城镇基本公共服务：以流入地政府管理为主，将农民工随迁子女学前教育、义务教育、高中阶段教育纳入城镇教育发展规划，并将义务教育纳入财政保障范畴。探索建立全民社会保险登记制度，推行社会保障一卡通。打破城乡就业壁垒，实施城乡均等化就业战略。把符合条件的进城落户农民纳入城镇住房保障体系，将稳定就业的农民工纳入公积金保障范围。

（3）建立健全农业转移人口市民化推进机制：加快建立健全由政府、企业、个人共同参与的农业转移人口市民化成本分担机制，明确成本承担主体和支出责任。抓好石家庄等新型城镇化综合试点和廊坊等中小城市改革综合试点。加快建立财政转移支付、财政建设资金对城市基础设施补贴数额、城镇建设用地增加规模与农业转移人口落户数量"三挂钩"机制，保障进城落户农民工的土地承包经营权、宅基地使用权和集体收益分配权权益不变，促进农民工融入城镇，努力实现农业转移人口户籍的市民化、公共服务的市民化、就业的市民化、生活的市民化。建立健全常住人口和户籍人口城镇化水平动态监测机制。

（二）优化城镇化布局和形态

在建设京津冀世界级城市群大框架下，加快行政区划调整，拉大城市框架，优化城市功能，优化城市群层级结构和城镇空间布局，推动大中小城市和小城镇协调发展，实现与京津功能互补、多城联动。

（1）做大做强区域中心城市：积极壮大石家庄、唐山、保定、邯郸城市规模，完善功能，组团发展，打造河北经济增长极。强化石家庄对京津冀城市群南部地区的核心引领和辐射带动作用，实施大省会战略，提升省会的载体功能和品位，全力推进正定新区发展，加快构建"一河两岸三组团"发展格局，努力建成功能齐备的省会城市和京津冀城市群"第三极"。提升唐山对京津冀城市群东北部地区的辐射带动功能，打造凤凰新城、南湖生态城、唐山湾生态城等亮点片区，构建"两核一轴多组团"城市空间布局，建成京津唐区域中心城市。保定以主城区行政区划调整和承接非首都功能疏解为契机，着力壮大城市规模，扩大城市框架，努力建成京津保区域中心城市。加快邯郸行政区划调整和东区建设，提升城市能级，打造京津冀南部门户和省际合作交流桥头堡，努力建成京津冀联动中原的区域中心城市。

（2）强化节点城市支撑作用：进一步提高节点城市综合承载能力和服务能力，有序推动产业和人口聚集。发挥秦皇岛滨海资源优势建设沿海强市、美丽港城；推动沧州发展成为滨海型产业聚集区和环渤海地区重要港口城市；支持廊坊创新发展、高端发展，促进廊坊与京津对接融合，推进北三县一体化，建设"京津走廊"上的生态宜居城市；推进张家口市向绿色、低碳、智能化转型，建成国际知名奥运城市；完善承德生态功能特色，建设国际旅游城市和连接冀辽蒙、面向京津的重要节点城市；增强邢台、衡水规模实力，抓好邢台市"一城五星"核心区域建设，打造衡水市生态宜居的滨湖园林城市。进一步提升定州、辛集发展水平，打造京津冀城市群特色功能节点城市。

（3）提升县城建设质量和水平：立足"县多县小"的省情，走"小县大县城"的路子，拉开县城发展框架，推动县城扩容提质，提高县城聚集产业、吸纳人口、统筹城乡的综合承载能力，培育新生中小城市。实施县城建设攻坚行动，加强市政基础设施和公共服务设施建设，推进产城教融合，突出特色、提升品位，打造具有历史记忆、地域特征、山清水秀、宜居宜业的美丽县城。推动具备行政区划调整条件的县撤县设市，县级政府驻地镇撤镇设街道办事处，实行城市管理体制。深化与京津对接融合，把固安、永清、涿州、高碑店、怀来等一批县城建设成"生态环境更优、商务成本更低、生活质量更高"的都市卫星城。

（4）有重点地培育特色小城镇：加强镇的基础教育、医疗卫生、社会保障、商贸流通服务和支农服务等功能，发挥特色资源和区位优势，重点培育1（10）个工业型、旅游型、商贸型、交通型、历史文化型等专业特色镇，提升聚集人口和产业的能力。对镇以内有产业园区的扩权强镇试点镇，实行镇区合一管理体制。支持具备行政区划调整条件的乡撤乡设镇。

（5）打造城镇发展轴（带）：按照全省主体功能区规划，依托重要交通干线，以轴串点、以点带面，重点培育京唐秦、京石邯、京衡、石衡沧、沿海等重点城镇发展轴（带），构筑全省城市群发展框架。在西部、北部生态功能区，构建生态保障与绿色产业带，实施城镇据点式开发，促进集聚发展。

建立有利于培育京津冀城市群第三极和构筑沿海隆起带的体制机制。支持石家庄市和秦皇岛市、唐山市、沧州市统筹推进重点领域和关键环节体制机制改革，显著增强综合经济实力。推动设立国家级新区正定新区，开展城镇化综合改革政策先行先试。

（三）提高城市可持续发展能力

坚持以人为核心，尊重城市发展规律，统筹空间、规模、产业三大结构，提高城市工作全局性；统筹规划、建设、管理三大环节，提高城市工作系统性；统筹改革、科技、文化三大动力，提高城市发展持续性；统筹生产、生活、生态三大布局，提高城市发展宜居性；统筹政府、社会、市民三大主体，提高各方面推动城市发展积极性，建设和谐宜居、富有活力、各具特色的现代化城市。

（1）着力推动城市经济发展壮大：优化提升城市经济结构，将城市建设成为创新活动最活跃、先进要素最密集的区域。强化大中小城市和小城镇产业协作、协同，逐步形成横向错位发展、纵向分工协作的发展格局。发挥大城市高端要素聚集优势，加快发展高端服务业和高新技术产业，构建以服务经济为主的产业结构；发挥中小城市连接城乡的地缘优势，主动承接中心城市辐射，加快发展生产性服务业、先进制造业和特色产业。打造城市经济增长点，加快发展高新技术产业，大力发展楼宇经济，把中心城区建成金融、文化、商务、科技、信息等高端服务聚集区，提高经济容积率。实施老城区升级改造，加快"退二进三"步伐，扩大城市经济发展空间。统筹新城区生产、办公、生活、商业等功能区建设，推进功能混合和产城融合，推动产业园区由单一生产功能向城市综合功能转型，成为城市经济发展的重要支撑。

（2）优化城市内部空间结构：统筹城市主城区改造和新城新区建设。改造提升中心城区功能，加快棚户区改造进程，调整商业、办公、居住等功能布局，增加生态绿化和休闲游憩空间。合理布局城市新区，严格控制建设用地规模，优先安排市政基础设施和公共服务设施，推进功能适度混合和职住基本平衡，鼓励建设复合功能区和城市综合体，减少通勤量和交通污染。遏制中心城市"摊大饼"式扩张，构建中心城市主城区与周边县（市）同城化、组团式发展格局，强化组团城市之间区域性绿地和中心城市环城绿带建设，保留通风廊道，构建集约紧凑、疏密有致、环境优美的城市空间结构。

（3）提升城市建设水平：围绕提升城市功能，突出补齐短板，统筹地上地下基础设施建设，着力解决"逢雨必涝""马路拉链""交通拥堵"等"城市病"。完善城市道路系统，加密支路网络，实施公共交通优先战略，全面推广公交一卡通，提高公交运行效率和出行分担率。提升改造现有城市供排水设施，推进污水处理、污泥处置、雨水分流、雨水回收、再生水利用及配套管网设施建设，加快海绵城市试点和推广。开展生活垃圾分类收集、存量垃圾治理、现有垃圾处理设施升级改造、餐厨废弃物无害化处理工作。加强天然气管网建设，加快城市集中供热老旧管网改造，到2020年县以上城镇居民生活燃气普及率达到90%、全部实现集中供热或清洁能源供热。加强城市地下空间资源开发利用的规划管理，统筹各类地下设施、管线布局，加大地下管线投资，推进地下综合管廊建设。健全和完善城镇公共设施配置标准，根据城镇功能和人口数量，统筹布局建设中小学、幼儿园、医院、养老、文化、体育、便民市场等公共服务设施。加快建设绿色城市，实施绿色建筑行动计划，推广绿色建材，新建住宅全部执行75%节能标准。大力推广使用新能源汽车，加强充电基础设施建设，建成京津冀城际快充网络，主要城市间实现互联互通。倡导低碳绿色出行，按照绿道标准建设改造步行和自行车道。大力推进城市生态修复，完善城市园林绿地系统，进一步提升城市园林绿化水平，城市建成区和县城绿地率分别达到39%、37%。

（4）提升城市规划水平：把以人为本、尊重自然、传承文化、绿色低碳、精明增长理念融入城市规划建设全过程，规范规划程序，强化规划管控，增强规划的科学性和权威性，切实做到"一张蓝图干到底"。加强城市设计，提倡城市修补，贯彻"适用、经济、绿色、美观"的建筑方针，突出城市地域、历史和文化特色，强化燕赵文化传承创新，把城市打造成为历史底蕴厚重、时代特色鲜明的人文魅力空间。

（5）提升城市管理水平：坚持"为了人而管好城市"，完善城市治理体系，提高城市治理能力，推动城市管理部门联动和功能整合，形成精简高效的城市管理工作机制。全面开展智慧城市建设，加快公共信息平台和基础数据库建设，实施智慧政务、智慧交通、智慧医疗、智慧社区、智慧防灾、智慧人防等示范工程，加速城市管理精细化、公共服务便捷化、生活环境宜居化。抓好石家庄、秦皇岛、承德、廊坊、邯郸等13个国家级和30个省级智慧城市试点建设，支持试点城市制定鼓励市场化投融资、信息系统服务外包、信息资源社会化开发利用等政策，吸引各类市场主体共同参与智慧城市建设。全面提升市民素质，争创全国文明城市。

四、推动县域经济发展增比进位突破

围绕建设经济强县、建成全面小康，强化改革驱动、创新驱动，促进工业向园区集中、人口向县城集中、土地经营权向农业园区和新型农业生产经营主体集中，做大做强县域特色产业，不断增强县域经济的实力、活力和竞争力。

（一）实施分类指导

经济强县，重点在产业转型、做大县城、统筹城乡等方面取得突破，做大做强支柱产业和产业集群，成为引领全省县域经济发展的排头兵。支持其他发展较快、实力较强的县挖掘发展潜力，加快培育特色优势产业，壮大龙头企业，增强综合实力，努力成为经济强县。贫困县，推进生态产业化、农业产业化、旅游产业化，增强造血机能，确保脱贫出列。传统农业大县，在完善利益补偿机制、培育壮大优势农业产业体系基础上，推动农产品系列开发和精深加工，提高综合效益。紧邻中心城市的县（市），围绕中心城市发展需要，按照功能分区确定产业发展重点，尽快与中心城市融为一体。环京津各县（市）要抢抓京津先进要素外溢的机遇，实现跨越式发展。

建立有利于县域经济增比进位的体制机制。开展扩权强县、扩权强镇改革，增强统筹协调、自主决策、公共服务和依法行政能力，深入推进威县、大厂等综合配套和专项改革试点示范，鼓励基层大胆创造，形成可复制推广的改革经验。按照不同的发展基础、基本条件和功能定位，依据经济规模、投资规模、产业发展、科技进步、县城建设、美丽乡村建设、劳动就业、财政税收、居民收入、生态环境、党的建设、群众满意度等，综合考核县域发展情况，实行县域发展排名

通报制度，并与县（市）党政主要领导干部任用直接挂钩，激励县域经济社会快速发展。

（二）促进县域经济转型升级

按照传统产业绿色化、新兴产业高端化的思路，大力推进新型工业化、农业产业化，培育壮大县域特色产业集群，形成一批产业集群龙头企业和区域品牌，增强县域产业集群的综合竞争优势，每个县集中支持 1 个主业突出、特色鲜明、市场竞争力强的产业集群，打造一批年营业收入超十亿、超百亿的产业集群。坚持产城互动发展，统筹谋划产业项目、园区建设与城镇发展，实行工业园区、农业园区一体推进，推动县域产业项目入园，支持每个县在县城周边和特色产业比较集中的镇重点建设 1 个省级以上产业园区。在全省选择 100 个产业特色鲜明、发展潜力较大的工业园区重点扶持，建设省级新型工业化产业示范基地。

五、建设富有河北特色的美丽乡村

把美丽乡村建设作为农业农村现代化的综合抓手，与现代农业发展、扶贫攻坚、乡村旅游业发展、山区综合开发统筹推进，以实施"四美五改美丽乡村"行动为载体，全面改善农村生产生活条件，全力打造农民幸福生活的美好家园。

（一）统筹协调推进三类村建设

坚持因地制宜、分类指导，科学编制县域村镇体系规划，对村庄发展定级定位，按照保留村、中心村、撤并村实施分类指导和建设。

对保留村，一村一策、就地改造。按照"修旧为主、建新为辅，保留乡村风情、改造提升品位"的要求，每年就地改造 4 000 个左右村庄，保留现有的道路、村庄肌理，延续现有文脉，塑造"一县一特""一乡一品"的民居建筑风格。对中心村，增减挂钩、联村并建。每年启动建设 200 个左右中心村，力争 5 年吸纳带动 5 000 个左右的村庄，实现农民生产方式和生活方式的根本转变。对撤并村，整合资源、有序整治。对不具备生产生活条件、影响自然生态保护和生态功能增强的村，实行生态移民；对空心率超过 50%、剩余户少于 100 户的空心村，实施搬迁整治，开发有市场价值的空心村，用于养老或休闲度假；对纳入城市规划的村，结合新型城镇化进行改造建设，一部分改成城市社区，一部分建成城中的美丽乡村。

（二）建设"四美乡村"

坚持整村推进、连片开发，全面推进农村改房、改水、改厕、改路、改厨"五改"，实施十二个专项行动，到 2020 年基本实现美丽乡村建设全覆盖，具备条件的农村全部建成"环境美、产业美、精神美、生态美"的美丽乡村。坚持建管并重，建立长效管护机制，持续推进晋档升级，大力"经营"美丽，确保长久美丽。

（1）环境美：有序引导农村住宅和居民点建设，精心设计建设体现地域特色、注重美观实用、满足农民多样化需求的新民居。扎实办好"三清一拆""三水共治"、厕所改造、道路硬化、村庄绿化等实事，切实改善农村人居环境。加强乡村旅游服务网络、农村邮政设施、快递服务设施和宽带网络建设，增加农村商品零售、餐饮及其他生活服务网点，形成方便快捷的"居民服务生活圈"。

（2）产业美：结合产业基础和资源禀赋，大力推进特色富民产业发展，打造产业特色鲜明的美丽乡村。依托资源优势、产业基础，集中打造一批旅游专业村、特色种养专业村、特色工贸和家庭手工业专业村、电商专业村等产业支撑明显的经济强村。

（3）精神美：坚持科学统筹，整合基层宣传文化、党员教育、科学普及、体育健身等设施，建设农村基层综合性文化服务中心，做到综合利用、共建共享。结合农村乡风文明评议，开展文明村创建活动，引导农民追求科学、健康、文明、低碳的生产生活和行为方式，形成具有燕赵文化特色的农村文明新风尚。完善乡村治理新机制，重点建立办事服务站和群众工作站两个平台，让群众好办事，好说事。

（4）生态美：将生态文明理念融入美丽乡村建设全过程，把保护好农村自然生态放在关键位置，使青山常在、绿水长流、空气常新。以广大农村为载体开展山水林田湖生态修复，突出抓好村庄绿化、垃圾和污水处理、改厕、清洁能源开发利用、农业面源污染治理等乡村生态治理任务，凸显乡村气息和原生态的生态美。

（三）强化政策支持

拓宽筹资渠道，逐年增加财政支持资金，建立省、市、县三级美丽乡村投融资平台，利用政策性银行长期低息贷款融资。用好民居改造政策，统筹使用易地扶贫搬迁、保障性住房、危房改造和节能建筑改造政策，加大民居改造力度，确保全面完成农村危房改造。健全完善股份合作制，推行"六位一体"经营模式，支持村村组建法人合作社和股份合作体，实现资源变股权、资金变股金、农民变股民、自然人变法人。加大"四新"（新材料、新技术、新装备、新样式）推广力度，对按照村庄规划、民居样式、实施"四新"改造的户，列入联村并建或整村新建中心村示范点给予奖补。强化驻村帮扶，每年从省、市、县选派机关干部组成工作指导组和工作组，进村入户开展工作。实施激励政策，省级重点片区的确定，对获得省级美丽乡村荣誉称号的村予以奖补。

六、创新城乡统筹发展体制机制

健全城乡发展一体化体制机制，完善农村基础设施投入长效机制，推动公共服务向农村延伸，推进农业农村现代化，逐步实现城乡居民基本权益平等化、城乡公共服务均等化、城乡居民收入人均衡化、城乡要素配置合理化、城乡产业发展融合化。

（一）构建城乡统一要素市场

（1）建立城乡统一的建设用地市场：推进农村集体建设用地使用权市场化改革，在符合规划和用途管制前提下，允许农村集体经营性建设用地出让、租赁、入股，实行与国有土地同等入市、同权同价。加快建立县级农村产权交易市场，推动农村产权流转交易公开、公正、规范运行。完善城乡建设用地增减挂钩政策，探索节余指标省域内有偿调剂使用。

（2）加快建立城乡统一的人力资源市场：完善人力资源市场管理法规，加快发展人力资源服务业，实施城乡统筹的就业政策，打破城乡就业壁垒，形成城乡劳动者平等就业、同工同酬的制度，引导和鼓励人力资源服务向农村延伸。发展农业科技成果托管中心和交易市场，建立健全有利于农业科技人员下乡、农业科技成果转化、先进农业技术推广的激励和利益分享机制。以大型企业为依托，培育扶持一批农村劳动力骨干培训基地，对符合条件的人员实行职业技能培训和技能鉴定补贴制度，打造劳务品牌。

（3）创新面向"三农"的金融服务：支持银行业金融机构到农村增设网点，支持设立小额贷款公司和村镇银行。加快发展农业保险及服务体系，扩大涉农保险范围和覆盖面，探索开发特色农业保险，鼓励社会资本投向农村建设，引导产业链条向农村延伸，推动城乡要素互动融合。

（二）推进城乡一体化发展

（1）实施全域规划：加强城镇规划与周边乡村规划在产业布局、基础设施网络、公共服务设施、生态空间布局等方面的衔接协调。科学编制县（市）城乡总体规划、村镇体系规划，合理安排城镇建设、农田保护、产业聚集、村落分布、生态涵养等空间布局。推动县（市）"多规合一"，统筹协调经济社会发展总体规划、城乡总体规划、土地利用总体规划、生态环境保护规划等，适时启动空间规划编制，实现一个县（市）一本规划、一张蓝图。

（2）推进城乡基础设施一体化：加快基础设施向农村延伸，强化城乡基础设施连接，实施道路畅通工程、同城化交通工程，推进城乡客运网络一体化和城乡水务一体化，加快推进农村饮水安全巩固提升工程和农村电网改造，推动水电路气讯邮等基础设施城乡联网、共建共享。加快推进村镇生活污水处理设施建设，因地制宜地采取村收村处理、村收镇处理及"户分类、村收集、镇转运、县处理"的城乡垃圾一体化处理模式。到2020年90%以上的村实现垃圾有效处理。

（3）推动城乡基本公共服务均等化：推进乡镇、村（社区）便民和社会服务中心建设，提高农村义务教育质量和均衡发展水平，推动县、乡公共文化体育设施和服务标准化建设，完善以县级医院为龙头、乡镇卫生院为枢纽、村卫生室为网底的农村三级医疗卫生服务网络，推进人力资源社会保障基层公共服务体系建设，实现公共服务标准化建设全覆盖，并向行政村（社区）延伸，加快形成政府主导、覆盖城乡、可持续的基本公共服务体系。

（三）做好城乡统筹试点示范

每个设区市选择1–2县（市）开展试点，推动经济实力强、社会基础好的地区率先实现城乡一体化。加强试点工作的组织协调，科学编制试点方案，加大财政金融支持力度，强化分类指导和督导考核，为全省城乡一体化发展探寻规律、积累经验。

第十一章 京津冀协同发展中的
河北省经济策略

区域经济的高效发展须有完整的发展策略与之匹配。在京津冀协同发展中，如何制定出合理有效的经济发展策略，来促进河北省区域经济的大发展还应当是本文继续深化的研究内容。在京津冀协同发展中，在疏解北京非首都功能的条件下，对于河北省经济发展策略的制定，不但要从产业发展这一区域经济发展的中心板块来进行考虑，还应当合理规划城镇的发展空间，为产业发展提供基本载体，外加体制机制改革策略的保障，方能达到促进河北省区域经济发展的根本初衷。本章结合前文关于河北 – 京津冀经济发展梯度、产业发展梯度和城镇层级的基本现状，以及实证分析的北京和天津对河北省各城市经济辐射影响给其带来的经济增长效应的结论，从京津冀协同发展中的产业发展、城镇发展、体制机制建设等方面提出河北省区域发展的经济策略。

第一节 京津冀协同发展中的河北省区域经济发展总策略

一、京津冀协同发展规划纲要的区域功能定位

2015 年 8 月颁布的《京津冀协同发展规划纲要》中，对于京津冀总体功能定位是：以首都为核心的世界级城市群、区域整体协同发展改革引领区、全国创新驱动经济增长新引擎、生态修复环境改善示范区。在总体功能定位下，对京津冀三地的功能也分别进行了定位：北京市是全国政治中心、文化中心、国际交往中心、科技创新中心；天津市是全国先进制造研发基地、北方国际航运核心区、金融创新运营示范区、改革开放先行区；河北省是全国现代商贸物流重要基地、产业转型升级试验区、新型城镇化与城乡统筹示范区、京津冀生态环境支撑区。《京津冀协同发展规划纲要》对京津冀三地功能的发展定位，事实上是要充分发挥出

三地各自的发展优势，北京要继续大力发挥政治、文化、国际交流和科技创新的主要功能，非首都的经济功能逐渐向天津和河北转移；天津利用自身的制造、研发、航运、金融中心等优势着力发展经济，逐渐发展为我国北方的经济中心；而河北省应充分利用相对广阔的地域资源发展商贸物流，承接来自北京的商贸物流以及服务业的大幅转移，并接受京津的科技扩散和高新产业链条延伸，加快实现自身产业转型升级，同时，还需要做好环境建设，成为京津冀的生态屏障支撑。

二、京津冀协同发展中的河北省经济总策略

河北省融入协同发展的总策略，是依据国家《京津冀协同发展纲要》，在与京津取长补短的发展中，实施河北省的产业发展策略、城镇发展策略和体制机制改革策略。

河北省的产业发展策略，是要在认清与京津经济发展差距的基础上，积极借力京津产业的转移并进一步实现与京津的产业互动。由于京津的产业结构有重大的差别，河北借力京津的产业发展要有完全不同的策略。河北省借力北京的产业发展和产业互动重点在第三产业。北京在京津冀协同发展中，首先要疏解其非首都城市功能，转出第三产业主要是中低层次的服务业，因而北京对周边地区最大的辐射就是服务业的辐射，河北省应该充分利用这一机遇，承接和发展自身的商贸物流业和服务业。而河北省借力天津的产业发展和产业互动重点在第二产业。天津在国家《京津冀协同发展规划纲要》中要建设先进制造研发基地，就会将一般制造业向周边地区进行转移，河北省应该抓住这种转移机遇，承接天津一般制造业的工业转移，积极进行第二产业的转型升级。

河北省的城镇发展策略，是要在认清京津冀城镇层级关系的基础上，积极实现与京津的城镇建设互动。河北省应该按照将北京作为京津冀的一个核心，京津作为京津冀的两个中心城市的城市体系现状布局，重点发展石家庄、唐山、保定、邯郸等区域性中心城市，培育京津冀区域在河北省的节点城市，重点发展一批特色中心城镇，并对每一类城市进行功能定位，形成城镇层面的功能发展体系。在正确认识自身产业、城镇发展定位的基础上，深入剖析河北省各城市的发展优势与劣势，从发展优势中寻找和北京、天津协同度高的产业、城镇，进而进行优先发展。对于和京津协同度较低的城市，分别明确其实现协同发展的经济增长能力，积极发掘和创造条件使其融入协同发展的行列。

作为实现协同发展保障的体制机制改革策略，是要在认清河北省市场化程度现状的基础上，继续加快市场一体化体制机制建设，基础设施一体化体制机制建设，公共服务一体化体制机制建设，生态保护和环境改善一体化体制机制建设。

其中，要格外注重四方面一体化建设的机制形成和政策功效，在机制体制上逐渐实现京津的一体化水平。

总之，河北省的经济总策略，总的目标是不断提高其经济发展水平，进而促进京津冀协同发展的能力，为实现国家纲要的总目标做出更大的贡献。

三、京津冀协同发展中的河北省区域经济空间结构变化

京津冀协同发展中，河北省为了更好地和京津融合并达到协同一致，必然会从产业发展、城镇发展、一体化体制机制建设等方面制定全面策略进行区域经济发展，这样，河北省的区域经济空间结构也将发生变化。未来河北省在京津冀协同发展中，在经济空间上将会分为几大重点部分进行发展：紧邻京津的保定和廊坊由于其区位优势和自身的发展基础，会承接北京的新兴服务业和区域性物流业，成为河北省产业结构更加优化的区域和技术的引领区；紧邻京津的张家口和承德，由于其生态屏障地位决定其将会成为利用京津巨大市场重点发展绿色农业和现代服务业的城市；冀中南的石家庄、邢台、邯郸、衡水等四个城市，由于和京津并未紧邻，应该利用自身的产业优势，继续突出各城市的主导产业，石家庄重点发展高新技术的先导产业，邯郸、邢台重点发展建材，邢台、衡水重点发展纺织、食品，沿海的秦皇岛、唐山和沧州等三个城市，由于其优越的港口地位，应该成为河北省甚至京津的重工业、海洋产业的重点发展地区，突出产业的外向型特征，并被建设成为河北省沿海对外开放的地区，紧密和京津的经济联系与合作。

河北省区域经济空间几大部分的发展，几乎每一部分都有一个河北省区域性中心城市，其次是河北省域的外围城市。一方面，区域性中心城市利用京津的经济辐射与自身的接受能力进行发展；另一方面，利用自身的中心地位，带动周边的外围区城市进行发展。在京津冀协同发展中，未来河北省的几大重点发展部分会在产业领域中各有重点发展，积极实现区域的产业发展和经济空间的协同。

第二节　河北—京津产业协同关系定位与河北省产业发展策略

一、河北—京津产业协同发展的策略思想

京津冀协同发展规划纲要的基本思想是将北京、天津和河北省放在"一盘棋"

下，让河北和北京、天津处于平等的地位上进行发展。遵循这一战略框架的思想，河北省与京津产业协同发展策略的思想应该是：一方面，积极承接京津的产业辐射，充分发挥自身比较优势，弥补自身比较劣势，借力京津的产业辐射力，与京津在产业合作上取得迅速发展，以缩小和京津的产业发展差距；另一方面，河北省产业发展不能存在只依赖京津发展的想法，应该充分发挥其自身优势，积极加强自身产业发展，在一些例如装备制造业、医药产业等优势产业引进高科技，使得优势产业得到大力发展，甚至超越京津。

在上述产业策略思想的指导下，河北省在与京津产业协同发展中，主要考虑两种产业发展策略：梯度产业转移策略和反梯度产业转移策略。梯度产业转移策略是基于河北－京津产业发展梯度的现实基础上，对河北省具有和京津紧密衔接关系且京津对河北省具有较强扩散的产业，河北省应积极进行承接，而且进行这些产业承接后，能与河北省自身产业较好的配合，形成较长的产业链条，从而加速河北省产业的发展。反梯度产业转移策略是指河北省应该结合自身优势，瞄准当前国际市场中先进技术含量高、市场发展前景较好的产业，在积极认清河北省自身主导产业、支柱产业优势的情况下，直接引进资金和先进技术，并逐渐消化和吸收掌握，培育一些战略新兴产业，优先发展高新技术产业，如高端装备和新材料、新能源、新兴信息、生物等产业，积极依靠自身基础发展光伏风电、生物制药、物联网、大数据等产业进行重点突破，有了这些产业作为支撑，河北省在某些产业上的发展甚至会超越京津，实现产业从低到高的逆向推移，成为技术的高梯度地区，实现河北省低梯度地区的跳跃式发展。河北省的反梯度推移策略并不排斥梯度推移策略，这两种策略可以并行实施，进而使河北省更好地融入与京津的产业发展，从而实现京津冀协同发展。

二、京津冀协同发展中河北省和京津的产业关系定位

《京津冀协同发展规划纲》中将河北省定位为"全国现代商贸物流重要基地、产业转型升级试验区、新型城镇化与城乡统筹示范区、京津冀生态环境支撑区"。河北省应在这一主体功能定位思想的指导下，对其产业发展进行具体定位，因为产业发展是区域经济发展的重要支撑。

综合前文的计算结果，按照京津对河北省11个经济主体的经济辐射力大小和河北省11个城市分别对京津的市场潜力，以及京津对河北省城市的有效辐射弹性，我们得到，京津是京津冀区域的中心城市，这两个城市是整个京津冀区域重要引擎。从产业状况分析可以得出，京津两个城市的产业发展水平相对于河北省11个

经济主体要高出很多，其中，北京第三产业比重非常高，已经达到 76.85%，几乎接近发达国家水平，天津的工业和河北省也存在着产业梯度。因此，北京和天津在京津冀区域的产业分工上是处于产业的高端位置，是产业的辐射转移方。再具体结合河北省 11 个经济主体与京津的地理位置关系，我们将河北 11 个经济主体在产业上和京津的发展关系分为两大类：河北省与京津的紧密协同区、河北省与京津的非紧密协同区。其中，河北省与京津的紧密协同区包括廊坊、唐山、石家庄、保定、沧州、秦皇岛 6 个城市，之所以将这 6 个城市划入与京津的紧密协同区，是由于廊坊、唐山、保定、沧州这四个城市和京津相邻，而石家庄是河北省的省会城市，在经济、政治、文化等层面的发展都占有优势，和京津的各项往来都很密切，秦皇岛虽然和北京、天津都没有相邻，但是作为京津冀地区重要的港口城市，和天津的发展关系较为密切，和北京也处于京唐秦的发展轴上；河北省与京津的非紧密协同区包括张家口、承德、邯郸、邢台、衡水等五个城市，其中，张家口、承德和承德主要处于京津的西北部，承担着京津冀区域生态屏障的功能，和京津的产业协同只能定位在生态产业合作方面；邯郸、邢台、衡水由于接受北京和天津的京津辐射力较小，市场潜力也较小，因此，可以认为是与京津产业合作的外围支撑区。

三、与京津紧密协同区的产业发展策略

我们把河北省的廊坊、唐山、石家庄、保定、沧州、秦皇岛等六个城市定位为与京津的紧密协同区，具体来说，河北省的这几个城市应该在产业方面借力京津的经济辐射力，进而和京津进行更好的产业互动。

（一）与北京的产业对接

结合前文的分析，除石家庄外，北京对其余五个城市的有效辐射弹性都为正值，表明这五个城市在承接北京的产业辐射时能够获得经济增长效应，其中当北京对唐山经济辐射增加 1 个百分点，将会给唐山带来 4 个百分点的经济增长，依次能给沧州、廊坊、保定、和秦皇岛带来 3.99、3.4、3.13、2.39 个百分点的经济增长。因此，这几个城市能够也需要借力北京疏解非首都功能的机遇承接北京的产业转移。

廊坊、唐山、石家庄、保定、沧州、秦皇岛等六个城市在和北京的产业协作方面应该充分发挥区位优势，根据自身的优势产业承接来自北京的经济辐射和产业转移。就具体产业而言，北京主要发展新兴服务业、高新技术产业，尤其是北京的第三产业非常发达。北京的新兴服务业的因子得分非常高，这也说明了北京

会利用首都功能进一步发展现代新兴服务业。而且京津冀协同发展中将北京的功能主要确定为全国政治中心、文化中心、国际交往中心和科技创新中心，在强化这些功能的基础上，北京就需要将一般性的产业向周边地区辐射转移。

结合前文的区位商、比较劳动生产率和产业梯度系数分析发现，北京第三产业中除了批发零售业的11个行业的产业梯度系数，都呈现了大于1的状况，因此，具有转移的可能。北京向周边地区进行转移的产业大致上可以分为以下几类。

第一类是第三产业中的区域性物流基地和区域性专业市场。第三产业中住宿和餐饮业、租赁和商务服务业等大多数行业都离不开区域性物流基地，北京物流基地除了占地面积还需要有发达的交通，但是随着北京城市的发展，交通堵塞问题日益严重，因此，继续发展区域物流基地已经不适应目前北京的城市发展需要；区域性专业市场涉及人口多，对交通条件的要求也较高，也会造成北京城市的拥挤，已经不适宜放在北京城市中发展。基于此，河北省与北京的紧密协同区的城市是较好的产业转移地。唐山、沧州、秦皇岛由于是港口城市，具备承接北京生产性服务业商贸物流的条件，石家庄因为是河北省的省会，又是京津冀区域性中心城市，同样也具备承接北京生产性服务业商贸物流的条件，因此，北京的区域性物流基地可以向唐山、沧州、秦皇岛、石家庄等城市进行转移，凭借这四个城市较好的区位优势，可以将其发展成为北京周边的区域性仓储物流中心和交易市场；廊坊、保定和北京的距离最近，又处在京保廊的增长极上，应该积极承接北京的区域性专业市场的转出，从而与北京共同打造京保、京廊核心区，先借力后实现率先联动发展。

第二类是第三产业中教育、医疗、培训机构等社会公共服务业。根据前文的区位商、比较劳动生产率和产业梯度系数分析，北京的教育、卫生和社保以及社会福利等社会公共服务业的上述指标基本都大于1，这些行业在北京也基本趋于饱和，而这些社会公共服务业在北京人多、占地多，对北京形成了很大的人口压力，急需要转出以疏解北京城市的压力。基于此，河北省与北京的紧密协同区城市是较好的产业转移地。廊坊、保定、石家庄是承接这一类产业转移的最好选择。廊坊距离北京有四十分钟的车程，区位优势使其最合适承接北京的教育、医疗、培训机构等社会公共服务业，近年来北京将很多高校的分校区设立在廊坊，就是很好的体现。保定与北京紧邻，和廊坊一样具有得天独厚的区位优势，而且保定在承接北京的转移时市场潜力较大，也具有良好的基础设施和公共服务水平。石家庄是河北省的省会城市，无论是经济、政治等都具有发展优势，虽然和北京的并没有紧邻，但是凭借其省会地位和北京的交往非常频繁，而且石家庄的基础设施和公共服务水平相对于其他城市而言较高，具备承接北京教育、医疗、培训机构等社会公共服务业的能力。

第三类是第三产业中行政性、事业性服务机构和企业总部。北京的第三产业中行政性、事业性服务机构和企业总部也需要向周边地区进行转移，而这两大类行业具有和教育、医疗、培训机构等社会公共服务业相类似的特点，因此，也适合与向河北省的廊坊、保定、石家庄进行转移。

当然，除了急需要向周边转移的上述三类第三产业，交通运输仓储和邮政业、信息传输和软件及信息技术服务业等行业也需要向周边地区转移，但这还需要一个循序渐进的过程。

此外，廊坊、唐山、石家庄、保定、沧州、秦皇岛等六个城市所形成的与北京的紧密产业协同区，相对北京而言，具有地域广阔、要素廉价的优势，有能力承接北京第三产业的转移。当然，紧密产业协同区的六个城市应该在公共基础社会和公共服务水平上下大力气改善，从而提高承接北京部分社会公共服务业的能力。

（二）与天津的产业对接

结合前文的天津对河北省各城市有效辐射弹性的计算结论，除石家庄、唐山、保定外，天津对秦皇岛、沧州、廊坊等三个城市的有效辐射弹性都为正值，表明这三个城市在承接天津的产业辐射时能够获得经济增长效应，其中当天津对秦皇岛经济辐射增加1个百分点，将会给秦皇岛带来4个百分点的经济增长，依次能给沧州、廊坊带来3.4、2.41个百分点的经济增长。因此，这三个城市能够也需要借力天津的产业转移进行发展。

河北省廊坊、沧州、秦皇岛等三个城市在和天津的产业协作方面主要体现在工业方面。《京津冀协同发展规划纲要》中将天津市定位为全国先进制造研发基地、北方国际航运核心区、金融创新运营示范区、改革开放先行区，在这一功能地位的思想下，天津工业未来的发展方向是航空航天、新一代信息技术、生物技术与健康、高端装备制造业等战略性新兴产业，并成为重要的科技成果转化基地。就前文分析规模以上工业企业37个工业行业而言，其中21个行业属于优势产业。为了将重点放在战略性新兴产业，并建设科技成果转化基地。天津会逐步将石油天然气开采业、通用和专用设备制造等一般制造业、装备制造业逐步有序的向周边进行转移。而河北省应该紧密结合自身的优势产业，积极承接天津向外转移的一般制造业、装备制造业及与这些产业相关的中间环节，为天津优势行业的转移做好配套的服务。例如，廊坊的木材加工、家具制造业，沧州的皮革加工、金属制造业等都具备承接天津工业产业的转移条件。具体而言，沧州在装备制造业方面具有聚集效应，也有着较为雄厚的发展基础，具备承接天津现代装备制造业的基础和优势。廊坊在汽车制造业、电子制造业上具有发展优势和发展潜力。石家庄、唐山、保定虽然在现阶段对于来自天津的产业辐射无法吸收为正向的经济增长效应，但是唐山在装备制造业方面的聚集效应及雄厚的发展基础，也具备承接天津现代装备制造业的基础和优势；石家庄虽然在现阶段对于来自天津的产业辐射无法吸收为正向的经济增长效应，但作为中国的药都在医药制造业方面更具有长期的优势和发展潜力，有能力承接天津医药制造业的转移；保定在汽车制造业、电子制造业上具有一定的发展优势和发展潜力。

在工业发展过程中，必须提到河北的钢铁、建材、石化等重工业行业，其中唐山长期以来是京津冀区域主要的工业城市，存在较多的钢铁、冶金、化工和建材等重工业企业，重工业基础十分雄厚，曹妃甸作为北方最大的天然优良港，是首钢的载体。秦皇岛也具备较为完备的工业体系，钢材、建材、汽配等工业以及依托港口优势的港口运输业发展较快。沧州的石油化工、管道装备及冶金、机械制造等工业发展较为迅速，已经成为北方重要的石油化工基地。这些行业工业产业都属于高耗能、高耗水、高污染的企业，其比重高不利于河北省经济的可持续性发展。而要加强京津冀地区和这些城市工业的合作对接，必须降低区域产业的高耗能、高耗水、高污染状态，必须大力实施产业结构调整和优化产业结构升级，走高效集约发展模式，形成资源共享、分工合作的共赢格局。

基于以上分析，与京津紧密协同区的河北省上述六个城市，在与京津产业协作中应该抓住京津产业转移的良机，应势而上加强自身优势，借助产业基础优势，通过有序、有效的生产要素的合理转移，促进和京津紧密协同区在工业经济的进一步发展。

当然，河北省在与京津紧密协同区产业发展中，一方面有序承接京津的部分第三、第二产业的梯度转移，与河北省自身产业较好的配合，形成较长的产业链条；另一方面，河北省可以结合自身优势培育物联网、大数据、高端高科技等产业，实现产业从低到高的逆向推移，成为技术的高梯度地区，实现河北省低梯度地区的跳跃式发展。

四、与京津非紧密协同区的产业发展策略

河北省与京津的非紧密协同区包括张家口、承德、邯郸、邢台、衡水五个城市，其中，张家口、承德主要处于京津的西北部，承担着京津冀区域生态屏障的

功能，和京津的产业协同只能定位在生态产业合作方面；邯郸、邢台、衡水由于接受北京和天津的京津辐射力较小，市场潜力也较小，因此，可以认为是与京津产业协同的外围支撑区。

（一）与京津生态协同区的产业发展

京津冀协同发展的关键还在于应注重区域内生态和环境的发展状况，能够在环境保护的基础上节约投入和成本消耗，从绿色发展的层面提升和优化经济发展质量，具有生态产业优势的城市应充分发展生态合作产业区，有利于支撑该城市和其他中心城市更好地接收来自域内和域外的辐射，提升综合辐射效率。

依据区位特征，张家口、承德两个城市环京津，地理位置上处于京津的上风上水区域，是京津的自然生态屏障。长期以来，两个城市在京津冀区域的生态地位比经济地位重要得多，和京津在生态环境方面有着极其密切的联系，其生态环境状况直接关系着京津的水源和生态环境安全。因此，张家口和承德在工业行业的发展方面空间较为狭小，只能考虑发展和京津错位的绿色环保和现代农业、旅游、健康休闲等有利于生态环境的产业。所以，我们将张家口、承德和京津的关系界定为生态产业协同区，立足自身特色进行产业发展。

张家口近年来发展状况向好，依据实证分析结果，北京和天津对张家口的有效辐射弹性都没有通过显著性检验，这意味着张家口产业应该立足生态特点进行发展。北京和天津对承德的有效辐射弹性表明，北京和天津对承德增加一个百分点的经济辐射力，承德的经济会增长3.08、3.42个百分点，但是即便如此，由于承德的经济基础弱，因此，承德的发展还必须依靠自身实力的增强。基于此，在未来经济发展过程中，张家口、承德地区要摒弃被动服务北京的思维模式，要从自身经济社会发展的角度出发，科学确定两个城市在京津冀协同发展中的功能定位和职能分工，平衡生态环境保护与经济发展之间的利益关系，牢牢把握京津冀协同发展的机遇，变被动接受为主动出击，加快基础设施建设步伐，打造张承与京津地区良性互动的经济社会发展状态。张家口、承德地区主要是借力京津的巨大的市场发展现代农业、旅游、健康休闲等服务业。

1. 与京津生态协同区的现代农业发展模式

张家口和承德丰富的农业、畜牧业资源具备了发展现代农业的现实基础。同时，北京市和天津市两个千万级人口的大城市为张承地区的农业生产提供巨大的消费场所。在京津冀协同发展进程中，张家口应抓住这一优势，大力发展特色农业、畜牧业，建设农副产品和食品加工供应基地，将其发展成为北京日常农副食品和肉制品最佳供应基地；承德可以利用良好的生态环境大力发展无污染的绿色农副产品供应。在发展现代农业进程中，应加强张家口、承德两个城市与京津的农业合作，强化与京津的农业科研院所和高科技企业的技术合作，引进京津中高端技术人才，加强与京津农业信息互通互传，从而打造区域性的农业增长点。

2.与京津生态协同区的旅游、健康休闲等服务业发展模式

张家口和承德地区旅游资源多种多样，北京和张家口共同举办冬季奥运将会进一步提升了其基础设施建设水平，张家口可以以此为发展契机，推进旅游产业、文化产业和体育产业等三业融合互动发展，把握京津冀协同发展的有利时机，加快北京文化产业基地项目的引进，将文化创意产业和文化旅游产业作为引进的重要领域，主要吸引文化旅游相关机构和企业在张家口市建设培训机构、会展中心、旅游景区、娱乐园区等大型基地，全力推进高端休闲娱乐产业的发展。针对北京医疗卫生资源发展空间不足和健康养老产业需求旺盛等情况，张家口市可以与北京市的政府、企事业单位、民间团体开展深入合作，大力开发医疗康复业、社会化养老服务业及其配套产业，积极推进医疗与养老融合发展，加快打造温泉健康养生、生态休闲度假为主题的健康养老产业。承德应立足自身优势，深入挖掘"山、水、林、文、风、光"等资源优势，坚持走"特色化、差异化、增量调整"的发展道路，把京津的服务需求优势变成承德的服务产业优势，重点做好生态服务、农副产品供应、文化旅游、"大健康"产业、大数据、文化创意、电子商务、现代物流等方面工作。

从以上分析可以看出，与京津生态协同区的张家口和承德在与京津进行产业合作时，在产业发展上必须符合绿色、环保、清洁水源的要求，产业承接必须要和环境生态保护相结合，利用紧邻京津的优势，结合自身发展要求和特点发展文化旅游、休闲养生、养老医疗等新兴服务业，以及绿色农产品和生态农产品业，目标是把张家口、承德建设成为京津的绿色产业发展集聚区。

（二）与京津外围支撑区的产业发展

依据实证结果，北京对衡水、邯郸、邢台的有效辐射弹性为正值，这表明北京对这三个城市每增加一个百分点的经济辐射力，它们的经济会增长 0.58、3.18、1.39 个百分点；天津对邢台的有效辐射弹性为正值，这表明天津对邢台每增加一个百分点的经济辐射力，邢台的经济会增长 1.55 个百分点。但是即便如此，综合各种因素，我们将衡水、邯郸、邢台三个城市划分为与京津非紧密协同区的外围支撑区，其产业发展可以作为河北借力京津经济发展的产业支撑。

衡水、邯郸、邢台属于冀中南地区，这三个城市和京津的联系不及紧密产业合作区，也不及张承生态产业合作区的定位准确。但是，这三个城市劳动力成本相对京津而言较为低廉，其产业发展一方面可以作为京津产业转移的纵深地带，

另一方面，不能依赖京津对其经济辐射，而应根据自身产业特点，立足河北省寻求和京津的产业错位发展出路。

在京津冀协同发展的城市定位中，邯郸是区域性的中心城市，邯郸的产业中第二产业比重高，尤其是钢铁产业是城市发展的支柱产业，钢铁产业的高污染、高能耗和产能过剩使邯郸的第二产业发展面临一定的发展困境。在推进京津冀产业功能错位发展过程中，邯郸应找准现有产业结构单一和部分产业产能过剩的突出问题，对邯郸市的产业结构进行优化调整，将产业发展质量和效益的提升作为产业结构调整的重点，充分利用北京和天津的产业领域宽和产业链条长的特点，推进邯郸优化产业结构，化解过剩产能，破除产业发展困境。另外，还要注重三次产业的结构优化，加大对京津地区的推广和宣传力度，大力发展旅游文化产业。

邢台应促进装备制造业发展，加快汽车、新能源和节能环保产业的培育发展，推进精细化工产业、打造先进制造业基地、促进邢台的工业竞争力。在京津冀协同发展的大背景下，邢台应基于其产业发展基础条件，推进装备制造业等产业集群的发展，加强特色产业竞争力。邢台也应发展休闲旅游基地和特色旅游景区的基础设施建设，建设太行山脉重要的生态观光休闲度假基地。

京津对衡水的经济辐射力和衡水的市场潜力都较小，但是京津对衡水的有效弹性辐射为正值，虽然这一正值较小，但也能说明衡水可以与京津产业进行对接。基于产业发展现实，衡水应将旅游业、农产品加工业等与京津错位产业作为发展重点，和京津旅游进行对接，利用京津巨大的旅游市场进行发展。

当然，河北省在与京津非紧密协同区产业发展中，一方面，做好和京津的产业互补合作发展；另一方面，更应该把重点放在结合自身优势培育高端、高科技等产业，实现产业从低到高的逆向推移，成为技术的高梯度地区，实现河北省低梯度地区的跳跃式发展。

五、京津冀协同发展中河北省产业发展的措施

无论对于河北省与京津产业紧密协同区，还是非紧密协同区，都应该制定相应的措施进行产业发展，对于与京津产业紧密协同区以下具体措施都适用；对于与京津产业非紧密协同区，后两点措施适用于如下情形。

（1）积极和京津对接，加快产业转型升级。在推进和京津产业对接过程中，河北省要做到积极主动，充分抓住北京和天津的产业领域宽和产业链条长的特点，承接京津技术层次高的产业，淘汰自身技术低、高污染、高能耗、高排放的低技术层次产业，推进河北省相关产业的整合重组，利用京津转移来的高技术层级的

产业化解过剩产业，推进产业结构中的中高端化生产，将产业转型升级作为重点，利用与京津协同发展中的创新因素，推动产业发展从依靠要素驱动转向依靠创新驱动，从而提升产业的整体竞争力。

（2）搭建产业对接平台，推进产业衔接配套一体化。在与京津产业对接过程中，河北省应该把握京津产业功能转移的有利时机，制定承接京津产业外迁的双赢体制机制，对接城市应该推进各类对接园区建设，创新对接园区的管理模式，为对接京津的产业转移提供优质的平台。配套设施的建设也是非常重要的一个方面，因此，河北省应该完善承接京津产业转移的配套设施，从而为对接京津产业转移提供有力的基础保障。

（3）积极引进京津的先进科技资源为河北产业发展所用，进一步增强河北自身的创新能力。京津的科技优势非常明显，北京甚至是全国的科技创新中心，加之，京津两个城市集中着大量的高等院校和科研院所，以及大量的科技创新示范园区，这些科技资源的外溢效应都能为河北省的产业发展发挥积极的作用，因此，河北省应该制定强有力的政策积极建设和京津合作的产业技术研发基地、产业转型升级实验区，也可以谋划和京津在河北省内建设科技园区、技术交易市场，实施一些重大科技专项，设立科技成果转化基金，使得河北省引进的京津先进技术和本省的产业化发展形成一体化的创新链条，从而使河北省能借助自身与京津的区位优势，成为京津科技资源扩散转移的最优选择和最为集中的地区。

积极引进京津的人才，进一步加强河北的人才队伍建设，为河北产业发展提供基础支撑。京津是人才的集聚地，这些人才如果能够引进入河北，能为河北的产业转型升级提供强有力的支撑。因此，河北省应该下大力气实施人才引进计划，重点引进能推动科技成果转化的高层次专家、能带动新兴产业发展的高水平人才和创新团队，从而加快人力资源的利用效果，也可以和京津建立人才的共同培养机制，建设京津来河北的人才基地，健全与京津的人才合作机制，为河北省产业的创新发展提供基础支撑。

第三节　河北－京津城镇协同发展与河北省城镇发展策略

一、京津冀城镇协同发展的基本要求

京津冀城镇的发展中一直存在着分工定位模糊的问题，这是因为，天津和北京两个城市之间的距离只有130公里，在世界上也很少有两个超大城市距离如此之近的例子。正因为如此，京津两大城市的部分功能交叉，存在一定程度的同质竞争。长期以来，北京和天津的功能一直处于模糊状态，两大城市都在追求京津冀甚至是全国北方经济中心的地位，影响到河北省的功能定位也处于模糊不清的状态，三地处于地域分工不明确的状态，从而导致合作不能真正运行。尽管一直在提京津冀区域一体化的理念，三地应该有所分工，并在产业上形成互补态势，但是，实质上京津冀三地的城市间合作关系比较淡弱。

《京津冀协同发展规划纲要》明确了京津冀三地的具体功能定位：北京为全国政治中心、文化中心、国际交往中心和科技创新中心；天津为全国先进制造研发基地、北方国际航运中心区、金融创新运营示范区和改革先行示范区；河北为全国现代商贸物流重要基地、产业转型升级试验区、新型城镇化与城乡统筹示范区、京津冀生态环境支撑区。明确京津冀区域的功能定位，为京津冀三地的发展指明了方向和重点，尤其是对于河北省的发展具有重要意义，由于河北省处于京津的腹地位置，确定功能定位后，可以在京津明确的功能定位前提下发挥自身优势借力京津进行发展，最终形成京津冀的良性互动。

面对京津冀协同发展的国家战略，面对京津冀三地确定的功能定位，结合前文分析的京津冀城市层级分析，我们认为河北省要取得区域经济长足发展，应实施以下的城市发展策略。

二、重点发展和京津接档的区域性中心城市

京津冀区域，北京是一个大的"极核"，北京和天津又是两个大的中心城市，这两大中心城市为巨型城市，其次就是前文确定的河北省的区域性中心城市石家庄、唐山、保定和邯郸，其中，石家庄和唐山是大型城市，保定和邯郸也刚跻身大城市行列，再次就是七个中型设区城市，再再次就是县级小城市。可以看出，巨型城市和大型城市之间出现了断层，从而城市发展格局形成了"大集中、小分散"的特征，这造成的最直接的后果就是城市职能雷同，彼此之间的协同联系性较为薄弱。而这种"小分散"的特征主要分布在河北省省域内。也就是说，京津两大中心城市过于庞大，而位于腹地河北省的城市过于弱小和分散，不同规模城市没有形成合理分工和分布布局，城市群规划结构存在明显断层。基于此，在城市发展方面，河北省应该下大力气将优势资源和优质要素集中到区域性中心城市，强化现有的石家庄、唐山、保定、邯郸区域性中心城市的发展，将其建设成为强区域性、强中心主导的特大型城市，以和京津两大城市接档。

（一）重点加强保定的发展，形成京津保三角区域的大首都中心区

京津冀区域，北京、天津、河北省的十一个城市呈现不同的发展特征。北京这几年基本保持着现有的城市规模、控制城市人口增长，但是"大城市病"问题依然凸显，故而迫切需要向周边的强中心城市疏解部分城市功能；天津在完善城市空间布局的同时，也在适度控制城市过快发展。无论是北京还是天津，城市的功能都需要有序向外疏散，但是目前京津之外没有区域性的强中心城市来和京津接档，在京津冀城市发展的现有基础上，重点培育河北省的区域性中心城市就是最好的选择。从历史渊源看，保定是首都的南大门，曾长期承担京畿地区的行政管理和服务功能，与天津曾同属一个行政区域，渊源深厚；从区位条件看，保定市区距北京 140 公里、距天津 150 公里，具有绝对的区位优势；从产业发展来看，保定产业结构较为合理，新能源等战略性新兴产业和现代服务业发展势头较好，从交通基础看，保定拥有京广、京九、京昆和保津、廊涿五条城际大通道，交通十分便利；从生态发展看，保定拥有相对充足的水资源和白洋淀等众多洼淀湿地；从发展空间看，保定地处山前平原，空间条件广阔。因此，保定有条件被打造成为京津冀区域的特大型强中心城市，从而成为承接部分首都的行政机构、事业单位和高等教育、科技研发、医疗健康等机构转移的城市。

（二）重点发展石家庄，推动石家庄成为京津冀区域的"第三增长极"

石家庄作为河北省会城市，在新规划的 2 206 平方公里城市规划区范围内已形成了 251 万人口的中心城区，并进一步拓展了正定新区、空港新城等发展空间，初步构建了良好的城市发展格局。石家庄具有良好的产业基础，其重要性的战略新兴产业和先进制造业的发展呈现了很好的状态，综合交通基础设施较好，凭借其优势能够建设成为承接京津区域性物流中心城市，并有条件建设成为京津冀城市群南部区域的经济中心、科教文化中心、创新成果转化基地和综合交通枢纽，与邯郸、邢台、衡水形成冀中南城市群。因此，河北省应重点打造石家庄，推动石家庄成为京津冀区域的"第三增长极"，形成京津向南辐射的一翼。

（三）重点发展唐山，将唐山建设成为京津向东辐射的另一翼

目前唐山市区人口已达 302 万人，其产业基础实力雄厚，随着曹妃甸区的进一步建设，唐山有条件建成京津冀城市群的东部经济中心，加之其环渤海重要港口城市的地位和重要的新型工业化基地的地位，都使得唐山成为京津产业转移的第一选择城市，并且能够和天津滨海新区一起构建成为环渤海现代重化工基地、高端装备制造业基地。因此，河北省应重点打造唐山，将唐山建设成为京津向东辐射的另一翼，和石家庄一起成为京津冀城市群的重要两翼城市。

（四）重点发展邯郸，推动邯郸成为京津冀与中原经济协作区的纽带

邯郸是河北省的区域性中心城市，属于河北南部城市，北京对其有效辐射弹性为正值。邯郸最大的优势在于地处晋冀鲁豫四个省份的交界，其交通枢纽地位非常重要，因此，河北省应重点发展邯郸，将邯郸建设成为京津冀区域中重要的工业基地，为河北省和京津的协同发展提供重要的支撑，进而推动邯郸成为京津冀与中原经济协作区的纽带。

三、努力培育具备协同发展功能和集聚能力的多节点城市

前文分析了廊坊、秦皇岛、张家口、承德、沧州、衡水、邢台七个城市为京津冀区域的三级中心城市，这七个城市是京津冀区域的中型城市，也是京津冀区域的节点城市。由于这些节点城市的城市发展实力都不强劲，因此，河北省应该因地制宜，根据每个节点城市的特点和优势进行重点发展和培育。

重点培育廊坊城市发展，建设京津廊城市发展轴。廊坊以其紧邻京津得天独厚的优势，成为承接京津城市功能的河北省重要节点城市，其建设的高新技术产业基地、战略性新兴产业制造基地、现代服务业基地和国家创新城市、生态宜居城市等都为承接京津部分功能提供了较为充足准备。廊坊和京津之间的交通非常发达，京津高速、京津城际铁路十分便利，因此，河北省应重点培育廊坊城市发展，进一步增强廊坊"京津走廊"的节点城市聚集、连接功能，以廊坊产业新城和北京新机场临空经济区、天津武清新城区建设为连片载体，使得廊坊和京津成为现代服务业密集带和都市休闲走廊，增强这一发展轴的辐射带动作用。

重点培育秦皇岛港口城市发展，为京唐秦发展轴提供有力支撑。秦皇岛位于京津冀协同发展中的京唐秦发展轴上，是一个重要的节点城市，应该依据其港口优势培育壮大装备制造业、区域性商贸物流业向轴带聚集，打造沟通华北与东北的物资运输大通道，秦皇岛还应被建设成为京津高新技术成果转化基地和高端服务业聚集区、蓝色经济发展先导区、国际滨海文化旅游名城，进一步发挥节点城市对周边城市的辐射和带动作用。

加快张家口、承德的京津生态涵养区建设。张家口、承德居于京津冀区域特殊的生态地位，因此，城市的发展应该确定在重点建设绿色制造业基地、清洁能源基地、生态产品供给基地、生态休闲观光和历史文化旅游目的地等方面。其中，打造绿色制造、文化旅游、健康养老等功能发展应该放在重中之重。

重点培育沧州港口城市发展，将沧州发展成为滨海型产业聚集区。沧州是京津冀区域重要的港口城市，也是河北省的区域性节点城市，沧州渤海新区的建设

使得沧州的港口城市地位日趋重要。河北省应重点培育沧州作为港口城市的发展，将沧州建设成为能源原材料保障基地、北方物流集散中心、重要出海口和东南部经济增长极，和天津进行港口产业、经济的对接。

重点建设衡水城市发展，依据衡水自身优势，重点将衡水建设成为绿色农产品产业化基地、特色制造业基地、湿地生态旅游和休闲养老基地、滨湖园林城市。

重点建设邢台城市发展，提升邢台的节点城市功能，将邢台建设环保产业基地、科技成果转化基地、农副产品精深加工基地和先进制造业基地。

河北省培育廊坊、秦皇岛、张家口、承德、沧州、衡水、邢台等七个节点城市的发展，应该是以增强其支撑能力为重点，根据城市资源禀赋和比较优势，培育发展各具特色的城市产业体系，强化城市间专业化分工协作，增强功能衔接、优势互补能力，从而进一步提高节点城市要素集聚能力，综合承载力和服务能力，有序推动产业和人口的集聚，建设成为地方公共服务和产业中心，与京津城市发展更好的形成科学优化的层级发展关系。

四、积极扶持带动周边区域发展的特色小城镇

河北省城市要和京津协同发展，不仅需要发展区域性中心城市，节点城市，也需要发展一批特色城镇。这是因为，中心城市规模扩张、产业和人口的聚集必须与资源环境承载能力相适应。因此，应以京津冀协同发展为契机，重点发展一批特色城镇，从而带动周边县（市）资源。

前文我们对河北省22个县级市进行了中心性区域城镇的确定，确定了迁安、三河、任丘、武安、遵化、定州、涿州、霸州、辛集等九个县级市为中心性城镇。这些中心性城镇分别处于京津冀不同的发展轴上，可以带动周边经济的发展。在京石邯城镇发展轴上，以京港澳高速、京广铁路为依托，以石家庄都市区为中心，发挥保定、邯郸等区域性中心城市以及涿州、定州、武安等次中心城镇的聚集作用，积极引导现代制造业、新能源产业、区域性商贸物流业向轴带聚集，拓展产业园区空间，建设科技与人才服务基地；在京秦城镇发展轴上，以京沈高速公路为依托，以唐山都市区为中心，发挥秦皇岛港口城市和三河、迁安、遵化等中心城镇的聚集作用，加快产业升级改造，培育壮大装备制造业、区域性商贸物流业向轴带聚集，打造沟通华北与东北的物资运输大通道；在京九城镇发展轴上，以京九铁路、大广高速公路为依托，发挥衡水节点城市和霸州、任丘等次中心城镇的带动作用，加速形成新的城镇化发展载体，支持本地特色加工制造业发展，培育一批面向区域的商贸物流基地；石黄城镇发展轴上，以石黄高速为依托，以石家庄都市区为中心，发挥

衡水、沧州等中心城市和辛集等中心城镇的聚集作用，打造东西向发展轴带，积极引导河北南部、山西南部和西北地区物资进出口向黄骅新城汇聚。

基于以上河北省特色城镇的发展潜力，河北省应鼓励有条件、有基础的小城镇进行重点发展，合理集中的为这些特色城镇发展布局公共服务设施。河北省的上述九个城镇区位优越，承载能力较强，发展条件较好，应该扶植其培育特色产业，整合产业园区，提升其基础设施水平和综合服务水平，促使小城镇的产业和城市均衡发展，从而推动小城镇和大城市的协调发展。

第四节 京津冀协同发展中的河北省体制机制改革策略

面对京津冀协同发展的国家战略，我们站在河北省视角，从产业发展、城镇发展等方面提出了河北省更好融入协同发展的策略，这些策略的实施需要相应的体制机制的保障。

一、京津冀协同发展中的一体化趋势

京津冀区域的合作问题，经历了很长的历程，从"十一五"提出的环渤海地区发展，到建设大北京，再到在廊坊召开的京津冀区域经济发展研讨会，到京津冀一体化的提出，中间很多次会议和战略框架的提出，经历了20年的时间，但是，京津冀合作问题的实质并未得到解决，京津冀地区和长三角、珠三角两大经济增长极相比，区域内合作的差距相对较大。京津冀的合作最终没有解决最重要的区域行政壁垒、区域分工协作的体制障碍，以及紧密三地经济联系的问题。事实上，由于京津冀三个没有达成共识，京津冀一体化一直都没有进入到实际操作过程中，只是停留在理论层面。

在此过程中，北京"城市病"问题凸显，迫切需要疏解首都的部分城市功能，解决北京城市资源承载力问题，而这一问题的解决，必然涉及京津冀区域的协作分工问题，于是国家提出京津冀协同发展战略，旨在先解决北京首都的城市功能转移问题，进而解决京津冀区域内部的发展问题，这些问题解决了，京津冀一体化的实现就不是仅仅停留在理论层面的问题。由于京津冀三地自然形成的网络化空间布局，和人、地、产业等紧密联系形成的社会、经济、文化的相互融合，还有路网、空网等交通基础设施的完善，以及三地发展巨大的市场潜力，这些都使得疏解北京首都部分城市功能的问题会得到解决，京津冀协同发展最终会由于这

些问题的解决得到真正的落实。

京津冀协同发展和一体化发展相互交织在一起，可以说，京津冀协同发展是一体化的前期阶段，无论从区域经济理论上，还是从国际发展经验，区域经济一体化都是大趋势，因此，京津冀协同发展和一体化趋势并不冲突，相反，京津冀协同发展中自始至终都渗透着一体化趋势。京津冀协同发展中，必然要在市场、基础设施、公共服务、生态环境保护一体化等方面做好保障。

二、市场一体化体制机制建设策略

京津冀协同发展涉及河北省和北京、天津两个直辖市。北京是国家的首都，天津是北方经济中心，河北省是农业和工业大省，无论是资源禀赋还是初始条件，三个地区都有很大的差别。京津冀协同发展最大的瓶颈是北京、天津、河北三地并未形成统一的具有市场活力的区域性市场，生产要素不能在大区域内自由流动，优势互补不能充分体现，这都是由于市场规则并未充分发挥作用。因此，河北省在京津冀协同发展背景下，应进行市场一体化体制机制建设。

和京津共同建立区域性统一大市场。京津冀区域内，从市场的层次上看，北京和天津是大区级市场，那么河北省的市场有省域、市域、县域市场，河北省的这三级市场应该积极和京津的大区级市场形成紧密联系的统一大市场，在统一大市场内部形成资源的最优配置。

规范市场化的运作规则。河北应该和京津一起营造公平的市场竞争条件，并在市场准入和退出机制方面，确立统一的市场准入和退出规则，主动打破条块分割的市场壁垒，在市场竞争条件下，尽力使得河北的企业能被和北京、天津一视同仁的对待，形成有效的竞争和淘汰机制。

和京津共同建立健全、统一开放的要素市场。京津冀区域生产要素市场中，要素流动受到阻碍，尤其是北京对某些要素资源的垄断，使得部分要素价格扭曲，在某种程度上对腹地的河北省要素"吸虹效应"强烈。因此，河北省应加快和培育京津冀劳动、资本、土地、科技、人才等生产要素市场，促进统一市场内生产要素的跨区域的自由流动和公平交换，并为三地建立生产要素的交流交易平台和要素合理流动的交流交易平台，实现资源在统一市场中的最优配置。尤其是对于一些重要的要素市场，更应该加大开放平台建设：对于人力资源市场，应该破除人力资源市场地区、行政分割和省份歧视，反对就业歧视等；对于金融市场，应该建设和京津接轨的金融市场体系，提升市场竞争力；对于技术市场，应该加强建设引进京津先进技术的交易平台和技术转移机制。

三、基础设施一体化体制机制建设策略

基础设施建设是京津冀协同发展的重要保障。从京津冀协同发展来看，三地发挥各自优势进行互补必须建立在便捷的空间联系的基础上，完善的基础设施是京津冀协同发展中三地实现紧密空间联系的重要保障，因此，河北省一定要和京津建设一体化的基础设施。基础设施一体化包括交通基础设施一体化建设、信息网络基础设施一体化建设、保障水资源、能源基础设施一体化建设等。

推进和京津交通一体化机制体制建设，加强与京津交通合作。京津冀协同发展已经上升到国家战略。发达的交通网络是京津冀协同发展的必备条件，因为交通网络越发达，周边城市与中心城市的距离就会缩短，周边城市就可以充分借助中心城市促进经济增长。因此，河北省应和京津一起大力推进京津冀交通一体化，加快构建京津冀地区高效、便捷的互联互通综合交通运输网络，这就需要河北省做到：成立综合交通运输管理部门，统筹省内和京津铁路、公路、港口、航空等各种运输方式的规划与管理，制定和京津相应交通运输相一致的综合交通运输政策等，通过这些措施深化交通运输管理体制改革，提高交通治理现代化能力，更好地和京津交通基础设施进行衔接；河北省应该把科技创新和信息化与交通运输发展相结合，依靠科技创新和管理创新，提高交通运输服务水平和交通运输业效率，增强交通运输业和可持续发展能力，依靠通过物联网、云计算、大数据、互联网、物流信息平台等信息化手段引领交通运输现代化，建立和京津互联互通、协调统一的交通运输服务体系，依靠科技创新，提升运输服务水平；投融资建设是保障交通运输发展的基本要素，为保障河北省交通运输更好地与京津衔接，应进一步拓宽投融资渠道，继续推行投资主体多元化，鼓励民间资本以独资、控股、参股等方式投资建设公路、铁路、港口、航运等项目建设，多渠道筹集资金加快交通运输业发展，从而深化交通运输投融资体制改革，加快和京津交通运输的衔接和发展。

推进和京津信息网络一体化机制体制建设，加强与京津信息网络合作。京津冀协同发展中，信息网络化能促进资源配置的合理化。因此，河北省应该推进和京津信息网络一体化机制体制建设，加强与京津信息网络合作。这就需要河北省做到：加快推进河北和京津区域内的光纤宽带、4G、公共 wifi 网络的三网融合，使得河北快速融合进京津冀信息网络一体化，形成超前的宽带网络发展格局；利用大数据、云服务、移动互联网等先进技术，建立河北和京津区域综合信息共享机制和平台，打造京津冀信息网络的智能型城市，值得注意的是，近年来以地理

信息系统为主的城市群信息系统，从交通、通信、水电气管网等方面对城市群的社会、经济多种信息进行存储、查询，是一种先进的空间信息载体，可以作为河北和京津区域综合信息共享平台建设的有效工具。

基础设施一体化的机制体制不仅包括交通和信息化网络一体化的建设，还包括保障水资源、能源基础设施一体化建设等多个方面，这些都关系到京津冀能否真正协同发展，这里就不一一阐述。

四、公共服务一体化体制机制建设策略

公共服务一体化体制机制建设是京津冀协同发展的重要内容之一，其实质就是公共服务的均等化。河北和京津的公共服务落差悬殊，因此，河北要加快公共服务的体制机制建设，让河北省和京津享有均等化的公共服务。

加强与京津公共服务的交流与合作，建立健全资源要素的优化配置和协作管理的社会公共事务管理体系；构建河北与京津之间优质资源的共建共享机制，从而提升基本公共服务均等化水平；改革基本公共服务的提供方式，引入竞争机制，建立政府、社会、民众共同参与的基本公共服务供给模式，推进非基本公共服务融资体制改革，放宽市场准入，鼓励社会资本以多种方式参与，从而创新公共服务融资和供给机制；完善公共财政体制，河北省和京津政府积极对接，使得财政倾斜于基层，倾斜于公共服务，河北省尽力和京津接洽，创新京津冀三地的公共财政联合的合作机制，逐步建立京津冀公共服务一体化的财政保障体系。

五、生态保护与环境改善一体化体制机制建设策略

京津冀区域正面临着环境污染严重，生态系统退化的严峻挑战，环境生态问题正在集中凸显，这也正威胁着京津冀区域的可持续发展，威胁京津冀协同发展，故而保护生态环境、加强生态环境建设已经成为京津冀区域迫切需要解决的重要问题之一。生态保护和环境改善并不是一个地区的问题，需要京津冀三地作为一个整体加以共同治理，所以，河北省和京津建立生态保护与环境改善的一体化体制机制建设显得尤为重要。

加强生态保护和环境改善，河北省应该以张家口、承德生态保护为突破口，尽最大努力打造京津冀生态涵养支撑区，完善生态保护体系；重点实施一些严重危及水环境等项目治理，例如推进海滦河流域的生态修复项目、北戴河及邻近区域海域综合治理、白洋淀、衡水湖综合治理和修复，加大土壤治理、山体保护和修复力度等，河北省的这些重点项目的实施为京津冀的整个生态环境提供良好的

环境基础；生态环境保护体系和项目的推进需要体制机制的保障，因此河北省应该加强与京津在水资源保护、防护林建设和清洁能源使用等方面的深度合作，建立京津冀流域水资源补偿机制，把临时性补偿措施固化为符合市场原则的制度性安排；完善河北省和京津的森林、水生态效益补偿机制，建立重点生态公益林、一般生态公益林、商品林分类经营管理体制，探索建立流域水资源使用权转让制度，推行主要污染物排放权交易制度；建立健全生态保护与环境改善的法律法规，强化价格和税收的调节功能，形成有利于环境保护的利益导向机制。

此处我们对于前文的实证分析给出相应的对策，并在此基础上进一步探讨了在京津冀协同发展中，河北省应该采取更好融入与京津协同发展的策略。具体来说，依据京津冀协同发展规划纲要对京津冀三地的功能定位，提出河北省需要在产业发展、城镇发展、体制机制建设等方面提出相应的策略：在产业策略方面，河北省与京津的紧密协同区应借助疏解北京的非首都功能这一机遇，积极承接北京的第三产业尤其是服务业的转移，河北省应利用天津要建设先进制造研发基地的战略，会将一般制造业等产业向周边地区进行转移的机遇，承接天津第二产业的转移，从而进行第二产业的转型升级。河北省与京津的非紧密协同区应立足自身优势，充分发展特色产业。无论是河北省在与京津紧密协同区还是非紧密协同区产业发展中，一方面或者有序承接京津的部分产业的梯度转移，或者发挥自身优势发展特色产业，另一方面，可以结合自身优势培育高科技等产业，实现产业从低到高的逆向推移，成为技术的高梯度地区，实现河北省低梯度地区的跳跃式发展。河北还应在产业对接、平台构建和产业升级、积极引进技术、人才等方面提供支撑；在城镇发展策略方面，河北省应该按照将北京作为京津冀的一个"极核"，京津作为京津冀的两个中心城市，重点将石家庄、唐山、保定、邯郸等城市发展成和京津接档的区域性特大型城市，努力培育具备协同发展功能和集聚能力的多节点城市，积极扶持带动周边区域发展的特色小城镇，并对每一类城市进行功能定位，进行城市层面的发展；在体制机制建设策略方面，提出了河北省应该在市场一体化体制机制建、基础设施一体化体制机制建设、公共服务一体化体制机制建设、生态保护和环境改善一体化体制机制建设等四个一体化的构建中实施相应系统性策略，从而促进河北省区域经济发展，更好地融入到和京津的协同发展中。

参 考 文 献

[1] 毛新雅，李怡．区域协调发展的理论与实践 [M]．北京：人民出版社，2016．

[2] 米娟．中国区域经济增长差异性与要素集聚 [M]．北京：中国统计出版社，2009．

[3] 中华人民共和国国家统计局．中国统计年鉴 [M]．北京：中国统计出版社，2014．

[4] 唐山市统计局，国家统计局唐山调查队．唐山统计年鉴 [M]．北京：中国统计出版社，2014．

[5] 文魁，祝尔娟．京津冀区域一体化发展报告 [M]．北京：社会科学文献出版社，2012．

[6] 河北省人民政府．河北经济年鉴 [M]．北京：中国统计出版社，2010．

[7] 陈建军．要素流动、产业转移和区域经济一体化 [M]．浙江：浙江大学出版社，2009．

[8] 崔功豪，魏清泉，刘科伟．区域分析与区域规划 [M]．北京：高等教育出版社，2016．

[9] 赵国岭．京津冀区域经济合作问题研究 [M]．北京：中国经济出版社，2016．

[10] 于刃刚等．京津冀区域经济协作与发展 [M]．北京：中国市场出版社，2016．

[11] 姚士谋等．区域与城市发展论 [M]．北京：中国科学技术大学出版社，2014．

[12] 刘吉发．产业政策学 [M]．北京：经济管理出版社，2014．

[13] 安虎森等．新经济地理学原理 [M]．北京：经济科学出版社，2009．

[14] 魏后凯．现代区域经济学 [M]．北京：经济管理出版社，2016．

[15] 刘晨阳．中国参与的区域经济合作组织研究 [M]．北京：中国商务出版社，2007．

[16] 兰天．欧盟经济一体化模式 [M]．北京：中国社会科学出版社，2016．

[17] 胡荣花．欧洲未来：挑战与前景 [M]．北京：中国社会科学出版社，2015．

[18] 亚洲开发银行技术援助项目 3970 咨询专家组．第三只眼睛看河北 [M]．北京：中国财政经济出版社，2015．

[19] 祝宝良，张峰．欧盟地区政策 [M]．北京：中国经济出版社，2015．

[20] 田德文．欧盟社会政策与欧洲一体化 [M]．北京：社会科学文献出版社，2015．

[21] 杨连云.京津冀——正在崛起的中国经济增长第三级 [M].北京:中国经济出版社,2015.

[22] (德)贝娅特·科勒 – 科赫等.欧洲一体化与欧盟治理 [M].顾俊礼,译.北京:中国社会科学出版社,2004.

[23] 吴志成.治理创新 [M].天津:天津人民出版社,2013.

[24] (美)戴维·卡莱欧(David P.Calleo).欧洲的未来 [M].冯绍雷,译.上海:上海人民出版社,2013.

后 记

在追求全球贸易一体化的愿景下，区域一体化已经变为地方增强竞争力的必由手段和务实选择。2014 年 2 月，京津冀协同发展正式上升为国家战略。京津冀协同发展是由习总书记亲自谋划和推动的。实现京津冀协同发展，是探索完善城市群布局和形态、探索生态文明建设的有效路径，是促进人口经济资源环境相协调的需要，是实现京津冀优势互补、促进环渤海经济区发展、带动北方腹地发展的需要。该战略第一次把河北全域纳入国家战略，是河北省"十三五"时期发展面临的重要机遇，而河北省也将"必须坚持协同发展"作为推进"十三五"时期发展的首要基本原则。

关于区域、产业可持续发展的相关研究可追溯至 20 世纪 90 年代，Reid（1989）从理论上总结了国外可持续发展的经验教训。虽然国内相关研究稍晚，2002 年，陈璐提出了"京津冀大三角"等概念，但很快大量相关研究成果不断呈现。本书在撰写的过程中参阅了诸多作者的研究成果，翻阅了大量的资料，借鉴了多学科的理论，从多学科、多研究方法、多视角对一体化视角下的中国区域产业发展和京津冀协同下的河北省产业承接、可持续发展进行了研究，为推动我国的区域经济、产业经济有着积极意义。

书稿完成之际，秋意正浓。此时此刻正值深秋深夜，心情异常复杂。曾经彻夜孤灯，曾经书山文海，书稿的写作花费了大量的时间与精力。我深深体会了写作、科研之路的艰辛与孤独，但我也感受了来自家人、朋友的关怀与体谅。

本书在撰写的过程中要特别感谢河北科技师范学院工商管理学院方巍博士、体育系的王海军老师以及我爱人的大力支持与帮助，同时感谢写作期间，阅读、参考的所有书籍、文献的作者，是您们给了我太多的灵感和启发，同时也诚恳地期待您们的批评和指教。还要感谢电子科技大学出版社给我提供这样一个机会，表示衷心感谢。

本书为作者 2016 年承担的河北省社会科学基金项目，项目名称："京津冀协同发展下河北省产业可持续承接发展能力与辐射效应研究"，项目编号：HB16YJ052.